OR NOIR
ET MAISON BLANCHE

Du même auteur :

La Chute de la CIA, Lattès, 2002.

www.editions-jclattes.fr

Robert Baer

OR NOIR ET MAISON BLANCHE

Comment l'Amérique a vendu son âme pour le pétrole saoudien

Traduit de l'anglais (États-Unis) par Daniel Roche

JC Lattès
17, rue Jacob 75006 Paris

Titre de l'édition originale
SLEEPING WITH THE DEVIL
publiée par Crown Publishers, New York

La Publication Review Board de la CIA a vérifié que ce manuscrit ne contienne pas d'informations mettant en danger la sécurité nationale. Cependant en aucune manière on ne peut considérer cette vérification comme un communiqué officiel de la CIA, ni comme une adhésion aux propos de l'auteur, ni comme une confirmation de leur véracité.

Extrait de *Oil : The Issue of American Intervention* de Robert W. Tucker, paru dans *Commentary* en janvier 1975, reproduit avec l'aimable autorisation de *Commentary*.

À Daniel Pearl, en hommage à son courage
et à son inlassable recherche de la vérité.

Prologue : le scénario d'apocalypse

Le pick-up Ford blanc s'immobilisa au pied de la tour numéro sept du site d'Abqaiq, l'une des dix grosses structures cylindriques consacrées à la désulfuration du pétrole – procédé qui consiste à transformer le brut « acide » en brut « doux ». Une bâche goudronnée crasseuse recouvrait la benne de la camionnette, équipée de gros amortisseurs supplémentaires pour empêcher le plateau de s'affaisser entre les essieux. Le soleil commençait à poindre à l'est au-dessus du désert saoudien. Le chauffeur, l'un des milliers d'ouvriers chiites employés sur les champs de pétrole saoudiens, éteignit le moteur et consulta sa montre une dernière fois, avant de réciter les versets du Coran qu'il avait appris par cœur pour l'occasion. Autour de lui scintillaient les lumières du plus grand complexe pétrolier du monde.

Trois heures plus tôt, un bateau de pêche équipé de deux moteurs Evinrude de quatre cents chevaux avait quitté le port de Deyyer, sur la côte sud de l'Iran. Il avait traversé le golfe Persique à la faveur de la nuit, jusqu'au port saoudien de Jubail. De là, le pilote iranien était descendu vers le sud en longeant au plus près la côte saoudienne, jusqu'à ce qu'il arrive en vue de la plate-forme pétrolière de Ras Tanura, une île située à quelque soixante-dix kilomètres au nord-est d'Abqaiq. Alors que la surface de la mer rosissait sous le soleil levant, il dirigea la proue de son bateau vers la plate-forme numéro quatre et mit pleins gaz.

À Qatif Junction, en face de Ras Tanura, un ingénieur égyptien, qui avait fait la tournée des militants islamistes du Caire à Téhéran, alluma sa lampe torche pour admirer son travail. Une seule et même charge de Semtex recouvrait sans discontinuité chaque manifold [1], chaque robinet, chaque raccord de tuyau. Un véritable chef-d'œuvre, digne de la création divine.

À l'est d'Abqaiq, dans un camp de Bédouins installé sur les contreforts des montagnes d'al Aramah, un Saoudien d'une vingtaine d'années se penchait pour la centième fois sur un mortier de cent vingt millimètres de fabrication russe. Membre du mouvement intégriste wahhabite – l'organisation religieuse fanatique qui porta la dynastie saoudienne au pouvoir – il avait été entraîné au maniement des armes en Afghanistan, par un homme lui-même formé par la CIA. Au pied de la colline, s'étendait la station de pompage numéro un, la première étape du passage de l'oléoduc qui acheminait quotidiennement presque un million de barils de brut ultraléger à travers la péninsule arabique, jusqu'au port de Yanbu, sur la mer Rouge.

Son bip vibra contre sa poitrine. L'heure de la chute des Saoud avait sonné. Le flot du pétrole qui nourrissait leur débauche et leur corruption allait se tarir. L'Islam en sortirait purifié, les démons américains seraient enfin vaincus, et leur protectorat d'Israël condamné à mourir. Le monde entier en subirait le choc, pour une raison très simple : l'économie mondiale allait s'effondrer.

---

1. Manifold : ensemble de vannes et de conduits orientant un fluide vers un réservoir ou des canalisations. *(N.d.T.)*

J'ai peaufiné et actualisé certains détails, mais je ne les ai pas inventés. Ils m'ont été fournis par des spécialistes qui ont étudié à fond l'industrie pétrolière saoudienne. Depuis le milieu des années 30 et jusqu'aux années 60, l'Arabie Saoudite était une succursale des géants pétroliers américains – un véritable rêve de républicain impérialiste. Les États-Unis dormaient sur leurs deux oreilles, persuadés qu'un pétrole bon marché serait toujours disponible sous le sable, aussi en sécurité que s'il était enfermé dans les coffres de Fort Knox [1]. Nous avions mis sur pied l'industrie pétrolière d'un pays qui en échange nous garantissait l'accès à son brut.

En 1973, le premier embargo pétrolier de l'OPEP [2] interrompit cette idylle. L'inquiétude tourna à la panique au début des années 80, pendant la guerre Iran-Irak, et particulièrement lorsqu'on eut l'impression que l'Iran allait étendre le conflit à la côte occidentale du golfe Persique. La perspective cauchemardesque des conséquences sur l'économie mondiale d'un attentat islamiste contre les installations pétrolières poussa les experts en catastrophes américains, à l'intérieur comme à l'extérieur du gouvernement, à poser un certain nombre de questions dérangeantes. Quels étaient les sites pétroliers saoudiens les plus vulnérables à une attaque terroriste ? À quelle forme d'attentat pouvait-on s'attendre ? Quelles seraient les perturbations envisageables sur la production pétrolière, à court et à long terme ? Quelles en seraient les conséquences économiques ?

Les conclusions furent quasiment unanimes : le complexe de brut ultraléger d'Abqaiq était la cible la plus vulnérable et la plus spectaculaire. Avec une capacité de

1. Fort Knox : camp militaire situé dans le Kentucky, qui abrite la principale réserve d'or fédérale américaine. *(N.d.T.)*

2. OPEP : Organisation des pays exportateurs de pétrole. *(N.d.T.)*

sept millions de barils par jour, Abqaiq fait figure de mastodonte des stations de traitement saoudiennes. Les études américaines avançaient en général l'hypothèse d'une attaque simultanée en plusieurs points, qui endommagerait gravement les réservoirs et les sphères de dépressurisation. Les tours de stabilisation, qui servent à purger le pétrole brut du soufre qu'il contient, subiraient des dégâts moins sérieux.

La remise en état des sphères de dépressurisation ne demanderait que l'installation d'une série de soupapes provisoires, avant de les remplacer par des définitives. La réparation des réservoirs ne poserait pas non plus de problème majeur. On retrouverait en un rien de temps une pleine capacité de production.

Pour les tours de stabilisation, c'était une autre paire de manches. Il n'existe pas de pétrole sans soufre. L'un et l'autre sont le fruit du même processus interminable de transformation géologique. Mais le brut « acide » est inutilisable tant que l'on n'en a pas extrait le soufre qu'il contient. Pour obtenir du pétrole « doux », on a recours au procédé appelé hydrodésulfuration.

Le complexe pétrolier d'Abqaiq comporte dix tours cylindriques de désulfuration, dans lesquelles on introduit une quantité d'hydrogène suffisante pour transformer le soufre en hydrogène sulfuré, un gaz qui remonte à la surface de la structure, où on le recueille avant de le transformer en soufre utilisable, non toxique et sans danger pour l'environnement.

Mais l'hydrogène sulfuré, lui, n'est pas un gaz inoffensif. Bien connu des étudiants en chimie pour son odeur d'œuf pourri, il est hautement corrosif et potentiellement mortel pour l'homme. Tant qu'il reste confiné dans les tours de stabilisation, tout va bien. Mais en cas de soulèvement ou percement du toit, ou de destruction totale de la tour consécutive à l'explosion d'un camion piégé, garé à la base et contenant une tonne et demie d'explosifs, il se transforme en une arme parmi les plus dévastatrices qui soient.

Au contact de l'humidité contenue dans l'atmosphère, l'hydrogène sulfuré se transforme en dioxyde de soufre. Une fois formé, cet acide aurait tôt fait de se déposer sur les canalisations environnantes, les vannes et les raccordements, les brides, les connecteurs et les boîtiers de commande, qu'il se mettrait à ronger comme une gigantesque armée de termites omnivores. Mais c'est encore chez les êtres humains que l'hydrogène sulfuré commettrait les plus gros dégâts.

L'ATSDR (Agency for Toxic Substance and Disease Registry), le Registre fédéral américain des maladies et des substances toxiques, homologue du CDC (Center for Disease Control), le Centre de contrôle des maladies, classe l'hydrogène sulfuré parmi les poisons à large spectre – ceux qui s'attaquent à différentes parties de l'organisme : « L'absorption de ce gaz en forte concentration peut causer la mort au bout de quelques inhalations. La perte de conscience peut intervenir dès la première inspiration. Une exposition momentanée à des doses plus faibles peut entraîner une irritation des yeux, une toux accompagnée de maux de gorge, une réduction de la capacité respiratoire et une pleurésie. Ces symptômes disparaissent normalement au bout de quelques jours, mais une exposition de longue durée à de faibles concentrations d'hydrogène sulfuré peut provoquer fatigue générale, perte d'appétit et de mémoire, maux de tête, irritabilité et vertiges. »

L'OSHA (Occupational Safety and Health Administration), le Bureau d'hygiène et de sécurité professionnelles du ministère du Travail (des États-Unis), fixe à vingt parties par million (ppm) la concentration acceptable de ce gaz sur le lieu de travail, avec une pointe de cinquante ppm maximum pendant dix minutes, « à condition qu'il ne se produise pas de nouvelle exposition mesurable ». Plus prudent – et plus neutre – le National Institute for Occupational Safety and Health (Institut national d'hygiène et de sécurité professionnelles) recommande pour sa part une dose maximale de dix parties par million.

Un attentat à l'explosif qui détruirait de manière significative les tours de stabilisation d'Abqaiq pourrait libérer dans l'atmosphère mille sept cents ppm d'hydrogène sulfuré. Le gaz toxique finirait par se diluer, mais pas assez rapidement pour éviter la mort des personnes se trouvant dans le voisinage immédiat des tours, de graves troubles chez celles qui se trouveraient à proximité du site, en plus de la dégradation de toute l'infrastructure métallique. La toxicité de l'air ambiant retarderait par ailleurs de plusieurs mois le début des travaux de réparation.

Un attentat à la bombe d'une importance moyenne à forte réduirait considérablement la production du complexe pétrolier d'Abqaiq, qui passerait pendant les premiers mois de 6,8 millions de barils par jour à 1 million, une baisse équivalente à la consommation quotidienne de brut des États-Unis. Et même au bout de sept mois, le rendement d'Abqaiq ne dépasserait pas 40 % de la production antérieure : 4 millions de barils de moins par jour – ce qui correspond en gros au volume retenu par les partenaires de l'OPEP lors de l'embargo dévastateur de 1973.

Le scénario d'Abqaiq n'est que l'une des nombreuses catastrophes imaginées par les experts de l'ère Reagan, et ce en raison du grand nombre de cibles privilégiées qu'offre le système d'exploitation pétrolière de l'Arabie Saoudite. La quasi-totalité des sites de forage, de production, de traitement et de distribution se compose d'installations à ciel ouvert. Ajoutons à cela la topographie de l'est du pays, où sont situés les plus grands champs pétroliers – un vaste océan de sable et de dunes mouvantes qui descend en pente douce sur le golfe Persique – et vous vous trouvez devant le pire cauchemar imaginable pour un consultant en sécurité. La destruction du réseau s'avère aussi simple que la pêche au poisson dans un tonneau. Vous n'avez même pas besoin de chance mais uniquement de terroristes compétents utilisant du matériel fiable.

L'Arabie Saoudite possède plus de quatre-vingts gisements de pétrole et de gaz en cours d'exploitation, avec un total de plus de mille puits en activité. Mais la moitié des réserves connues est située sur huit sites, parmi lesquels celui de Ghawar – le plus grand champ pétrolier *onshore*[1] – du monde et celui de Safaniya, le plus important gisement *offshore* exploité. L'un des éléments qui firent de Pearl Harbour une cible tellement séduisante en 1941 était l'énorme concentration de puissance de feu américaine – terrestre, navale et aérienne – dans un espace restreint. Même si l'une des bombes japonaises venait à manquer sa cible, elle avait toutes les chances de tomber sur quelque chose d'intéressant. Sur le plan tactique, le pétrole et le gaz saoudiens présentent le même type d'attraits. Selon les conclusions des experts de Reagan, il suffirait que des attentats terroristes s'attaquent simultanément à cinq des nombreux points sensibles du secteur pétrolier aval[2] pour rayer l'Arabie Saoudite de la liste des pays producteurs pendant environ deux ans.

1. *Onshore* : à terre, par opposition à *offshore* (au large). *(N.d.T.)*
2. Les spécialistes distinguent entre amont (exploration et production) et aval pétrolier (raffinage, distribution et pétrochimie). *(N.d.T.)*

Une fois extrait du sous-sol terrestre ou marin, le pétrole saoudien parcourt environ dix-sept mille kilomètres d'oléoducs : des puits aux raffineries puis aux terminaux *onshore* et *offshore*, à l'intérieur et à l'extérieur du pays. Ces oléoducs sont pour l'essentiel disposés à ciel ouvert, et le reste n'est enterré qu'à une profondeur moyenne de soixante-quinze centimètres, dans des terrains souvent occupés par des tribus nomades. Un chameau pour le transport, une pelle et une perceuse thermique permettent de saboter n'importe quel tronçon de pipeline. Et si l'on veut intensifier les dégâts, ce ne sont pas les explosifs qui manquent dans le royaume saoudien. Un sac d'engrais chimique, un jerricane de mazout et un bâton de dynamite suffisent à garantir le succès.

Le gouvernement saoudien possède un énorme stock de conduites prêtes à poser si bien qu'un saboteur isolé n'est guère plus menaçant qu'une mouche. Mais une série d'attentats concertés et simultanés d'un groupe de terroristes sur plusieurs sites éloignés les uns des autres causerait tout de même des dommages très sérieux sur tout le réseau de distribution. C'est pourtant là le moindre des problèmes auxquels on peut s'attendre.

Un puits de pétrole saoudien moyen produit chaque jour environ cinq mille barils de magma liquide : un mélange, inutilisable tel quel, de pétrole, de gaz dissous, de soufre, auquel s'ajoute l'eau salée que l'on envoie dans le puits de forage pour faciliter l'extraction. À la sortie du puits, ce brut composite est acheminé dans l'une des cinq installations de séparation d'Aramco, la compagnie pétrolière d'État. Il est d'abord stocké dans d'immenses sphères, où un procédé de dépressurisation par paliers le libère de la plus grande partie des gaz dissous, tandis qu'un autre en élimine l'eau salée. Le brut sulfureux restant est alors conduit par oléoduc jusqu'à l'une des cinq installations de stabilisation, où l'on procède à une nouvelle baisse de pression avant le stockage qui précède la désulfuration.

Du point de vue de l'ingénieur système, ce circuit entre l'extraction et le raffinage représente un va-et-vient réglé comme un ballet entre les sphères de dépressurisation, les tours de désulfuration et les réservoirs de stockage, qui composent de véritables cathédrales industrielles. La vision des terroristes est toute autre. Ces monuments architecturaux n'ont qu'un seul aspect extrêmement attractif : ils représentent des points idéaux sur une ligne de mire de rêve, des cibles tout aussi faciles à viser que les tours jumelles du World Trade Center par temps clair.

Il faut ajouter le réseau d'acheminement et de distribution, qui est divisé en deux zones. Le pétrole extrait au nord du pays est raffiné dans différents sites avant d'être acheminé par oléoduc vers l'un des deux terminaux situés sur la côte du Golfe – Juaymah et Ras Tanura – d'où il rejoint les plates-formes de chargement *offshore* et les coffres d'amarrage situés en eau profonde où peuvent mouiller les navires pétroliers de haute mer.

La totalité du brut extrait dans le Sud saoudien passe par Abqaiq – à une quarantaine de kilomètres à l'ouest de Bahreïn – pour y être traité. Il est ensuite acheminé vers Juaymah ou vers Ras Tanura, ou encore via les mille deux cents kilomètres de l'oléoduc Est-Ouest qui traverse la crête montagneuse de l'Ouest saoudien jusqu'au port pétrolier de Yanbu, sur la mer Rouge. À l'heure où j'écris, un troisième itinéraire a été remisé dans les cartons – celui d'un pipeline de mille sept cents kilomètres qui parcourrait le nord de l'Arabie Saoudite et de la Jordanie, puis le sud de la Syrie avant de rejoindre la Méditerranée au port de Saïda, sur la côte libanaise. Quant à celui qui traversait l'Irak, il a été abandonné en 1990, après l'invasion du Koweit par les troupes de Saddam Hussein.

Quels que soient le terminal ou la côte de destination, les duses[1] sont innombrables sur le parcours des pipelines. À Juaymah, la cible la plus vraisemblable pour un attentat serait la plate-forme *offshore*, située à onze kilomètres de la côte. Quatre oléoducs sous-marins y acheminent le pétrole brut et le fuel de soute depuis les réservoirs *onshore*. Cette plate-forme alimente à son tour cinq coffres d'amarrage à point unique, situés plus au large, dont la capacité permet de transférer dans les pétroliers 2,5 millions de barils par jour.

Au cours d'une journée moyenne, 4,3 millions de barils de pétrole quittent l'Arabie Saoudite par le terminal de Juaymah. La destruction de l'installation de comptage et de la plate-forme de contrôle, associée à de sérieux dégâts sur la moitié des coffres d'amarrage, et à des dommages plus légers sur les réservoirs *onshore* réduirait de moitié la capacité de chargement des pétroliers de Juaymah pendant deux mois. Les ingénieurs évaluent à sept mois la durée des réparations nécessaires à la restauration de la capacité initiale.

Une équipe commando opérant depuis un bateau pourrait facilement infliger des dommages de cette ampleur. La navigation sur les eaux qui baignent l'aride péninsule arabique compte parmi les plus dangereuses du monde. C'est pourtant là qu'un petit Zodiac chargé de quelques centaines de kilos de plastic et d'une petite équipe d'hommes déterminés à rejoindre leur Dieu créateur a réussi à éventrer le *USS Cole*[2].

Avec un minimum de 4,5 millions de barils exportés par jour, la capacité du complexe de Ras Tanura est légè-

---

1. Duse : orifice à régulateur permettant de gérer le débit dans une canalisation sous pression. *(N.d.T.)*

2. *USS Cole* : destroyer de la marine américaine éventré dans le port d'Aden le 12 octobre 2000 à la suite d'un attentat-suicide revendiqué par Oussama Ben Laden. *(N.d.T.)*

rement supérieure à celle de Juaymah. Le site offre par ailleurs une plus grande variété de cibles aux éventuelles attaques terroristes. C'est par l'île de Ras Tanura, à quinze cents mètres de la côte, qu'est exportée la plus grande partie du pétrole parvenu au terminal. La plate-forme quatre en assure la moitié, et elle est la seule à disposer d'un réservoir tampon et d'une installation de comptage, cette dernière étant située sous la plate-forme. Les trois autres dépendent des réservoirs et des équipements de comptage *onshore*. À l'instar de la station de comptage de Juaymah, la destruction de la plate-forme quatre de Ras Tanura par un commando opérant en surface ou par un petit sous-marin – au bazar international de l'armement, tout s'achète – aurait des conséquences dévastatrices.

L'île est alimentée par un réseau de réservoirs, de pompes, et d'oléoducs qui est lui-même connecté à celui de Juaymah, ce qui lui confère une meilleure souplesse d'utilisation. Le complexe côtier est cependant vulnérable aux attaques terroristes par terre comme par mer : n'oublions pas qu'à une centaine de kilomètres au sud, la pointe septentrionale du Qatar est une pépinière d'islamistes fanatiques.

À en croire les experts, le site de Yanbu, sur la mer Rouge serait mieux protégé. Il est vrai que l'endroit ne présente pas beaucoup d'intérêt, du point de vue des saboteurs éventuels. (Ma carrière d'officier de la CIA dans quelques-unes des régions les plus sensibles du monde a fait de moi un expert en explosifs et attentats.) Pour tarir le flux des quelque neuf mille barils de brut léger et super léger qui quittent Yanbu chaque jour – et mettre ainsi fin aux activités du terminal – il suffit de détruire la station de pompage numéro un, la plus proche d'Abqaiq. Pourquoi ? Parce que c'est elle qui expédie vers le plateau d'Aramah le pétrole qui entame son long voyage d'est en ouest à travers la péninsule. Privé de cette station de pompage, le pétrole redescendrait la pente vers sa source.

Même le court trajet de l'oléoduc qui relie Abqaiq aux terminaux du Golfe ne manque pas d'attraits pour les terroristes. À Qatif Junction, à quelques kilomètres à l'intérieur des terres, un manifold complexe oriente le flux de pétrole vers Ras Tanura ou Juaymah, ou encore vers l'oléoduc transarabique actuellement désaffecté. Un attentat à l'explosif interromprait la distribution pendant des mois car, contrairement aux pipelines standardisés et immédiatement disponibles, les manifolds et les raccords de Qatif Junction sont fabriqués sur mesure.

Pour ne pas affoler les marchés financiers, les scénarios catastrophe des experts de Reagan ont été tenus pratiquement secrets, mais il y a fort à parier qu'ils ne sont pas les seuls à avoir évalué les dégâts que pourrait causer à la chaîne pétrolière saoudienne – et par conséquent à l'économie mondiale – la destruction de l'une des tours de stabilisation d'Abqaiq, de la plate-forme quatre de Ras Tanura, ou de la station de pompage numéro un de l'oléoduc Est-Ouest – et a fortiori des trois à la fois. Un seul jumbo jet, détourné de Dubaï au décollage et piloté par un terroriste kamikaze, qui irait s'écraser au cœur du complexe de Ras Tanura suffirait à mettre à genoux les économies dépendantes du pétrole, à commencer par celle des États-Unis. Un tel attentat aurait des conséquences économiques bien plus désastreuses que celles que causerait une bombe atomique lâchée sur le centre de Manhattan ou sur Lafayette Square, en face de la Maison Blanche.

Les hérauts du pétrole de l'Alaska, du golfe du Mexique, de la Sibérie et de la mer Caspienne annoncent triomphalement que les États-Unis ont entamé leur sevrage du brut saoudien, lequel ne représente plus qu'environ 8 % de leur consommation. Ils avancent également que trois de leurs quatre principaux fournisseurs sont actuellement situés sur le continent américain : le Canada, le Venezuela et le Mexique. C'est vrai. Mais ce qu'ils oublient de mentionner, c'est que le pétrole saoudien représente le quart des réserves mondiales connues, et qu'il est aussi probablement le moins coûteux à extraire. Plus important encore, c'est là que se trouve la moitié de la capacité du surplus mondial – les deux à trois millions de barils par jour qui garantissent la stabilité et la souplesse du marché. Cela peut sembler dérisoire, mais c'est ce qui protège les marchés mondiaux de l'effondrement. En d'autres termes, quel que soit le pays où l'on achète son pétrole, c'est l'Arabie Saoudite qui en fixe le prix, par la quantité qu'elle décide de produire.

C'est l'Arabie Saoudite qui est venue à bout de l'embargo décidé par l'OPEP en 1973 – après s'être enrichie au passage de plusieurs dizaines de milliards de dollars. Alors que la révolution iranienne se muait progressivement en guerre avec l'Irak, les Saoudiens utilisèrent leur capacité de surplus pour maintenir l'approvisionnement en pétrole de l'Occident industrialisé. En 1979 et 1980, le terminal de Juaymah expédiait par le golfe Persique neuf millions de barils par jour, soit le double de sa livraison habituelle.

Le même phénomène se produisit pendant la guerre du Golfe de 1990-1991. Soutenus par quelques autres États de la région, les Saoudiens pompèrent cinq millions de barils supplémentaires par jour, pour compenser la perte des pétroles irakien et koweitien. Sans ce surplus de production, le prix du baril serait grimpé à plus de cent dollars.

Dès le 12 septembre 2001, moins de vingt-quatre

heures après les attentats contre le Pentagone et les tours jumelles de Manhattan, l'Arabie Saoudite mettait sur le marché neuf millions de barils supplémentaires, dont l'essentiel était destiné aux États-Unis. Ce qui, en évitant une hausse des cours, n'a provoqué qu'un pic d'inflation marginal, alors que le pays venait d'être victime de l'attentat terroriste le plus terrible de l'histoire. Dix kilos de plastic bien placés suffiraient à anéantir cette souplesse salutaire et les dégâts causés à l'économie mondiale sont faciles à imaginer.

En décembre 2000, une étude du Fonds monétaire international estimait les conséquences économiques d'une hausse de cinq dollars du prix du baril de pétrole. Les PIB des États-Unis et de la plupart des pays européens enregistreraient une baisse de 0,3 % par an. Les marchés financiers s'en ressentiraient évidemment, mais dans des proportions qui ne seraient pas catastrophiques. Les pays affichant un solde positif de leurs exportations pétrolières s'enrichiraient, tandis que ceux dont le solde est négatif s'appauvriraient, en particulier en Extrême-Orient, où la production est très faible.

Mais ces estimations tablent sur une hausse d'environ 20 % du prix du brut, une hypothèse relativement basse. L'attentat d'Abqaiq simulé par les experts de l'ère Reagan retranchait du marché mondial 5,8 millions de barils par jour – presque deux fois plus que les 3 millions de barils bloqués pendant l'embargo de 1973, et que la perte quotidienne de pétrole occasionnée, entre 1979 et 1982, par la révolution iranienne et la guerre qui avait suivi entre l'Iran et l'Irak. Soit un quart de la consommation américaine quotidienne de brut.

Les États-Unis n'ont connu d'inflation à deux chiffres que dix fois au cours du XXe siècle. Si l'on excepte les six épisodes dus aux deux guerres mondiales, il reste ceux de 1974 (11 %, à la suite de l'embargo de l'OPEP) et de 1979-1981 (13 %, conséquence de la révolution iranienne et de la guerre Iran-Irak). En 1981, le baril de brut est monté à 53,39 dollars et l'essence ordinaire s'est alors vendue plus de 52 cents le litre à la pompe.

L'embargo de l'OPEP avait entraîné un effondrement de la Bourse. Lorsque le Standard & Poor 500 [1] atteignit son niveau le plus bas en septembre 1974, il affichait une chute de 47,7 % en vingt et un mois, presque autant que les 47,8 % de perte déclenchés en mars 2000 par l'éclatement de la bulle informatique. En 1980 et 1982, lorsque le conflit Iran-Irak fit à nouveau s'envoler les prix du pétrole, l'indice abandonna encore 27,1 % de sa valeur.

Un grave attentat sur le complexe pétrolier d'Abqaiq serait capable de doubler ces pourcentages d'inflation et de provoquer une nouvelle chute brutale des indices boursiers. Une opération terroriste coordonnée sur Abqaiq, Ras Tanura et la station de pompage numéro un de l'oléoduc Est-Ouest – pour ne choisir que ces trois cibles parmi des dizaines d'autres – pourrait provoquer une hausse exponentielle de ces chiffres, tout en supprimant l'élasticité actuelle de la chaîne de l'approvisionnement pétrolier mondial. La réserve de pétrole stratégique des États-Unis parviendrait à soutenir le marché intérieur américain pendant peut-être soixante-dix jours, après quoi ce serait le grand saut dans l'inconnu – un équivalent économique du monde de l'après holocauste nucléaire que décrivait, en 1957, Nevil Shute dans son roman *Le Dernier Rivage*.

La flambée des prix du pétrole – un cours de 150

1. Standard & Poor : agence de notation financière qui évalue la solvabilité des entreprises pour les investisseurs. *(N.d.T.)*

dollars le baril est tout à fait réaliste, si le quart des réserves mondiales que représente le brut saoudien venait à disparaître brutalement – serait l'amorce d'une grave crise mondiale. Les conséquences ne tarderaient pas : effondrement de l'économie planétaire et instabilité politique généralisée, accompagnée d'un désespoir que l'on n'a plus connu depuis la grande dépression des années 30. L'objectif d'Oussama Ben Laden est – soit dit en passant – légèrement moins ambitieux, lorsqu'il rêve d'un baril à 144 dollars.

Si l'on applique ce surcoût à la moyenne des prix qu'a connus le baril sur les cinquante années passées qui ont vu l'Occident devenir dépendant du pétrole arabe, on obtient un transfert de richesse vers le monde musulman de soixante-seize trillions[1] de dollars, soit cent cinq trillions de dollars par an. Ce n'est qu'en 1985 que le budget fédéral des États-Unis a atteint ce montant.

L'inquiétude que nourrissait l'administration Reagan au sujet du pétrole saoudien se fondait, à l'époque, sur une menace évidente : celle de l'Iran. Une dizaine d'années plus tard, les vents capricieux de la géopolitique apportèrent de nouveaux soucis, et notamment celui causé par l'Irak, dont les dirigeants étaient furieux du soutien logistique que l'Arabie Saoudite avait fourni aux forces de la coalition pendant la guerre du Golfe. Une donnée semblait toutefois certaine : toute menace sur la production du pétrole saoudien viendrait de l'extérieur du royaume. L'Arabie Saoudite était le point d'ancrage des États-Unis au Moyen-Orient arabe, ses dunes étaient les coffres-forts d'un pétrole qui leur revenait de droit, et dont la perte serait aussi catastrophique que la faillite de la Réserve fédérale[2]. Et même si les Saoudiens viraient à

1. Trillion : un milliard de milliards, soit dix puissance dix-huit. *(N.d.T.)*
2. Réserve fédérale : banque centrale des États-Unis. *(N.d.T.)*

l'anti-américanisme, ils n'arrêteraient pas pour autant de produire du pétrole, car cela reviendrait à se trancher la gorge. Voilà en tout cas ce sur quoi nous comptions. Avant le 11 septembre 2001.

Avant que quinze citoyens saoudiens, accompagnés de quatre autres Arabes, ne détournent quatre avions commerciaux pour les lancer avec leurs passagers sur Manhattan et Washington. Avant qu'Oussama Ben Laden ne devienne le Saoudien le plus célèbre de l'histoire. Avant que le quotidien américain *USA Today* ne découvre que presque quatre messages sur cinq d'un site clandestin d'Al Qaida proviennent d'Arabie Saoudite. Avant que l'on apprenne que l'épouse de l'ambassadeur saoudien à Washington croyant faire parvenir de l'argent à des compatriotes dans le besoin, avait financé les auteurs de l'attentat du 11 septembre. Avant qu'un rapport du Conseil de sécurité des Nations unies révèle que le gouvernement saoudien avait transféré un demi-milliard de dollars au réseau d'Al Qaida depuis 1992. L'équation a maintenant changé. Les anciennes hypothèses sont remisées au placard. Et les réalités nouvelles sont loin d'être rassurantes.

Si près de 60 % des réserves pétrolières mondiales sont la propriété de cinq familles élargies et divisées, le clan des Saoud contrôle plus d'un tiers de ce magot : un baril sur cinq de ce que le monde consomme. Voilà la réalité sur laquelle repose l'équilibre de l'économie mondiale. Pendant ce temps, les mosquées du royaume saoudien prêchent ouvertement la haine du monde non islamique, et de l'Occident en particulier, sur un ton tout aussi fielleux que celui de l'Iran des Ayatollahs. Les écoles coraniques saoudiennes sont devenues des foyers d'islamisme, qui nourrissent le terrorisme sunnite. Bali, le Kenya, la Bosnie, la Tchétchénie, comme les tours jumelles de Manhattan – tous ces attentats remontent à cette même source.

Terrifiés à l'idée que les terroristes se retournent un jour contre eux, les Saoud leur versent à la pelle tout l'argent qu'ils peuvent extraire de leurs comptes bancaires suisses. Il ne faut pas oublier que ce sont les dirigeants saoudiens qui financent les mosquées du pays – de même d'ailleurs que tant d'autres au Moyen-Orient, en Asie centrale et en Extrême-Orient, et pour les mêmes raisons. C'est le prix du silence, la carotte censée détourner l'attention du peuple musulman de l'argent que lui vole cette famille royale, occupée à amasser une fortune colossale en vue du jour où elle sera obligée de quitter le désert pour les palais qu'elle s'est fait construire sur la Côte d'Azur, ses appartements de grand luxe à Paris, Londres et New York, ou ses nids d'aigle perchés dans la fraîcheur dorée des montagnes marocaines. La famille régnante est depuis longtemps consciente d'une angoissante réalité que l'Occident commence à peine à comprendre. Elle n'ignore pas que les horreurs qui l'attendent dans son royaume dépasseront celles qu'a orchestrées Oussama Ben Laden, et même que les crimes atroces perpétrés par Khaled Cheikh Mohammed, le cerveau présumé des attentats du 11 septembre, lequel a finalement été capturé au Pakistan en mars 2003. Les Saoud savent aussi autre chose, c'est que leur pouvoir ne tient qu'à un fil, qu'ils se trouvent à la tête d'un royaume écartelé entre le passé et le présent, et menacé par la guerre civile.

Voilà pourquoi les scénarios mis au point par les ingénieurs de l'ex-Aramco sont toujours d'actualité. Voilà pourquoi les Occidentaux – et Washington en particulier – doivent reconnaître qu'ils ont participé à la prolifération du virus dont l'Arabie Saoudite est infectée. Et c'est pour cela qu'il nous faudra songer à supprimer ceux qui le propagent

– à savoir la Maison Saoud – si elle ne peut ou ne veut pas s'en guérir. Nous serons à tout le moins contraints d'envisager la prise de contrôle des champs pétroliers.

En arriverons-nous là ? Personne ne le sait. Le pire n'est jamais sûr. Peut-être les discours réformateurs tenus à Riyad valent-ils mieux qu'un rideau de fumée. Peut-être la guerre d'Irak aura-t-elle pour conséquence d'ébranler encore une fois toutes les certitudes actuelles. Si l'Islam en venait à se soulever massivement contre l'Occident et ses infidèles, tous les paris seraient ouverts. J'ai vécu assez longtemps au Moyen-Orient pour savoir que dans un pays comme l'Arabie Saoudite, les situations instables aboutissent toujours à des explosions.

Une rage incendiaire y couve déjà contre l'Occident et les Saoud. On sent dans les souks de Riyad et de Djedda cette conviction que l'argent du pétrole a corrompu la famille régnante au-delà de toute rédemption possible, et que les leaders saoudiens ont profané le sol sacré du pays en autorisant les troupes américaines à s'y installer.

La suppression de la présence militaire américaine pourrait peut-être éviter le pire, mais la rancœur populaire ne vise pas seulement les États-Unis. L'opinion saoudienne vilipende la famille royale, qui n'a rien fait pour protéger les musulmans de Palestine, et qui reste inerte et muette chaque fois que l'Islam est humilié. En ce début de millénaire, un grand nombre de Saoudiens sont persuadés que leur pays, comme leur foi, se porteraient mieux si tout le monde retournait vivre dans le désert, à se nourrir de dattes et de lait de chamelle.

Les années que j'ai passées à servir mon pays en tant qu'officier de la CIA au Liban, au Soudan, au nord de l'Irak et dans les États musulmans d'Asie centrale m'ont enseigné autre chose. Ils m'ont fait toucher du doigt le fait que, chaque fois que les États-Unis pratiquent la politique de l'autruche ou que l'odeur du dollar les empêche de voir la réalité qui s'étale sous leurs yeux, il en résulte des souffrances et même parfois des carnages humains. L'Arabie Saoudite n'est pas une abstraction, c'est une poudrière. Si elle explose, elle détruira nos richesses à tous, autant que notre épargne et notre sécurité.

Voilà un quart de siècle que j'essaie de comprendre les causes profondes de la violence au Moyen-Orient. Je n'ai pas attendu le 11 septembre pour entreprendre cette quête, et j'ai mis longtemps à y intégrer l'Arabie Saoudite et son pétrole. J'ai d'abord cherché à en savoir plus long sur les Frères musulmans : qui ils étaient, comment ils opéraient, pourquoi les États-Unis avaient fait cause commune avec eux dans des contrées aussi lointaines que le Yémen ou l'Afghanistan. Au fur et à mesure que mon enquête avançait, j'ai découvert qu'elle m'entraînait vers deux destinations – Riyad et Washington – et le pétrole qui les lie l'un à l'autre.

De mon point de vue, trois questions urgentes se posent :

— Les Wahhabites, les Chiites et autres Frères musulmans qui veulent abattre le régime des Saoud ont-ils les moyens de se procurer les armes nécessaires ? Croyez-moi, la tâche ne sera pas aussi facile qu'elle peut le sembler.

— La maison régnante ne peut-elle compter sur aucun espoir de salut ou de protection ?

— Washington est-il capable d'ouvrir les yeux sur le royaume saoudien ? Ou l'establishment de la capitale est-il si corrompu par l'argent saoudien qu'il ne peut plus rien voir ni faire ?

Prenons la fureur qui gronde dans les mosquées et les rues du pays, ajoutons-y les armes et la volonté de les utiliser – non seulement contre des cibles qui représentent l'Occident, mais aussi contre la famille régnante et les infrastructures pétrolières sur lesquelles elle est assise – continuons pendant ce temps-là à détourner les yeux de ce qui se passe dans le pays : nous pouvons alors dire adieu à un demi-siècle d'une prospérité fondée sur le pétrole.

Mais commençons par la première question, le problème des armes, auquel est consacrée la première partie de ce livre. C'est pour creuser cette question que je me suis rendu sur la Riviera israélienne un beau matin du printemps 2001.

I

N'EN PARLEZ JAMAIS

1

On livre partout

Césarée, Israël – 7 avril 2001

Perché au-dessus de la mer parmi les oliviers, le palace de marbre ressemblait à tous les hôtels chics qui bordent la Méditerranée. Les Mercedes et les Ferrari rutilantes garées dans le parking s'accordaient parfaitement au décor, et je savais que j'y trouverais un casino sans chercher longtemps.

Je ne tardai pas toutefois à remarquer quelques détails inhabituels : une bande de petits garçons blonds qui gambadaient sur la pelouse devant la façade, et quelques jeunes filles allongées au bord de la piscine, vêtues d'identiques bikinis à bandeau, et plongées dans la lecture de magazines de luxe moscovites. Au message de bienvenue incompréhensible du groom qui m'accueillit à la porte, je compris que je venais d'échouer sur l'une des têtes de pont de la ploutocratie russe dont j'avais tant entendu parler. Depuis l'effondrement de l'Union soviétique, riches gangsters, honnêtes citoyens fuyant la mafia russe et parvenus ordinaires coulaient des jours heureux le long de la côte méditerranéenne et jusqu'en Israël. Plus l'endroit était luxueux, et mieux cela valait.

L'argent ne semblait pas poser de problème et ces Russes préféraient la compagnie de leurs semblables.

J'étais en fait venu à Césarée pour en rencontrer un, que je ne connaissais que de réputation. Je l'appellerai Youri. C'était un marchand de mort, qui avait amassé une fortune colossale au début des années 90 en troquant des armes légères contre du pétrole d'Afrique de l'Ouest. Depuis quelques années, il avait étendu ses activités et, grâce au capital qu'il avait accumulé, il s'était mis à négocier des armes un peu partout dans le monde, pour le compte de la société Rosvoorouzhenie, l'intermédiaire d'État qui a le monopole du commerce de l'armement. On le disait capable de se procurer n'importe quel matériel militaire russe, du chasseur MIG-31 au char de combat T-80. Il avait toutefois sa propre éthique professionnelle. Si l'un de ses concurrents lançait une rumeur selon laquelle Youri mettait sur le marché de l'uranium à usage militaire, il le faisait écraser comme un moustique de la Volga. On pouvait gagner honnêtement sa vie en alimentant les guerres civiles africaines, mais il ne s'agissait pas de toucher aux armes illégales.

Je le vis sortir de l'ascenseur. En chemise de lin blanc diaphane et jeans Levi's impeccablement repassé, des mocassins italiens aux pieds, il aurait pu passer pour un touriste bon chic, bon genre. Mince, les cheveux blonds lissés sur les tempes, il ne faisait pas ses quarante-cinq ans.

Il m'entraîna dans l'un des restaurants de l'hôtel où, l'air maussade, il attendit son café sans dire un mot. Je me lançai dans un monologue redondant sur la tiédeur du printemps, le paysage enchanteur de Césarée et autres platitudes. Comme il se contentait de hocher la tête en silence, je m'interrompis pour l'observer de plus près. Son teint jaune cireux indiquait qu'il ne fréquentait guère la plage ni le terrain de golf, et la couperose qui lui striait les pommettes révélait un amateur endurci de vodka.

J'avais rendez-vous avec Youri pour lui proposer, au nom d'un ami commun, un contrat pétrolier, parfaitement légal, qui lui permettrait de se dégager du trafic d'armes et d'utiliser son argent disponible à des activités plus honorables et moins dommageables à sa réputation.

J'abordai la question dès qu'il eut terminé son deuxième espresso. Il leva la main pour m'interrompre au beau milieu de mon exposé :

— Notre ami me dit que vous partez pour la Syrie.

C'était vrai. Les frontières entre Israël et la Syrie étant fermées depuis une bonne cinquantaine d'années, je devais prendre le lendemain l'avion pour Amman, en Jordanie et de là, pour Damas.

— Le marché du pétrole syrien m'intéresse. Je leur achèterai tout ce qu'ils veulent bien me proposer. Et vous savez quoi ? Je le paierais même deux dollars de plus le baril.

Je n'avais pas prévu cette montée au filet. Pas besoin d'être un spécialiste pour comprendre que le pétrole auquel mon interlocuteur faisait allusion n'avait rien de légal – personne n'achète le baril au-dessus de son cours. Je compris aussitôt qu'il devait s'agir de pétrole irakien transitant par la Syrie pour échapper à l'embargo, et qui s'y négociait avec une décote de dix à quinze dollars par baril. Il était impossible de connaître l'importance de ce trafic – la Syrie se gardait bien d'en parler – mais j'avais eu en mains des estimations qui avançaient le chiffre de trois milliards de dollars par an, un marché suffisamment intéressant pour attirer un vautour aux ambitions planétaires de la trempe de Youri.

Le trafic avait démarré dès la fin des bombardements américains, en février 1991. Au début, le transport se faisait dans de petites barges qui longeaient la nuit les deux côtes du golfe Persique, pour éviter d'être détectées par la flotte américaine. Puis l'Irak fit sortir son pétrole par camion, essentiellement à travers l'Iran et la Turquie. J'avais vu passer des convois longs de plusieurs kilomètres, lorsque j'étais en poste au Kurdistan en 1994 et 1995. La Syrie était entrée relativement tard dans le circuit, mais elle rattrapait le temps perdu avec les énormes quantités qu'elle acheminait, pour l'essentiel, par un vieil oléoduc jusqu'au port de Baniyas. Le reste arrivait dans le pays par camion.

L'Irak était ravi de trouver un débouché pour son pétrole illicite, même à prix réduit. Ce trafic avait permis à Saddam Hussein de conserver le pouvoir depuis la fin de la guerre du Golfe. Les revenus de ce pétrole de contrebande lui permettaient de nourrir et d'équiper ses troupes d'élite ainsi que ses services secrets, et de satisfaire aux caprices de son entourage proche (en particulier de fournir son sinistre fils Oudaï, auquel il avait confié les rênes du trafic pétrolier, en cigares cubains, voitures de sport et jolies filles). Grâce à ce flot de pétrodollars clandestins, Saddam Hussein avait même recommencé à équiper son armée. Le matériel militaire affluait de Russie chaque jour. Il va sans dire que pas un sou de cette manne qui échappait à l'accord « pétrole contre nourriture » ne bénéficiait évidemment au peuple irakien.

La Syrie y trouvait, elle aussi, son compte. En écoulant le pétrole irakien sur son marché intérieur, elle pouvait exporter au tarif mondial le brut qu'elle extrayait de son propre sous-sol. C'est ainsi qu'au cours de l'année 2000, les exportations syriennes sont passées de 320 000 à 450 000 barils par jour. Les dirigeants de Damas affirmaient évidemment que ces 130 000 barils supplémentaires n'avaient rien à voir avec un éventuel apport de pétrole irakien. Lequel lui rapportait chaque année des centaines de millions de dollars, providentiels pour un pays dont l'économie était au bord du gouffre.

Quant aux intermédiaires et trafiquants de tout poil – les magiciens qui permettaient de contourner les sanctions des Nations unies – ils pouvaient s'offrir de belles propriétés à Saint-Tropez ou sur la Riviera espagnole. C'est peut-être cela que recherchait Youri, lui qui semblait apprécier les vues imprenables sur la Méditerranée.

La difficulté que posait ce pétrole clandestin n'était pas son acquisition, mais son exportation. Si le trafic de brut irakien était devenu un secret de Polichinelle, la Syrie n'avait aucune envie de courir le risque du scandale public qu'aurait par exemple pu entraîner la saisie d'un pétrolier dans le port de Baniyas. N'importe quel parlementaire américain pouvait à tout moment exiger du département d'État ou de la Marine américaine qu'ils prennent des mesures pour arrêter ce trafic. Si on lui en donnait l'ordre, l'US Navy n'aurait pas mis longtemps à intercepter sur la Méditerranée un ou deux bateaux chargés de brut irakien. Cette perspective désagréable devait fatalement dissuader la Syrie d'en exporter une seule goutte, et pour les faire changer d'avis Youri allait devoir user d'arguments irréfutables.

Si le négoce de pétrole illicite n'est pas vraiment ma spécialité, la curiosité l'est en revanche certainement. Je décidai donc d'abonder dans son sens. À en croire la formation de base dispensée par la CIA, l'« implication » est le premier pas vers la compréhension.

— Mais qu'y gagnerons-nous si nous le payons deux dollars au-dessus du prix... ? demandai-je avec une naïveté simulée.

Il me coupa avant la fin de ma question :

— Ça, c'est mon problème, pas le vôtre.

Il garda le silence une minute, probablement occupé à faire le tri de ce qu'il pouvait prendre le risque de me dire. Comme l'espionnage, les armes et le pétrole sont des affaires fondées sur une communication minimale : ne surtout rien lâcher de plus que le strict nécessaire.

— Pour tout vous dire, reprit Youri, j'ai l'intention de dorer la pilule aux Syriens. Avec des PMU-300. Je peux me procurer du jour au lendemain une vingtaine de TEL et une centaine de crayons. Ouvrez-moi les portes à Damas, et je persuaderai les Syriens.

Cela commençait à devenir intéressant. Dans le jargon de l'armement, les « crayons » sont les missiles et un TEL est un transporteur-érecteur-lanceur. Le PMU-300, est un TEL russe très sophistiqué, un lance-missile sol-air mobile. Rien d'étonnant à ce que Youri commercialise ce genre de joujou, c'était son gagne-pain. Ce qui me surprenait, en revanche, c'est qu'il vienne en faire la publicité en Israël, théoriquement en guerre avec la Syrie. La possession de PMU-300 par Damas risquait de bouleverser l'équilibre des forces entre les deux pays. Et j'avais le sentiment que les dirigeants israéliens ne seraient pas ravis d'apprendre que des armes aussi perfectionnées avaient été vendues à son ennemi juré depuis son propre sol, à mi-chemin entre Tel-Aviv et la frontière libanaise. Mais encore une fois, l'argent permet de camoufler un grand nombre de vérités désagréables.

Je n'avais aucunement l'intention d'acheter du pétrole irakien illégal, pas plus que des armes pour la Syrie, mais la conversation me rapprochait de la réponse à une question que je me posais depuis longtemps. Si ce Russe était capable de vendre des lance-missiles depuis un hôtel de luxe de Césarée, muni seulement d'un téléphone mobile et d'un carnet d'adresses bien garni, que pouvait-il vendre d'autre ? Et à qui ? Il n'est pas besoin d'être un ancien de la CIA pour savoir que la mondialisation du commerce ne touche pas que les jeans Diesel, les consoles de jeux Sony et les Mercedes. J'avais bien l'intention de mesurer à quel point le marché gris des armes était touché par ce phénomène.

Mes vingt et une années d'expérience à la CIA m'avaient appris qu'il existe très peu de frontières infranchissables ou incontournables pour les marchands de canons. [redacted][1] Pendant les années 90, des chargements d'armes traversaient par radeau le fleuve Amou-Daria, qui sépare l'Afghanistan de l'Ouzbékistan et du Tadjikistan. Plusieurs missiles sol-air Stinger[2] ont réussi à pénétrer en ex-URSS. Et un autre, de fabrication soviétique, a même été débarqué dans le port kenyan de Mombasa – où il a d'ailleurs fait long feu, fin novembre 2002, alors que son destinataire le pointait sur un avion de ligne de la compagnie Arkia[3].

L'Europe de l'Ouest n'échappait pas à la règle. Le 2 septembre 2001, un jeune fanatique islamiste, vêtu d'un

---

1. Tout employé de la CIA est tenu de signer un accord autorisant l'agence à réviser et à censurer chaque document destiné à la publication. J'ai laissé dans le texte les passages biffés au noir afin que le lecteur voie comment fonctionne la censure.

2. Stinger : fabricant d'armes américain. *(N.d.T.)*

3. Arkia : compagnie aérienne israélienne. *(N.d.T.)*

treillis militaire, a tiré sur un véhicule de police à l'aide d'un lance-roquettes de fabrication russe, dans un quartier populaire de Béziers, avant d'abattre à la kalachnikov le chef du cabinet du maire, qui faisait le plein d'essence dans une station-service. On a retrouvé dans la voiture et dans l'appartement du forcené deux fusils d'assaut, des chargeurs et plusieurs centaines de balles, quelques lance-roquettes, deux cents grammes de dynamite, dix-huit pains d'explosifs et trente détonateurs. Toutes les armes de guerre étaient de fabrication étrangère. Dix ans plus tôt, un malfrat français entreprenant aurait eu de la chance de pouvoir mettre la main sur une arme non déclarée et il l'aurait payée à prix d'or. On peut aujourd'hui trouver une kalachnikov pour cinq cents euros dans n'importe quelle banlieue « sensible » d'une grande ville française. N'oublions pas, en outre, que la loi française sur le port d'armes compte parmi les plus restrictives du monde.

Je croyais qu'il restait tout de même quelques exceptions, des frontières inviolables, même pour les marchands d'armes les plus futés. Mais Youri commençait à m'en faire douter.

Il n'est pas facile d'obtenir des renseignements précis sur le commerce international de l'armement, les négociants formant une confrérie très discrète. Ils ne donnent pas d'interviews, ne publient pas de revue professionnelle, et ne sont pas inscrits au Registre du commerce. Pour rester informés, les officiers de la CIA sont pratiquement contraints de se lancer eux-mêmes dans le *business* : recruter un marchand d'armes comme agent permet de jeter quelques instructifs coups d'œil sur ces glauques coulisses des conflits actuels. Durant la première moitié de ma carrière, la CIA faisait grand cas de ce genre d'atout. Flairer les circuits du Semtex[1], des missiles sol-air d'épaule

1. Semtex : Plastic de fabrication tchèque, pratiquement indétectable. *(N.d.T.)*

SA-7[1] et des kalachnikovs faisait partie du travail quotidien, de même que c'est en remontant la piste de l'argent que les enquêteurs du Watergate ont pu aboutir. Mais ces pratiques relèvent désormais de l'histoire de l'agence.

Au cours des années 90, l'optique de la CIA a radicalement changé, lorsque le service juridique a décidé de faire du zèle en s'inquiétant soudain du demi-chantage qu'exerçaient les négociants d'armes sur les officiers traitants de la CIA. Voici comment s'y prenaient les petits futés : un marchand de mort se présentait comme un patriote soucieux de se débarrasser des « méchants » qui polluaient le marché de la vente des armes. Il proposait ses services à la CIA et lui fournissait quelques ragots alléchants sur tel ou tel marché. Mais ses tuyaux ne menaient qu'à des impasses. En fait, le négociant utilisait la CIA comme parapluie pour toutes ses actions, légales ou non. S'il avait un jour la malchance de se faire épingler en train de vendre des armes à un pays sous embargo – comme la Syrie ou l'Iran – il pouvait toujours prétendre que « son » officier de la CIA lui avait donné le feu vert... Et comme les agents secrets n'ont pas le droit de témoigner en justice, le négociant était assuré de l'impunité.

L'inquiétude de Langley[2] était-elle fondée ? Certainement. Ce n'est pas par patriotisme que les gens se lancent dans le commerce de l'armement. Mais pour un officier traitant, la récolte du renseignement ressemble à un investissement boursier. Il peut prendre des risques – et déduire ses pertes de ses gains. Ou alors, il peut engranger ses bons du Trésor et s'inscrire au club des investisseurs pépères. Ce qui semblait être le choix de la CIA.

Un exemple vous donnera une idée des proportions qu'a prises cette prudence. Peu avant que je donne ma

1. SA-7 : Missile anti-aérien de fabrication russe. *(N.d.T.)*
2. Langley (Virginie) : siège de la CIA. *(N.d.T.)*

démission, en décembre 1997, j'ai eu l'occasion de recruter un négociant qui, comme Youri, vendait des armes russes au Moyen-Orient. C'était l'époque où la CIA commençait à se rendre compte de l'état désastreux des anciens laboratoires et centres d'essais militaires de l'ancienne Union soviétique. Des stocks disparaissaient de tous les sites. Lors d'une visite de routine sur l'ancien site de Vozrozhdeniye, sur une île de la mer d'Aral, nous avons trouvé par terre des bacilles de charbons prêts à être utilisés comme armes. Les bâtiments n'étant pas gardés, n'importe qui aurait pu les ramasser. C'est sur ce genre de piste que je voulais lancer mon négociant.

Le commerce des armes traversait une mauvaise passe. L'offre et la demande s'étaient effondrées, et mon « agent » était prêt à se contenter du seul remboursement de ses frais par la CIA. Il s'engageait à mener ses affaires de son côté – rien d'illégal, m'assurait-il – et à me faire signe dès qu'il trouverait sur le marché des armes interdites. L'arrangement me paraissait clair, bien cadré et peu coûteux mais dès que mes chefs ont appris mes intentions, les problèmes ont commencé. Ils m'ont d'abord interdit de rencontrer le négociant, et n'ont fini par céder que lorsque j'ai accepté d'y traîner avec moi un col blanc du service juridique.

On imagine le froid que sa présence a pu jeter sur la rencontre. Par nature, les informateurs travaillent dans l'ombre. Si l'on braque sur eux le projecteur d'un conseiller officiel, ils détalent à toutes jambes. Mais la direction de Langley avait ses priorités. Si le type essayait de nous rouler, les huiles de l'agence voulaient pouvoir bénéficier du témoignage de leur conseiller juridique. Personne ne semblait se soucier que cette surenchère de formalisme bureaucratique nous interdise de fait d'obtenir la moindre information sur le charbon de Vozrozhdeniye, ni sur aucune autre arme ayant disparu des sites d'armes stratégiques de l'ex-Union soviétique. Après ma démission, j'ai appris que mon informateur avait été lâché – « résilié », selon l'expression en vigueur – et que la CIA avait renoué avec son habitude de traiter les négociants d'armes comme la peste, fermant ainsi notre meilleure lucarne sur le marché international des armes et sur le fléau mortel de la prolifération.

À Césarée ce matin-là, je me trouvais face à un véritable titan de ce commerce, et je n'allais certainement pas laisser passer une si belle occasion. Ce que je voulais avant tout, c'est qu'il me parle de l'Arabie Saoudite et des armes qui pouvaient y pénétrer.

En 2001, tous ceux qui comprenaient un tant soit peu ce pays savaient sa situation critique. Le revenu par habitant avait chuté de plus de 60 % en vingt ans. La natalité avait grimpé et rattrapé les taux les plus élevés du monde. Pendant ce temps, la corruption généralisée et le train de vie fastueux de la famille royale commençaient à lui valoir des commentaires acerbes de l'homme de la rue. On entendait dans tout le pays des prédicateurs populaires appeler ouvertement au djihad contre l'Occident, une appellation qui – je peux vous l'assurer – englobait la famille Saoud. Les signes précurseurs d'un effondrement du régime se multipliaient. Quelques rappels : en novembre 1995, un attentat à la bombe avait détruit un bâtiment de la Garde nationale à Riyad, tuant cinq ressortissants des États-Unis. Moins d'un an après, dix-neuf autres trouvaient la mort dans l'explosion des baraquements américains de Khobar, près de Dharan. En 2000, deux officiers de la sécurité saoudienne détournaient un avion de ligne saoudien qui venait de décoller pour Londres, et le forçaient à atterrir à Bagdad. « Nous sommes des citoyens ordinaires, avait déclaré sur l'aéroport irakien l'un des pirates de l'air. Nous combattons pour le respect des droits du peuple saoudien à une éducation et à une santé convenables, de même qu'aux autres services publics de base. »

Ce que j'ignorais, et que je voulais faire dire à Youri, c'était si quelqu'un dans ce pays avait les moyens de traduire en actes le mécontentement populaire et de renverser les Saoud, cette tribu bédouine semi-sédentarisée d'un autre âge, dont la lignée remonte au XVIIIe siècle. Pour y parvenir, il fallait qu'il puisse se procurer des armes, et en grande quantité.

Les dépenses d'armement par habitant du gouvernement saoudien comptent probablement parmi les plus élevées du monde. Selon les données officielles, le gouvernement n'y consacrerait que 13 % de son PIB – en réalité, la moitié des dépenses budgétaires ont une destination militaire. Et ce alors que l'armée saoudienne n'assume pas effectivement la responsabilité de la défense extérieure du pays. Ce sont les porte-avions et les F15 américains stationnés dans le Golfe qui s'en chargent – et le budget défense des États-Unis ne dépasse pas 4 % du PIB. De plus, l'Arabie Saoudite ne s'est jamais engagée dans aucun des conflits israélo-arabes qui ont émaillé l'histoire du Proche-Orient de 1948 à nos jours. En fait, l'armée des Saoud n'a pas fait la guerre depuis les années 30. Pour mesurer l'importance de ses dépenses militaires actuelles, il suffit de les comparer avec celles de la France, qui possède une armée moderne, opérationnelle et mobile, engagée dans de fréquents combats en Afrique comme dans des missions de maintien de la paix dans le monde entier, et dont le budget défense ne représente que 2,57 % de son PIB.

À quoi sert donc l'argent que l'Arabie Saoudite dépense pour son armée ? Si une grande partie de ce budget est engloutie par les pots-de-vin, la famille royale prélève une grosse tranche du gâteau pour sa protection. La Garde nationale, qui bénéficie d'un équipement et de salaires comparables à ceux des meilleures armées de la planète, compte probablement les gardes du corps les plus coûteux au monde. Chaque fois que vous faites le plein avec de l'essence provenant du brut saoudien – ce qui, statistiquement, se produit cinq fois sur six – vous versez environ un euro aux cerbères chargés de défendre le trône des Saoud.

Au cours de mes années passées en poste au Moyen-Orient, je n'avais jamais remis en cause la certitude confortable de mon gouvernement, selon laquelle les sommes prodigieuses que les Saoud consacraient à armer leurs gardes du corps leur garantissaient la sécurité – à eux comme à leur pétrole – tout en dissuadant le Saoudien moyen d'acheter des armes lourdes, du type de celles qui seraient nécessaires à un renversement du régime. Je commençais à douter de ce postulat.

Youri en savait certainement très long sur le commerce des armes interdites, mais je n'avais aucune raison de penser qu'il me ferait des confidences à ce sujet. S'il avait eu envie de donner des conférences sur la question, il serait devenu chercheur et serait resté à Moscou. Je devais le convaincre qu'il y avait de l'argent à gagner. Ne faisant pas partie du milieu, il me faudrait inventer de toutes pièces une histoire crédible. Si l'implication est le premier pas vers la compréhension, pour s'impliquer il faut souvent savoir improviser.

— Pour changer de sujet, attaquai-je, j'aurais besoin de petit matériel : du plastic, des explosifs, des fusils d'assaut, des lance-roquettes...

Il cligna des yeux. Les armes que j'évoquais lui ayant fait gagner une fortune en Afrique de l'Ouest, il ne pouvait pas décliner ma demande d'emblée.

Je baissai la voix pour enchaîner :

— J'aimerais que le matériel soit livré en Arabie Saoudite.

Il resta muet un long moment. Il pensait certainement qu'il en avait bien assez dit sur ses affaires à cet ancien officier de la CIA qu'il ne connaissait pas une heure plus tôt. Et si je travaillais encore pour l'agence, et que j'étais venu sur la riviera israélienne pour le piéger ?

— Je n'y toucherai pas personnellement, finit-il par répondre. Mais si c'est sérieux, je vous donnerai le nom d'un associé à Moscou qui l'a déjà fait.

— Il a déjà fait quoi ?

— Livrer des armes à l'intérieur de l'Arabie Saoudite. C'est comme DHL, il livre partout, à tout moment. Même à ces cinglés de Wahhabites. (Il prononçait « Vvââbites »)

— Vous voulez dire qu'il leur livre des armes, des fusils d'assaut et des munitions ?

— Oui, et même des trucs plus costauds. Si vous avez le pognon, il a la camelote.

Cela n'aurait pas dû m'étonner. Six mois plus tard, aux États-Unis, cinq personnes devaient décéder des suites d'une contamination criminelle au bacille du charbon, le même que celui qui traînait par terre à Vozrozhdeniye, mais sous une forme tellement sophistiquée qu'un laboratoire du ministère de la Défense devait mettre environ quatre ou cinq ans à pouvoir le reproduire. À l'heure où j'écris ces lignes, on vient de découvrir une cargaison de missiles Scuds démontés, cachée dans un cargo nord-coréen qui se dirigeait – sans pavillon – vers Sanaa [1]. Probablement fabriqués en Corée du Nord, ces Scuds étaient-ils destinés au Yémen – un allié des États-Unis selon la représentation idyllique du monde arabe que s'en font nos

1. Sanaa : capitale du Yémen. *(N.d.T.)*

meilleurs diplomates ? Devaient-ils être expédiés ensuite par voie terrestre vers l'Irak (pays ennemi que notre allié yéménite avait quand même soutenu lors de la guerre du Golfe de 1990-1991) ? Ou s'agissait-il d'une transaction privée, qui utilisait le port de Sanaa pour des raisons purement pratiques ? Peut-être la cargaison était-elle destinée à un groupe militant dissident quelconque – qui avait enfoui un lanceur quelque part dans le désert ? Au Moyen-Orient, les alliances ne sont dictées que par des calculs pragmatiques, et ce sont tout de même des ressortissants yéménites qui ont aidé des partisans de Ben Laden à percer un trou gros comme une maison dans la coque de l'*USS Cole.* Il y a de fortes chances pour que nous ne connaissions jamais toute la vérité sur cette affaire de missiles. Peut-être Youri lui-même n'aurait-il pas eu le fin mot de l'histoire. Mais toutes les hypothèses que j'évoque sont plausibles. De nos jours, le client qui veut du matériel lourd n'a même plus besoin de se déplacer, il se fait livrer à domicile (le sien... ou celui de ses ennemis).

2

L'œil du cyclone

Je n'ai pas appelé le contact de Youri à Moscou et je ne découvrirai sans doute jamais si son réseau était vraiment capable de livrer des armes en Arabie Saoudite. Mais mon sixième sens me souffle que oui. Et si ce n'était pas Youri, il devait avoir un alter ego qui, lui, le pouvait.

Quoi qu'il en soit, je soupçonnais déjà que des marchands d'armes sévissaient à l'intérieur même des frontières du royaume saoudien. Ils avaient dû s'y implanter dès l'effondrement de l'Union soviétique, en 1991. Au début des années 90, le fournisseur numéro un d'Oussama Ben Laden était un homme du nom de Victor Bout. Ce dernier, ex-officier du KGB, avait servi en Angola, où il avait été impliqué dans des trafics d'armes et de pétrole. Comme l'associé de Youri, Bout avait la réputation d'accepter de livrer n'importe quels matériels, y compris des armes « sensibles », partout dans le monde. Sa compagnie aérienne, Air Cess, possède une des plus grosses flottes civiles du monde. Bout, qui opère sur les marchés réputés les plus difficiles de la planète, l'Iran, le Liberia, l'Angola, la Sierra Leone, l'Irak et la Serbie, utilise des aéroports secondaires comme Sharjah, aux Émirats arabes unis, ou Burgas, en Bulgarie. Selon la rumeur, ce personnage était, à l'époque, capable de vous dénicher n'importe quel type d'armement, y compris une bombe nucléaire, et de le livrer à Riyad devant votre porte. Les relations de Bout avec Ben Laden ont beau avoir fait l'objet de nombreux commentaires dans la presse, il n'en continue pas moins ses trafics à partir de l'émirat de Dubaï, le principal « relais » de l'Arabie Saoudite pour la contrebande et les transactions financières douteuses. Ainsi, c'est dans les banques de Dubaï que « dormaient » l'essentiel des capitaux qui ont servi à financer les attentats du 11 septembre.

L'impunité de Bout s'explique en partie par les participations que détiennent les services de contre-espionnage russes (SVR) dans sa compagnie aérienne Air Cess. En outre, les réseaux de trafiquants russes ont désormais quasiment pignon sur rue, au point que le ministre saoudien de la Défense, Sultan Ben Abdelaziz, s'est mis en tête de s'associer avec les grands trafiquants russes. Sultan a même reçu en Arabie Saoudite les dirigeants de Rosvoorouzhénie, la société étatique russe spécialisée dans les exportations d'armements.

Je n'avais pas non plus besoin de Youri pour savoir que les 4 431 kilomètres de frontières et les 2 640 kilomètres de côtes du royaume sont indéfendables. Depuis des temps immémoriaux, Bédouins et contrebandiers sillonnent en toute liberté la péninsule arabique sans jamais croiser le moindre douanier. Aujourd'hui encore, les trafiquants d'or indien traversent le Golfe à la voile et déchargent clandestinement leurs cargaisons sur les rivages de la péninsule. Et nous savions déjà que les Wahhabites, excellents clients de Youri, disposaient d'une source d'approvisionnement d'armes. Ils avaient d'ailleurs déjà fait la preuve de leurs capacités dans ce domaine quand ils avaient monté leur prise d'otages dans la grande mosquée de La Mecque en 1979.

Frontières perméables et importation massive de matériels militaires sont deux éléments inquiétants pour la stabilité politique d'un pays, mais ils ne signifient pas pour autant que ce dernier est sur le point de sombrer dans la guerre civile, ni le régime en place à la veille de s'effondrer. Pour renverser le pouvoir des Saoud, encore faut-il que ses citoyens soient décidés à se saisir desdites armes, à combattre et, le cas échéant, à mourir pour leurs convictions. Et l'adversaire est de taille, puisque le dernier rempart de la monarchie consiste en une garde prétorienne nombreuse, suréquipée et bien payée. Jusqu'au 11 septembre, pour beaucoup d'observateurs, moi y compris, le Saoudien moyen ne correspondait pas à cette description. Nous en étions tous restés à un vieux stéréotype facile, celui du sale gosse de riche aboyant pour un oui ou un non sur l'armée de domestiques philippins à son service. Lutter (et donner sa vie) pour un idéal, à peu près personne ne les en croyait capables. Le 11 septembre, ces préjugés bien ancrés ont volé en éclats. Les quinze pirates saoudiens venaient de faire la démonstration que le royaume comptait un certain nombre de jeunes hommes qui étaient prêts à lancer des avions contre des gratte-ciel ou à attaquer les infrastructures pétrolières saoudiennes avec des armes lourdes. L'islamisme militant avait réveillé les ardeurs des jeunes Saoudiens à un point que nous n'aurions jamais cru possible.

Et les milliers de cerbères qui protègent la famille royale saoudienne avec chars et avions ? Ne pouvait-on compter sur eux pour neutraliser les fanatiques ? Encore un mythe dont les attentats du 11 septembre ont fait justice. Revenons à la réalité des faits. M. Nayef, ministre de l'Intérieur et proche parent du roi Fahd, a une conception étroitement tribale de son rôle : il est là pour maintenir les Saoud au pouvoir, toute autre considération, tout autre intérêt le laisse de marbre. [redacted]

[redacted] Pour toute réponse, Nayef s'est fait un point d'honneur d'éviter comme la peste le directeur du FBI, Louis Freeh. Quand celui-ci est arrivé en Arabie Saoudite pour relancer l'enquête sur l'attentat à la bombe des tours Khobar, à Dharan, visant les militaires américains qui y résidaient, Nayef s'est retiré sur son yacht ancré sur la mer Rouge, au large de Djedda, à bonne distance des côtes. Et le numéro un de la police américaine n'a pu rencontrer que deux policiers du service de sécurité intérieure, deux « sous-fifres » qui ne disposaient pas du moindre renseignement sur l'attentat de Khobar. Un peu comme si Nayef, en visite à Washington, avait été reçu par le chauffeur de Freeh.

Qui plus est, ce même prince Nayef ne s'est pas privé de faire savoir, par médias interposés, tout le bien qu'il pensait des Américains. Au lendemain du 11 septembre, au pire moment possible, Nayef a déclaré que les États-Unis, « la grande puissance qui contrôle la terre », était désormais « une ennemie des Arabes et des musulmans ». La situation était d'ailleurs bien plus inquiétante que ne le suspectaient les observateurs les plus pessimistes de la région. [redacted] M. al Rajhi est le propriétaire de la banque qui porte son nom, laquelle compte près de quatre cents succursales en Arabie Saoudite et à l'étranger. Fondé en 1987, cet établissement financier, l'un des plus riches du royaume, a activement soutenu l'IIRO (Organisation d'assistance islamique internationale), qui a fait profiter Ben Laden, ainsi que d'autres militants islamistes saoudiens, de cette manne.

Personne, pas même le roi Fahd, ne peut empêcher Nayef de sévir. Pour ce pilier du régime, le ministère de l'Intérieur est un domaine réservé qu'il gère comme bon lui semble. Frère du même lit que Fahd, Nayef est un prince « protégé » dont le limogeage est inconcevable, même s'il mène sa guérilla personnelle avec les États-Unis et soustrait des Wahhabites pur sucre aux griffes de la justice moyennant finance. Je me suis d'ailleurs souvent demandé pourquoi ce prince haïssait tant les Américains.

[redacted]

Louis Freeh ne s'est jamais exprimé publiquement au sujet de Khobar et de l'attitude pour le moins discourtoise du ministre de l'Intérieur saoudien, mais je suppose qu'il n'en fut guère surpris. Il en avait vu d'autres. Ainsi, vers le milieu des années 90, le Qatar abritait dix terroristes d'Al Qaida qui figurent aujourd'hui sur la liste des personnes les plus recherchées par le gouvernement américain. Quand Freeh reçut un rapport d'une solidité à toute épreuve prouvant que Khaled Cheikh Mohammed, le responsable le plus dangereux de l'organisation, était réfugié au Qatar, il envoya une requête au ministre qatari des Affaires étrangères demandant à l'émirat d'honorer son engagement de livrer le terroriste au FBI.

Le premier policier des États-Unis tenait particulièrement à mettre la main sur Khaled Cheikh Mohammed, ce dernier étant en effet l'oncle de Ramzi Youssef, organisateur de l'attentat au camion piégé contre le World Trade Center en 1993. Ce proche de Ben Laden avait également imaginé de faire exploser onze long-courriers au-dessus du Pacifique. Il s'était d'ailleurs entraîné sur un avion de ligne philippin, abattant un jeune passager japonais fin 1994. Selon un complice de Khaled Cheikh Mohammed arrêté aux Philippines à l'époque, ce dernier nourrissait déjà le projet de détourner des avions et de les précipiter sur des édifices américains, à commencer, semble-t-il, par le quartier général de la CIA. La missive de Freeh au ministre qatari ne laisse aucun doute sur le fait qu'il considérait Khaled Cheikh Mohammed comme un tueur implacable.

Voici en quels termes il évoque son cas dans une lettre que m'a montrée un haut responsable d'un service secret arabe : « Les attentats terroristes dans lesquels nous soupçonnons K.C. Mohammed d'être impliqué menacent clairement les intérêts américains. Ses activités au Qatar menacent aussi les intérêts de votre gouvernement. Vous avez d'ailleurs vous-même souligné, lors de notre entretien, que vos services le soupçonnaient de fabriquer des engins explosifs, activité qui constituait un danger potentiel pour les citoyens du Qatar. En outre, vous indiquiez que Khaled Cheikh Mohammed possédait une vingtaine de faux passeports. »

La réaction du Qatar ? Bien que Khaled Cheikh Mohammed ait été à l'époque employé d'une compagnie nationale de distribution d'eau, les bureaucrates chargés de le retrouver se prétendirent incapables de mettre la main sur lui. En fait, ils avaient discrètement exfiltré ce sulfureux personnage, pendant qu'une équipe du FBI se tournait les pouces au Sheraton de la capitale. Le désarroi de Freeh a dû se muer en colère quand il a découvert que le Qatar avait dépensé, entre 1997 et 1999, vingt-quatre millions de dollars en honoraires d'avocats (soigneusement choisis pour leurs accointances notoires avec la Maison Blanche) et sept cent mille autres dollars, encaissés, cette fois, par un cabinet de relations publiques de Washington, pour redorer son blason et endormir les autorités américaines, pendant que l'émirat servait de base arrière à certains des plus redoutables terroristes de la planète. Mais voilà la cerise sur le gâteau : l'ambassadeur américain au Qatar – l'homme chargé de convaincre les Qataris de remettre Khaled Cheikh Mohammed à son gouvernement – décida quelque temps plus tard de changer de carrière en mettant ses talents au service des Qataris. Pendant ce temps-là, Khaled Cheikh Mohammed gagnait le temps nécessaire pour préparer l'apocalypse, espérait-il, du 11 septembre 2001.

Reste à comprendre le rapport entre Qatar et Arabie Saoudite. Certes, les deux pays partagent une frontière, et la population qatarie, à l'instar de sa voisine, est majoritairement sous l'emprise d'un islam passablement rigoriste et anti-occidental. Mais il y a plus. Rappelez-vous, lors de l'arrestation de Khaled Cheikh Mohammed par les services pakistanais en mars 2003, un autre poisson s'est retrouvé pris dans la nasse – le « porteur de valises ». Selon les confidences d'un haut fonctionnaire de la région, un homme bien informé, ce comparse, un Saoudien du nom de Moustapha Ahmed Hawsawi, avait retiré des fonds dans les banques émiraties pour le compte des pirates du 11 septembre. Les allers retours de Hawsawi entre le royaume et l'émirat n'ont visiblement pas ému les autorités des deux États frontaliers. En d'autres termes, les réseaux de la terreur se jouent des frontières, pour une bonne et simple raison : tous les États du Moyen-Orient appartiennent en dernier ressort à une seule et même nation, l'Islam. Ben Laden n'a pas d'autre drapeau et la colère contre l'Occident, et notamment les États-Unis, rassemble la communauté des fidèles de l'Islam. Mais au sein de cette communauté, certains groupes se distinguent par leur virulence. J'ai nommé les Wahhabites, les Frères musulmans et, bien sûr, Al Qaida. Et s'il est un pays qui, plus que tout autre, s'est érigé en principal et peu regardant protecteur de ces organisations, c'est le royaume saoudien.

Il faut d'ailleurs signaler que l'administration Clinton se moquait bien que le directeur du FBI se soit fait « balader » par les Qataris. Le ministre des Affaires étrangères de Doha qui entrait et sortait de la Maison Blanche comme si c'était son bureau, n'a pas reçu la moindre doléance américaine à ce sujet. Un jour que je me trouvais dans le bureau du conseiller national à la sécurité d'Al Gore, on m'a demandé de vider les lieux afin que le vice-président puisse recevoir le ministre qui s'était présenté à la Maison Blanche sans prévenir.

Pour en revenir à Son Excellence le prince Nayef, il ne s'agit pas du principal grain de sable dans les relations bien huilées entre Washington et Riyad. La maison des Saoud et le royaume qu'elle gouverne jouent les sourds-muets, depuis le milieu des années 90, avec une constance qui ne se dément pas. En 1996, le gouvernement saoudien a purement et simplement décliné l'offre soudanaise de lui livrer Oussama Ben Laden, avec pour seule explication que Ben Laden était trop populaire dans son pays natal. Son arrestation risquait de déclencher des émeutes. Depuis le 11 septembre, les services saoudiens n'ont pas fourni à leurs homologues américains une seule indication, pas la moindre piste utile concernant les attentats. Le verrouillage est si total que le FBI n'a pas été autorisé à interroger les suspects, pas même les familles des quinze pirates de l'air saoudiens. Longtemps après le 11 septembre, l'Arabie Saoudite refusait toujours de fournir les documents de vol des appareils assurant la liaison avec les États-Unis, un manquement élémentaire et potentiellement redoutable à la sécurité de ces vols.

Si l'Arabie Saoudite était un pays ouvert et libre, ou s'efforçait de faire croire qu'elle l'est, la presse américaine serait en mesure de nous expliquer pourquoi le prince Nayef en veut tant aux Américains. Mais, à quelques rares exceptions près, les journalistes de mon pays se voient refuser leur visa pour le royaume. Et ceux qui y parviennent sont étroitement surveillés par les agents de la police secrète. Il ne faut d'ailleurs pas chercher d'illumination du côté du nouveau bureau du FBI installé à Riyad. Son équipe se compose désormais (du moins c'était le cas encore tout récemment) de deux agents de confession musulmane. Un critère de recrutement bienvenu s'il avait signifié une capacité inégalée à se faufiler partout. Pensez-vous ! Les patrons du Bureau fédéral d'investigation ne voulaient surtout pas froisser les susceptibilités saoudiennes. Après tout, quoi de plus insultant que d'envoyer des infidèles surveiller nos si défiants amis ?

Pour la plupart des Américains, la conflagration de septembre 2001 a été vécue comme un traumatisme émotionnel et comme un réveil géopolitique. Sur les dix-neuf pirates de l'air qui ont opéré le 11 septembre, quinze étaient de nationalité saoudienne, alors qu'on ne cessait de nous répéter que l'Arabie Saoudite était notre meilleur allié au Proche-Orient après Israël. Mais à l'automne 2002, quand l'Arabie Saoudite s'est faite le champion des opposants arabes à une guerre contre l'Irak, surtout parce que le régime craignait pour sa propre stabilité, les Américains ont subitement réalisé qu'on leur avait peut-être menti à propos de leurs alliés saoudiens. Dix ans plus tôt, durant la première guerre du Golfe, Riyad avait accueilli les troupes américaines à bras ouverts ; en 2002, l'Amérique était obligée de supplier le Qatar pour que celui-ci accepte de servir de base à nos forces armées. Si mes compatriotes ont besoin de preuves supplémentaires, rappelons simplement que sur les six cent cinquante combattants d'Al Qaida détenus sur la base navale de Guantanamo (« les pires, toutes catégories confondues », selon le mot de Donald Rumsfeld), 80 % étaient des ressortissants saoudiens.

L'an dernier, presque chaque jour apportait avec lui son lot de révélations accablantes sur le royaume et les étranges relations de la famille régnante. C'est ainsi qu'on apprenait que l'épouse de l'ambassadeur de Riyad aux États-Unis avait, en offrant un secours à un compatriote dans le besoin, contribué à financer les attentats du 11 septembre. Lors d'une perquisition dans l'appartement de Hambourg d'un complice probable des pirates, on avait trouvé la carte de visite d'un diplomate saoudien. Deux des terroristes, lorsqu'ils avaient débarqué à Los Angeles, avaient été accueillis à leur descente d'avion par un Saoudien travaillant pour une firme sous contrat avec le ministère de la Défense. D'autres Saoudiens ont sponsorisé les pirates. Quand des enquêteurs de l'OTAN ont perquisitionné les bureaux du haut-commissaire saoudien pour l'aide à la Bosnie, fondée par le prince Salman, ils ont découvert des photos (avant et après) des ambassades américaines en Tanzanie et au Kenya, du World Trade Center (encore debout) et de l'*USS Cole*. Ce n'est pas tout : les coffres renfermaient aussi des dossiers sur les avions légers employés pour pulvériser des pesticides sur les récoltes ainsi qu'une panoplie de parfait faussaire servant à la fabrication de cartes d'identité officielles américaines. En novembre 2002, l'ambassade saoudienne à Washington a montré tout le cas qu'elle faisait du département d'État et de la justice américaine en fournissant un passeport à l'épouse d'un sympathisant présumé d'Al Qaida et en la rapatriant, avec ses cinq enfants, au nez et à la barbe des autorités américaines alors qu'elle venait d'être assignée à comparaître devant un grand jury fédéral.

Mais plus les faits prouvant les connexions saoudiennes avec le terrorisme s'accumulaient, moins les Saoudiens étaient en mesure de les réfuter. Ils optèrent donc pour les protestations d'innocence outragée. C'est ainsi que dans une conférence de presse exceptionnelle à l'ambassade saoudienne de Washington, Abdel Aljubeir, conseiller de la couronne pour la politique étrangère, s'insurgea dans ces termes : « Nous avons été pointés du doigt comme la source du mal, la terre nourricière du terrorisme. Notre foi a été diabolisée d'une manière dont je n'aurais jamais cru les Américains capables. »

À la même époque, le prince Nayef continuait à faire comme si l'Arabie Saoudite n'avait rien à voir avec les attentats : un an et demi après ceux-ci, il n'y a toujours pas eu la moindre arrestation saoudienne liée au 11 septembre 2001 – pas même d'un témoin matériel.

Et une telle inertie ne doit pas nous surprendre. Le système judiciaire saoudien est un des plus moyenâgeux qui soient. Le royaume est le champion des décapitations en public (la plupart d'entre elles se déroulent sur une place familièrement dénommée « place coupe-coupe »). Les lycées et les universités du cru sont l'équivalent de West Point pour la formation des terroristes de la région. La police religieuse est la dernière à essayer d'empêcher des meurtres (justifiés, de l'avis de nombreux dignitaires religieux) commis en terre infidèle. Elle a des sujets de préoccupation bien plus graves, comme de forcer les commerçants à baisser le rideau de fer durant la prière et de frapper les femmes, sur les bras et les jambes, quand leur *abaya*[1] est trop courte. En mars 2002, à La Mecque, elle n'a pas hésité à bloquer les issues d'une école de filles où s'était déclaré un incendie, parce que celles-ci, prises de la panique qu'on imagine, avaient omis de se couvrir « décemment ». Bilan : quatorze fillettes mortes. Les travailleurs d'origine étrangère ne sont pas non plus très bien lotis dans le royaume. En Arabie Saoudite, personne, ni autochtone ni étranger, ne peut pratiquer une autre religion que l'islam. Une simple croix suspendue autour du cou peut avoir de très désagréables conséquences pour l'infidèle pris sur le fait : il est passible d'une série de coups de fouet qui n'ont rien de symbolique.

Même le département d'État a été contraint de reconnaître que, sur le plan des libertés religieuses, la situation était déplorable. Il a envisagé d'inscrire le royaume sur une liste des nations qui restreignent la liberté religieuse, dont l'Iran, l'Irak, la Chine, la Birmanie, le Soudan et la Corée du Nord. Dans son rapport annuel de 2002 sur la liberté religieuse dans le monde, il cite des cas de chrétiens emprisonnés, de confiscation ou

1. Robe bédouine traditionnelle féminine. *(N.d.T.)*

de censures de la Bible et de harcèlement de chrétiens par la police religieuse. Mais, en fin de compte, pris d'une inexplicable indulgence, nos diplomates ont renoncé à tirer les conclusions qui s'imposaient et leur chère Arabie Saoudite ne figure toujours pas sur cette liste noire.

D'ailleurs la privation de liberté religieuse n'est, si l'on ose dire, qu'un détail : l'Arabie Saoudite n'est pas un État de droit. Examinez donc un passeport saoudien. On peut y lire que son détenteur « appartient » à la famille royale. Le roturier saoudien est un « bien », une chose parmi d'autres, à l'instar de la Rolls-Royce ou du palais princier. Les citoyens saoudiens ne jouissent d'aucun droit, aucune constitution ne les protège, aucun parlement ne les représente.

Tout ça ne serait pas si grave si l'Arabie des Saoud était une sorte de royaume romantique gouverné par un roi sage et généreux et une famille royale dévouée à ses sujets. On en est loin. Commençons par le sommet : depuis son attaque cérébrale survenue en 1995, le roi Fahd est sénile. C'est en principe le prince régent Abdallah, son demi-frère, qui le remplace à la tête du pays, mais ce dernier n'a pas de pouvoir réel. Les princes les plus importants, ceux qui se partagent les ministères de premier plan, le méprisent et s'en méfient, et ils saisissent chaque occasion de défier son autorité.

L'épouse préférée de Fahd, Jawahara el Ibrahim, et son fils gâté et mégalomane Abdelaziz Azouzi, « chéri », comme Fahd l'appelle, sont les véritables maîtres du pays. Jawahara dispose d'un accès permanent auprès du roi et c'est elle qui décide qui est, ou non, autorisé à le voir, quels décrets il est en état d'examiner. Dans la pratique, c'est elle qui fixe les orientations générales de la politique intérieure et extérieure du royaume. Pour ce que l'on en sait, c'est Jawahara qui a la haute main sur le « robinet » de l'or noir : elle l'ouvre et le ferme à son gré.

Mais la démence, les intrigues de palais et la jalousie ne constituent que le versant le plus présentable de l'histoire des Saoud, une tribu qui se distingue par une violence et une vindicte dignes des pires familles de la Mafia. Le premier Saoudien qui s'est risqué à écrire un ouvrage critique sur le royaume a été kidnappé à Beyrouth au début des années 70 et sans doute assassiné. Au milieu des années 90, l'opposant Mohammed el Masari, animateur du comité saoudien de défense des droits de l'homme, en exil à Londres, a été victime de deux tentatives de meurtre attribuées par certains au prince Nayef. Cela explique sans doute qu'el Masari ait été tenté de se joindre à d'autres opposants au régime, Ben Laden par exemple, pour essayer de le renverser. Autre cas, celui de Abdul-Karim Marei Nashqabandi, un Syrien coupable d'avoir irrité la famille royale, qui a été décapité en public à Riyad, en 1996, malgré une active campagne internationale des principales organisations de défense des droits de l'homme. Motif de la condamnation ? Sorcellerie. Quand vous avez irrité un « parrain » saoudien, il n'est pas un juge dans ce royaume qui ne soit prêt à vous accuser des pires crimes.

Comme les familles royales du monde entier, les Saoud sont très résistants au changement. Ils refusent d'admettre qu'il y a quelque chose de pourri au royaume des Saoud, et surtout que depuis la congestion cérébrale du roi Fahd le pays part à la dérive. Les princes les plus malhonnêtes se sont lancés dans une course effrénée à l'argent, se livrent au commerce des visas et de l'alcool, exproprient à qui mieux mieux, spéculent sur les terrains et les immeubles. Le royaume doit faire face à une recrudescence du chômage et les nombreux jeunes hommes désœuvrés qui fréquentent les mosquées sont autant de proies idéales pour les discours vengeurs des prédicateurs wahhabites.

[redacted]

Tous les princes saoudiens reçoivent une rente substantielle, mais comme ils n'ont jamais assez d'argent, beaucoup arrondissent leurs fins de mois grâce à des pots-de-vin sur des projets de construction (la famille Ben Laden possède une des plus importantes entreprises de BTP du pays), des marchés d'armements, ou en expropriant leurs sujets pour mettre la main sur leurs biens. Outre les visas, les Saoud font aussi commerce d'alcools et de drogues. En juillet 2002, Nayef Ben Sultan Ben Fawaz el Shaalan a été inculpé par le grand jury de Floride pour avoir, en 1979, transporté dans son avion personnel deux tonnes de cocaïne de Caracas à Paris. Je dois dire que, moi-même, cette révélation m'a surpris : je connaissais la famille Shaalan depuis une décennie et, jusqu'alors, ils m'avaient paru à l'abri des maux qui rongent le royaume.

Les histoires qui illustrent la prodigalité des Saoud sont légion, mais le plus jeune fils de Fahd, Azouzi, a établi un nouveau record quand il s'est fait construire, dans les environs de Riyad, un somptueux parc à thème de 4,6 milliards de dollars, parce qu'il « s'intéressait » à l'histoire. On peut notamment y admirer une Mecque modèle réduit dans laquelle des acteurs sont payés pour psalmodier des prières vingt-quatre heures sur vingt-quatre. On trouve aussi dans cet étonnant voyage parmi les merveilles de l'architecture islamique des répliques de l'Alhambra, de Médine et d'une demi-douzaine d'autres fleurons de l'art religieux musulman. Fidèle aux habitudes de sa famille, Azouzi a fait saisir le terrain sur lequel a été construit son parc.

Mais ce jeune homme dépensier ne fait que suivre une longue tradition familiale. Quand la famille du roi Fahd retrouve son palais de Marbella, en Espagne, elle dépense en moyenne cinq millions de dollars par jour dans les commerces locaux. Une manne aussi impressionnante a fini par convaincre les habitants de Marbella de rebaptiser une des avenues pour lui donner le nom du souverain arabe. Mais si les Saoud adorent les objets que l'argent procure, les diamants, les yachts, les palais, les avions, ce qu'ils aiment par-dessus tout, c'est la chair humaine. Il est de notoriété publique que les Saoud sont obsédés par le sexe. Sous toutes ses formes, des prostituées aux petits garçons. À ce propos, le prince Nayef, encore lui, reste, malgré son âge, un incorrigible coureur : il consacre une grande partie de ses loisirs à consulter des médecins sur les thérapies susceptibles de stimuler son énergie sexuelle. Ses troubles ont apparemment affecté sa femme, Maha, dont le self-control ne semble apparemment pas le point fort. C'est ainsi qu'en 1995, lors d'une visite à Orlando, elle s'en est prise à un domestique qu'elle a accusé de lui avoir volé pour 200 000 dollars de liquide et de bijoux. Maha a battu juqu'au sang ce serviteur devant les adjoints du shérif chargés d'assurer sa sécurité sans que ces derniers puissent intervenir, immunité diplomatique oblige. Mais les autorités d'Orlando ont retenu la leçon. Six ans plus tard, dans cette même ville, une autre princesse saoudienne était inculpée de coups et blessures sur un domestique (elle avait poussé le malheureux dans un escalier). La princesse dut comparaître devant un tribunal pour coups et blessures avec circonstances aggravantes et vol qualifié puisqu'elle avait aussi dérobé pour 6 000 dollars de gadgets électroniques à son ex-chauffeur.

Pour en revenir à la sexualité, les Saoudiens forment sans doute le peuple le plus opprimé à cet égard. Les femmes sont tenues à distance des hommes jusqu'à leur mariage. Après ce jour mémorable, les hommes gardent leur épouse enfermée à la maison jusqu'au jour de leur mort. Seules 5 % des femmes travaillent. Les malheureuses n'ont pas le droit de conduire. Si une Saoudienne doit se rendre quelque part, c'est un homme – son mari, son frère, son cousin – qui est chargé de l'y amener. Et dans ses sorties, ségrégation des sexes oblige, elle est cantonnée aux boutiques, restaurants ou piscines uniquement fréquentés par des femmes. Si elle a le malheur d'être surprise en flagrant délit d'adultère, elle est lapidée à mort, avec son amant. Il est plus facile (et moins dangereux) pour un jeune Saoudien de traverser le désert en auto-stop que de fréquenter une Saoudienne de son âge.

Ceci dit, comme leurs homologues du monde entier, les Saoudiens mâles ne s'avouent pas si facilement vaincus. En désespoir de cause, ils ont mis au point une tactique astucieuse : ils affichent le numéro de leur téléphone portable sur le pare-brise de leur voiture, comme si celle-ci était à vendre, dans l'espoir qu'une jeune Saoudienne culottée appellera pour faire connaissance, et plus si affinités. On recense aujourd'hui quelque 380 000 jeunes Saoudiens célibataires sans emploi. Je vous laisse le soin d'imaginer le ballet de voitures roulant au ralenti dans les avenues de Riyad, dans l'attente de ce coup de fil providentiel...

Les domestiques philippines et indonésiennes employées dans le royaume vivent dans la hantise permanente d'un viol. Comme le permis de séjour des étrangers dépend uniquement du bon vouloir de leurs employeurs saoudiens, les employées de maison hésitent à porter plainte contre eux. Au royaume de la frustration sexuelle, ce type de violence est monnaie courante.

Mais les Saoudiens fortunés ont d'autres exutoires. Au début des années 70, quand les pétrodollars ont commencé à se déverser sur le pays, d'entreprenants Libanais ont introduit discrètement des prostituées dans le royaume pour assouvir les caprices sexuels des princes. Comme les jeunes femmes en question portaient un uniforme d'hôtesse de l'air et qu'on les conduisait directement dans les palais royaux, les *muttawa*[1] n'avaient pas leur mot à dire. Une fois cette tête de pont solidement établie, nombre de ces proxénètes libanais se sont reconvertis dans le commerce et la décoration d'intérieur. Comme personne, dans la famille royale, ne sait tenir une comptabilité, ces Libanais sont devenus fabuleusement riches. Et beaucoup d'entre eux, fortune faite, sont rentrés au Liban tenter leur chance dans la politique. Les agences de call-girls londoniennes fournissent largement le royaume et les autres pays du Golfe en chair fraîche. Quant aux Saoudiens qui n'ont pas les moyens de se payer des call-girls, ils épousent plusieurs femmes, les plus jeunes possible. Il n'est pas rare de voir des Saoudiens septuagénaires convoler avec de toutes jeunes adolescentes. Les plus fortunés partent à l'étranger pour soulager en toute quiétude les tourments de leur libido. Il

1. Police religieuse. *(N.d.T.)*

suffit de prendre un vol de Riyad vers l'Occident pour voir ces messieurs tomber la *thobe*[1] et sortir cigarettes et bouteilles de Chivas. On les retrouve, quelques heures plus tard, sur la Côte d'Azur, à Monte-Carlo ou ailleurs, buvant et dansant des nuits entières dans les night-clubs locaux, bien décidés à savourer chaque instant de ces brèves parenthèses de liberté.

La presse américaine se récrie dans des articles édifiants sur l'esclavage sexuel auxquels les princes saoudiens soumettraient de jeunes Occidentales attirées par l'argent facile, mais tout le monde oublie le point essentiel : l'Arabie Saoudite dépense une part croissante de son PNB en « prestations » sexuelles. Si chaque fois qu'un Occidental remplit le réservoir de sa voiture, il donne un dollar aux gardes du corps de la famille royale, il en donne probablement un demi pour subventionner l'assouvissement de la libido de la classe dirigeante.

Il va sans dire que la famille royale reste championne toutes catégories du luxe dans la luxure. Les princes ne se contentent pas de garçonnières discrètes. C'est dans de somptueux palais de la Riviera qu'ils font venir par wagons ou par Boeing entiers les jeunes femmes, de préférence blondes, dotées de longues jambes et de formes avantageuses, qui sont préposées à leur félicité. Et en ce qui concerne le confort de leurs demeures, les exigences des princes saoudiens sont sans limites. Selon la rumeur, le roi Fahd aurait été jusqu'à demander qu'on déplace la ligne de chemin de fer Paris-Nice pour l'éloigner de son palais d'Antibes. Peu importait à Sa Majesté que le tracé de la ligne en question soit assez éloigné de son domaine, que sa satisfaction supposât des travaux considérables, d'un coût exorbitant et qui auraient causé d'énormes nuisances aux riverains comme aux voyageurs. Sa Majesté,

1. Robe bédouine traditionnelle masculine. *(N.d.T.)*

expliqua son secrétaire, serait contrariée d'entendre le bruit du train, même distant, pendant sa promenade dans le jardin. Les hauts fonctionnaires français qui reçurent la requête n'en crurent pas leurs yeux. D'autant que le roi Fahd, ils le savaient, n'avait pas mis les pieds dans cette somptueuse demeure depuis une dizaine d'années.

Au début des années 70, les fredaines des Saoud sur la Riviera connurent une fin abrupte quand on apprit que le roi avait perdu en une soirée six millions de dollars dans un casino de Nice. Une photo parue dans la presse le montrait entouré d'une phalange de sémillantes jeunes beautés. La famille royale dut se mettre en quête d'un nouveau terrain de jeu. Le roi Hassan II, dès qu'il fut informé de la situation, téléphona à Riyad pour demander aux princes s'ils avaient songé au Maroc. Hassan II n'avait d'ailleurs guère le choix, ses finances étant à sec. Sans le moindre gisement de pétrole à exploiter, le souverain marocain ne pouvait certes pas espérer entretenir autrement ses vingt palais, vu les désespérants résultats d'une économie que seuls les mandats des travailleurs marocains immigrés en Europe maintiennent péniblement à flot. Bref, il était fauché comme les blés.

C'est ainsi que Hassan II autorisa des dizaines de princes saoudiens à construire de somptueux domaines au Maroc, notamment dans les montagnes qui entourent Tanger. Cette région sauvage et isolée du Rif marocain se prête parfaitement aux débauches de toutes sortes, loin des yeux de la police religieuse saoudienne comme des appareils photo des paparazzi européens qui hantent les stations de la Côte d'Azur. Au Maroc, un reporter en quête de scoop sur la famille royale saoudienne risque gros : il peut finir la gorge tranchée par un cerbère local sans que les autorités s'en émeuvent beaucoup. Quand je résidais au Maroc, la CIA avait été informée d'un incident assez sordide : à la fin d'une soirée très arrosée, un prince saoudien disposant d'amis haut placés à Washington avait sectionné d'un coup de dents le mamelon d'une jeune fille marocaine. Hassan II avait rapidement étouffé l'affaire. On avait donné ce qu'il fallait à la famille de la jeune fille et on l'avait dissuadée de divulguer son aventure en menaçant de l'embastiller pour le restant de ses jours. L'intimidation avait payé : l'incident ne s'était pas ébruité.

Cette complaisance marocaine a été payée de retour : l'Arabie Saoudite et les émirats du Golfe ont renversé leurs cornes d'abondance sur le royaume chérifien. Il est impossible de calculer précisément le montant des transferts opérés, mais ils sont sans nul doute considérables. Quelques chiffres en indiquent l'ampleur : en 1998, le ministre de la Défense d'Arabie Saoudite, le prince Sultan, a secrètement racheté la Samir, la société de raffinage marocaine, pour 420 millions de dollars. Prête-noms et sociétés écran en cascade ont permis à Sultan de ne pas apparaître dans cette opération et d'éviter toute publicité médiatique. L'Arabie Saoudite a aussi offert, selon différentes sources, environ un milliard de dollars pour l'édification de l'imposante mosquée de Casablanca. Mais celle-ci ne représente que l'aspect officiel de l'aide saoudienne. [redacted]

[redacted]

Si vous avez suivi jusqu'ici cette logique diabolique, vous en avez peut-être déjà conclu que nous autres, en Occident, et les gouvernants saoudiens eux-mêmes allons au-devant de graves ennuis. Tous les ingrédients d'un soulèvement populaire sont en effet présents : des frontières perméables, un trafic d'armes incontrôlable, l'absence d'état de droit et de liberté d'expression, une police totalement corrompue, une caste dirigeante qui inspire un profond mépris à son peuple, une chute du revenu par habitant (et un écart entre les plus pauvres et les plus riches qui ne cesse de se creuser), une politique de l'environnement calamiteuse, des voisins aux sentiments très mitigés, et un nombre croissant de jeunes islamistes « maison » qui pensent plus à ce qui les attend au paradis d'Allah, après une mort de martyr, qu'au marché du travail de toute façon bouché. Les écoles du royaume forment plus de fanatiques que n'en peuvent absorber les différentes guerres ou guérillas « religieuses » de la région. On ne compte pas les pays qui ont sombré dans le chaos sans réunir autant de conditions favorables. Citons-en quelques-uns : Birmanie, Vietnam, Cambodge, Nicaragua, Angola, Somalie et Sierra Leone. Pourquoi l'Arabie Saoudite échapperait-elle à un destin similaire ?

3

La conjuration du silence

Avec une telle avalanche de problèmes, on pourrait croire que tous les hauts fonctionnaires de Washington, quand il est question de la monarchie saoudienne, détournent leurs narines trop sensibles. Il n'en est rien, au contraire. Au moment où j'écris, au début de l'année 2003, Washington professe toujours l'antienne selon laquelle l'Arabie Saoudite serait un pays stable dont *primo* : le gouvernement central contrôle les frontières, *secundo* : la police et l'armée sont efficaces et loyales et *tertio* : les citoyens sont bien habillés, bien nourris et reçoivent une éducation convenable.

Commençons par le département d'État. Il a, plus qu'aucun autre ministère, une responsabilité cruciale dans la confection du tissu de mensonges qui constitue le discours officiel sur l'Arabie Saoudite. À écouter disserter ces diplomates trop naïfs pour être honnêtes, on pourrait croire que l'Arabie Saoudite est à mettre à peu près sur le même plan que le Danemark. Il suffit de considérer la façon dont nos diplomates ont géré la question des visas pour les Saoudiens. Le département d'État est responsable de l'attribution des visas pour les ressortissants étrangers, lesquels sont délivrés par nos ambassades et nos consulats. La loi de 1952 sur l'immigration et la nationalité (Immigration and Nationality Act) est claire sur les conditions d'obtention. Le paragraphe 214 b relatif à l'attribution des visas de tourisme stipule : « Tout étranger sera présumé être un immigrant jusqu'à ce qu'il établisse, à la satisfaction des officiers consulaires... qu'il présente les conditions requises pour l'obtention du statut de non immigrant. » En d'autres termes, un étranger qui n'a aucune raison de rentrer chez lui (par exemple un chômeur célibataire sans le sou) ne fait pas un touriste très convaincant. On peut présumer qu'il sera tenté de demeurer sur le territoire américain après l'expiration de son visa.

Selon la loi, les quinze Saoudiens qui ont pris part aux attentats du 11 septembre auraient dû se voir refuser leur visa. Avec un taux de chômage qui frise les 30 % et un revenu annuel *per capita* en chute libre, les Saoudiens sont assimilables à des immigrants (à l'exception des membres de la famille royale et de leurs serviteurs). Comme la plupart des Saoudiens obtiendraient, en travaillant à mi-temps, un meilleur salaire aux États-Unis que chez eux, le risque existe qu'ils demeurent dans notre pays. Bref, ils ne satisfont pas aux conditions de la loi. Mais le scandale est pire encore.

Jusqu'au 11 septembre 2001, les Saoudiens n'étaient même pas tenus de se présenter à l'ambassade de Riyad ni au consulat de Djedda pour un entretien préalable. Grâce à un système dénommé Visa Express, il leur suffisait d'envoyer passeport et formulaire de demande à une agence de voyage pour que celle-ci effectue les démarches à leur place. Il n'y avait plus qu'à attendre quelques jours... En d'autres termes, en délivrant des visas à quinze chômeurs saoudiens, le département d'État a enfreint la loi. Il est vrai que quatre autres pirates de l'air ont réussi à pénétrer sur le territoire américain, mais devions-nous pour autant faciliter à ce point l'entrée dans notre pays du gros de l'équipe terroriste ?

Se pose ensuite la question du sens politique du département d'État, ou plutôt de son absence totale de bon sens. Oussama Ben Laden est Saoudien de naissance. Ce sont aussi des citoyens saoudiens qui ont fait sauter les baraquements de Khobar en 1996. Ce sont encore deux Saoudiens qui ont détourné un avion vers Bagdad en 2000. Il est aussi très probable que des Saoudiens aient été impliqués dans l'attentat contre le destroyer *USS Cole* en octobre 2000. Et dans des dizaines d'autres attentats terroristes à travers le monde, de la Tchétchénie au Kenya et en Tanzanie, les islamistes d'origine saoudienne ont pris, depuis une dizaine d'années, une part décisive. De quelles autres preuves avait donc besoin le département d'État pour comprendre que l'Arabie Saoudite était la terre d'élection du terrorisme mondial et qu'il fallait impérativement filtrer les demandeurs de visas avec une vigilance accrue ? Même Oussama Ben Laden aurait sans doute pu se faufiler à travers les mailles du filet avec Visa Express. Mais s'il n'y avait que les visas ! Au département d'État, les hauts responsables saoudiens bénéficiaient d'une absolution automatique. Nos diplomates défendaient le royaume contre les attaques des organisations de défense des droits de l'homme. Ils l'ont soutenu devant la Banque mondiale et le FMI. Le département d'État a écarté d'un revers de main les attentats de Khobar et celui contre la Garde nationale, au motif qu'ils ne « prouvaient rien ». Prenons par exemple, son rapport de 1999 intitulé « Les formes du terrorisme global ». Voici ce que dit le paragraphe à propos de l'Arabie Saoudite : « Le gouvernement saoudien, à tous les niveaux, continue de réaffirmer son engagement dans la lutte anti-terroriste. » Le rédacteur de ce document a sciemment choisi de dissimuler la réalité. Voici comment il poursuit : « Le gouvernement d'Arabie Saoudite continue à enquêter sur l'attentat à la bombe de juin 1996 contre les tours de Khobar. » Or, cette affirmation relève du mensonge pur et simple. Le prince Nayef n'a jamais rien fait pour aller au fond des choses. Mais il s'est produit beaucoup d'autres événements en 1999 que le département d'État s'est employé à dissimuler. Cette année-là, Nayef a libéré deux religieux qui avaient émis des fatwas appelant au meurtre d'Américains. L'un d'eux, Safar al-Hawali, fut le mentor de Ben Laden. C'est apparemment à la même époque que les quinze pirates de l'air saoudiens étaient recrutés et endoctrinés dans des mosquées saoudiennes. Voilà qui illustre on ne peut mieux « l'engagement » de l'Arabie Saoudite dans la lutte contre le terrorisme.

Nos diplomates n'ont jamais dit la vérité aux Américains qui se rendaient en Arabic Saoudite. Les autorités n'ont jamais conseillé aux familles de citoyens américains résidant sur place de rentrer aux États-Unis. L'Arabie Saoudite n'a jamais été invitée avec la fermeté de mise à coopérer sur le problème du terrorisme. Quand j'avais l'habitude de dire à mes collègues du département d'État que la monarchie saoudienne risquait fort de s'effondrer un jour, ils répondaient avec un sourire condescendant : « Mon pauvre Bob ! » et ils me servaient le sempiternel couplet sur la politique saoudienne : « Les membres de la famille royale sont unis comme les doigts de la main. Menacez-les et ils se transforment en poing. » Une formule-choc, sans aucun doute, mais que se passe-t-il, en réalité, quand on menace les Saoud ces temps-ci ? Ils s'empressent d'ouvrir leur bourse aux islamistes, ceux-là mêmes auxquels le département d'État distribue des visas.

En ce qui concerne la dérive islamiste de la politique

étrangère saoudienne, les diplomates américains ont fait preuve du même aveuglement, mieux, ils l'ont encouragée. L'Arabie Saoudite avait le projet de faire passer des oléoducs de gaz et de pétrole à travers l'Afghanistan, l'Asie centrale et le Pakistan. Le département d'État savait que ce projet contribuerait à renforcer le pouvoir des talibans et assurerait à Ben Laden un refuge idéal. Ça ne l'a pas empêché de soutenir ce projet ni même d'y associer Unocal, une entreprise américaine.

J'ai pu bénéficier d'une formation accélérée sur ce problème des oléoducs afghans le 4 février 1997, lors de ma rencontre avec [redacted]. Le département d'État et le Conseil national de sécurité lui avaient demandé de faire un saut à Washington pour me « briefer » sur les projets de la compagnie pétrolière. En dépit de la guerre civile et de la mainmise croissante des talibans sur l'Afghanistan, Unocal avait l'intention de faire avancer les deux projets. Les responsables de la société avaient calculé que la construction d'un premier oléoduc reliant le Turkménistan au Pakistan allait coûter deux milliards de dollars. La construction du second oléoduc, en parallèle, était estimée à deux milliards et demi de dollars. Un investissement aussi important dans un pays en proie à une guerre civile me semblait passablement risqué. J'ai donc demandé à [redacted] si ses patrons n'étaient pas trop inquiets.

Il m'a jeté le regard suffisant de l'expert au pur profane que j'étais. « Avec un prêt de la Banque mondiale et la garantie du gouvernement américain ? Ils n'ont jamais été aussi sereins. Ils ne sont pas assez stupides pour se lancer dans une telle opération à leur compte ! »

[redacted] avait raison quand il disait qu'Unocal n'était pas seul : la banque Morgan et le Cera (Cambridge

Energy Research Associates) avaient bétonné le dossier pour obtenir le prêt de la Banque mondiale. Unocal s'était aussi assuré le concours de l'ex-ambassadeur Bob Oakley, l'un des plus fervents soutiens de l'Arabie Saoudite à Washington. On avait promis une part du gâteau à un chapelet de firmes internationales dont le cabinet d'études Fluor Daniel. Unocal obtint sans peine la bénédiction des autorités.

Une semaine plus tard, le 13 février 1997, [redacted] rencontrait de hauts responsables talibans en Afghanistan. Ils exigèrent qu'Unocal construise une route reliant Torghundi à Spin Boldak et quelques écoles à Kandahar, coraniques évidemment. Je ne sais absolument pas si Unocal a jamais construit cette route, mais si c'est le cas, je ne peux pas m'empêcher de me demander si Ben Laden l'a utilisée dans sa fuite...

Même après les attentats de 1998 contre les ambassades américaines du Kenya et de Tanzanie, organisés par Ben Laden depuis l'Afghanistan, l'Arabie Saoudite a continué à aider ses hôtes talibans. En juillet 2000, *Petroleum Intelligence Weekly*, la bible de l'industrie pétrolière, indiquait que l'Arabie Saoudite faisait parvenir 150 000 barils [1] par jour au Pakistan et en Afghanistan, une aide d'ailleurs tout officieuse. Ce n'était pas la première fois que la monarchie saoudienne utilisait la tactique consistant à envoyer du pétrole au lieu d'argent. Elle avait apporté une aide similaire à la Turquie, au Pakistan et au Maroc, au début des années 90, et l'émirat de Bahreïn recevait lui-même une assistance – officielle celle-là – de 150 000 barils/jour.

Sur les raisons qui ont poussé la maison des Saoud à dépenser tout cet argent alors qu'elle devait affronter un énorme déficit, on ne peut qu'émettre des hypothèses.

---

1. 1 baril = 159 litres. *(N.d.T.)*

Dès le début des années 70, l'Arabie Saoudite a donné plus d'un milliard de dollars au Pakistan pour l'aider à développer une bombe nucléaire « islamique » afin de contrer la menace nucléaire « hindoue » de l'Inde voisine. La maison des Saoud a soigneusement dissimulé toute l'affaire à son allié américain qui n'a découvert le pot aux roses qu'au milieu des années 90.

Le soutien financier secret aux talibans, qui représentait deux millions de dollars par jour en pétrole, soit environ sept cents millions de dollars par an, s'est poursuivi jusqu'aux attentats contre le World Trade Center et le Pentagone, sans que le département d'État émette la moindre protestation. Je ne devrais donc pas me montrer surpris que nos services consulaires aient abdiqué leur mission jusqu'au jour où les deux gratte-ciel ont été rayés de la carte avec trois mille de leurs occupants. Vous voulez visiter les États-Unis ? Parfait, envoyez-nous une carte et, surtout, éclatez-vous bien !

En décidant que le parti le plus sûr, et le plus astucieux, consistait à ignorer l'Arabie Saoudite et à faire comme s'il s'agissait d'un problème intérieur américain, qui, du coup, échappait à sa juridiction, la CIA a laissé la diplomatie américaine gérer ce dossier à sa guise. Les directeurs de l'agence avaient pris bonne note, depuis fort longtemps, que la porte du bureau ovale était toujours grande ouverte pour l'ambassadeur saoudien Bandar Ben Sultan. Alors que les maîtres espions du pays devaient attendre des mois un entretien avec le président, Bandar Ben Sultan n'avait qu'à se présenter 1600 Pennsylvania Avenue[1] pour être reçu à bras ouverts. La plaisanterie qui faisait recette, à la Direction des Opérations, durant les années Clinton, c'était que pour être invité plus souvent, notre directeur n'avait qu'à imiter Son Excellence et se

1. Adresse de la Maison Blanche à Washington. *(N.d.T.)*

pointer avec une boîte des cigares cubains préférés du président. Des années plus tard, Jim Woolsey, premier directeur de la CIA de l'ère Clinton, me raconta que, le jour où un dingue s'était écrasé dans un avion de tourisme contre un mur de la Maison Blanche, les plus caustiques n'avaient pas été longs à persifler en expliquant que le pilote n'était autre que Woolsey, lequel n'aurait trouvé que cette solution pour rencontrer le président. Je voudrais d'ailleurs signaler que Woolsey fut un des rares directeurs de la CIA à mettre les pieds dans le plat et à dire la vérité sur l'Arabie Saoudite. Mais l'ambassadeur n'était pas quelqu'un avec qui on plaisantait, fût-on le directeur en exercice de l'agence. S'il avait appris que la CIA dénigrait le royaume d'une manière ou d'une autre, il se serait inévitablement plaint au président, mais il se serait en outre empressé de lâcher aux basques de l'agence une meute de lobbyistes déchaînés. Supposez qu'un agent traitant de Berlin décide de recruter un diplomate saoudien pour le compte de la CIA. Ce Saoudien aurait pu renseigner l'agence sur les activités de la section des affaires religieuses de l'ambassade saoudienne de Berlin (au cas où celle-ci, pure hypothèse, aurait par exemple décidé de financer des groupuscules terroristes à Hambourg). Et maintenant, supposez que, à l'inverse, le Saoudien décline la proposition et rapporte l'incident à Riyad. L'agent traitant ne tarde pas à comprendre sa douleur. Dès que le président a raccroché son téléphone et s'est remis des reproches stridents de Son Excellence, un vieil ami politique du président, un lobbyiste, l'appelle pour le mettre en garde : Monsieur le président, lui dit-il en substance, vous devez vraiment tenir à l'œil ces cow-boys de Langley, sinon c'est une énorme commande de Boeing qui risque d'être remise en question... Acte trois : vingt-quatre heures plus tard, le jeune officier traitant de retour dans les locaux de l'agence commence son nouveau travail à la salle de gym, où il est préposé à l'accueil. Sa carrière est mal partie.

La même peur inavouée a eu les mêmes effets sur la direction du renseignement, qui s'est bien gardée de transmettre des synthèses sur l'Arabie Saoudite. Elle savait que ces rapports – qui condensaient les notes des différents services de renseignements du pays ainsi que d'autres sources – finissaient souvent à la une de grands quotidiens, donc sur le bureau de BBS. Et la direction savait aussi que le président Clinton détestait lire de mauvaises nouvelles concernant l'Arabie Saoudite. Que le Rwanda implose, passe encore, mais qu'on évoque le triste sort qui attendait ses bons amis les Saoud, ça il ne le supportait pas. Je crois donc que la CIA avait d'excellentes raisons de traiter le dossier saoudien comme un dossier intérieur.

Est-ce à dire que les Saoudiens « tiennent » le président ou le département d'État ? Pour commencer, je ne crois pas aux conspirations ; je ne crois pas que Washington ait jamais été capable de garder un secret. Il s'agit en fait d'un phénomène plus subtil et insidieux, une sorte d'autocensure généralisée que certains de nos ex-ambassadeurs à Riyad qui ont choisi d'ignorer les vapeurs délétères que dégage le royaume ont baptisée « déférence excessive ». Délicat euphémisme. La source de tous les maux, c'est l'argent facile (dont le pétrole bon marché est d'ailleurs un aspect). L'Arabie Saoudite a toujours puisé sans compter dans la manne pétrolière et financière qui fonde sa puissance. Elle est toujours encline à ouvrir les robinets de l'or noir ou à multiplier les largesses de toute sorte, surtout avec l'ami américain. Washington étant particulièrement « accro » à l'argent facile et au pétrole bon marché, se plaindre de la monarchie saoudienne revenait, il y a quelques années, à cracher dans la soupe. Personne ne prêtait l'oreille à ce type de propos et on n'en tenait absolument jamais compte. Les seuls à ne pas pratiquer la langue de bois étaient les laissés-pour-compte de la politique et ils se faisaient traiter avec suffisance de « sinoques ».

4

L'Arabie Saoudite, champion des plans de retraite

Si vous avez séjourné au Moyen-Orient, vous savez que, lorsque vous dînez avec un ami arabe, celui-ci ne vous laisse jamais payer l'addition. Il s'arrange presque toujours, prétextant par exemple qu'il se rend aux toilettes, pour attirer d'un clin d'œil le patron dans un coin où il règle la note. Il s'y prend avec tant de discrétion que vous ne remarquez rien. Autre stratagème courant, on vous convie dans un restaurant dont le propriétaire est un ami. Là, quoi que vous fassiez, on ne vous laissera pas payer. Chez les Levantins, ce rituel est un geste d'hospitalité. Il implique rarement une quelconque sorte de renvoi d'ascenseur. Pour les Saoudiens et les riches Arabes du Golfe il s'agit tout simplement d'une façon de vous acheter. Pour leur signifier que vous n'êtes pas à vendre, il n'existe qu'un moyen : vous emparer de l'addition le premier.

Durant les quelques mois qui ont précédé la guerre du Golfe, je résidais à Paris où j'ai eu l'occasion d'assister d'assez près à ce manège. Un soir, j'ai invité quatre éminents dirigeants de l'opposition koweitienne à dîner à l'Espadon, le restaurant du Ritz. Cette table, l'une des plus prestigieuses de la capitale, m'était en principe exclue vu la note de frais dont je disposais, mais le charme un peu rustique de mes troquets préférés aurait sans doute laissé de glace ces richissimes personnages.

Alors que nous étions sur le point de commander, le ministre koweitien du Pétrole, Homoud Abdallah al Raqba, fit son entrée dans le restaurant, suivi d'une kyrielle de domestiques. En passant devant notre table, il hocha vaguement la tête à l'adresse de mes amis koweitiens, avant de s'arrêter net en m'apercevant. En principe, les Arabes du Golfe restent entre eux quand ils sortent dans une capitale comme Londres ou Paris. À ses yeux, je n'étais pas à ma place.

Le ministre du Pétrole s'approcha, afin de découvrir l'identité du mystérieux étranger que j'étais. Il échangea des poignées de mains avec chacun de mes convives, et pour bien me montrer le peu de cas qu'il faisait de moi, me salua en dernier. Je me contentai de décliner mon identité. *Si tu veux savoir ce que je fais dans la vie, me suis-je dit alors, tu n'as qu'à faire travailler tes neurones.* « Et qu'est-ce qui vous amène à Paris ? » me demanda-t-il. Quand je lui répondis que je travaillais à l'ambassade, je sentis une certaine crispation chez mon interlocuteur. À l'époque, avant le rassemblement des forces de la coalition qui se préparait à chasser Saddam Hussein du Koweit, un haut responsable koweitien qui croisait un fonctionnaire américain en compagnie de représentants de l'opposition avait de quoi nourrir quelques idées noires. Non seulement la caste qui gouvernait le pays n'était pas sûre de retourner un jour au Koweit, mais même une fois de retour à Koweit City rien ne lui garantissait qu'elle reprendrait les rênes du pouvoir. Autre perspective angoissante : Saddam Hussein, pour qui l'invasion de l'émirat s'était résumée à une promenade de santé ou peu s'en faut, pouvait très bien essayer de mettre en place un régime fantoche en persuadant les opposants, précisément ceux avec qui je dînais, de faire cause commune avec lui. Mais une telle entreprise ne pouvait aboutir que si les Américains donnaient leur feu vert. Voilà pourquoi le ministre du Pétrole en exil s'intéressait tant à moi.

Homoud hésita un instant avant de se rabattre sur la technique qu'il maîtrisait le mieux : résoudre le problème en dégainant son chéquier. D'un rapide mouvement de l'index, il fit accourir les maîtres d'hôtel. « Ces messieurs sont mes *honorables* invités, déclara-t-il assez bruyamment pour que la moitié du restaurant entende. Donnez-leur *tout* ce qui leur fera plaisir. »

Avant que le maître d'hôtel ait eu le temps d'obtempérer, Homoud l'attrapa par le bras. « Et pour mon ami américain, votre *meilleure* bouteille de bordeaux. »

Pendant un très court instant, je faillis refuser un geste que je trouvais, au fond, d'une parfaite outrecuidance. Mais je me devais de penser à mes invités. Une dispute sur l'addition avec leur ministre du Pétrole leur aurait causé des problèmes insolubles. Quant à la bouteille de bordeaux, vers la mi-temps du dîner, je fis moi-même semblant de me rendre aux toilettes pour jeter un coup d'œil sur la carte des vins. Ladite bouteille allait coûter quelque 5 200 euros au gouvernement koweitien, pas de quoi se formaliser pour si peu...

La technique de séduction des Saoudiens à l'égard de Washington fonctionnait de la même façon. Ils payaient, nous empochions sans vergogne, et tout le monde détournait poliment les yeux. Tout a commencé avec une leçon que les Saoudiens ont reçue à San Clemente (Californie) après l'élection de Nixon en 1968 : l'Amérique était peut-être la nation la plus puissante de la terre, mais ses dirigeants ne savaient pas dire non.

Adnan Kashoggi est presque une caricature de l'affairiste saoudien : capitaliste prêt à prendre de gros risques et intermédiaire dans des marchés d'armements, honteusement riche (avec des hauts et des bas) et imperméable aux scrupules. Le type de personnage qui, un jour, se voit accusé d'avoir obtenu 64 millions de dollars de prêts illégaux de la Banque de commerce de Bangkok, laquelle est en faillite, ce qui ne l'empêche pas, le lendemain, de figurer en bonne place dans le carnet mondain. Il a en effet assisté à un bal de charité dans les Hamptons où il a signé un chèque de plusieurs millions pour venir en aide aux fermiers américains.

Fils du médecin personnel d'Ibn Saoud, le fondateur de l'Arabie Saoudite moderne en 1932, Kashoggi a fait fortune dans les années 70 comme intermédiaire dans les trois quarts de l'ensemble des contrats d'armements entre l'Arabie Saoudite et les États-Unis. De Lockheed seulement, il a empoché 106 millions de dollars en commissions entre 1970 et 1975. D'autres entreprises sous contrat avec la défense nationale lui ont versé des centaines de millions de dollars durant la même décennie. Des responsables de Northrop ont déclaré à une sous-commission du Sénat qui examinait les paiements internationaux d'entreprises américaines qu'ils avaient versé à Kashoggi 450 000 dollars pour convaincre des généraux saoudiens de recommander les matériels Northrop. Ce témoignage n'a d'ailleurs pas empêché l'administration Reagan d'avoir recours aux services de Kashoggi lors de l'affaire Iran-Contra[1]. (Ayant servi d'entremetteur au Shah d'Iran dans les années 70, Kashoggi était parfaitement qualifié pour ficeler ce type d'accords.)

---

1. Pour obtenir la libération des otages américains de Beyrouth, les États-Unis ont vendu secrètement et illégalement des armes à l'Iran, les bénéfices de ces ventes ayant été reversés à l'opposition (la « Contra ») au régime socialiste nicaraguayen de l'époque. *(N.d.T.)*

À la fin des années 70, Kashoggi se mit en tête de donner 600 000 dollars à Swarthmore, Haverford et Bryn Mawr, trois prestigieuses universités de la région de Philadelphie, pour créer un programme d'études moyen-orientales qui susciterait une meilleure compréhension du point de vue arabe. Une fois n'est pas coutume, il fit un flop : le projet tomba à l'eau après la découverte des pots-de-vin reçus de Northrop. Sans se laisser abattre pour si peu, notre Kashoggi, d'un civisme inlassable, visa encore plus haut, en 1984, avec cette fois un don de 5 millions de dollars à l'American University de Washington. Les administrateurs de cet établissement décidèrent alors de rebaptiser le nouveau centre sportif universitaire Adnan Kashoggi, une décision qui fut brusquement annulée avec les révélations sur les dessous de l'affaire Iran-Contra[1]. Ce qui tend à prouver que nos universitaires ont encore un certain sens moral.

En janvier 1987, quand Kashoggi eut les honneurs de la couverture de *Time*, qui célébrait en lui le prototype du nouvel homme d'affaires international, il fréquentait assidûment Marbella, point de ralliement de la *jet set* sur la riviera espagnole, où il était l'heureux propriétaire d'un domaine de cinq mille hectares. Parmi les autres adresses de ses nombreux pied-à-terre, on retiendra Paris, Cannes, Madrid, les Canaries, Rome, Beyrouth, Riyad, Djedda, Monte-Carlo... Citons encore un ranch de 180 000 hectares au Kenya et un appartement de 3 000 mètres carrés d'une valeur de 30 millions de dollars sur la Cinquième avenue à New York, avec une piscine qui donne sur les flèches de la cathédrale Saint-Patrick. Pour les allers et retours entre ces différents domiciles, Kashoggi a le choix entre divers moyens de transport. Un yacht de 95 mètres de long, le *Nabila*, qu'on a pu voir dans *Jamais plus*

1. *Cf.* de Robert Baer, *La Chute de la CIA*, Lattès, 2002. *(N.d.T.)*

jamais (1983) ; un DC-8 où il peut s'étendre sur un lit de 3 mètres de large recouvert d'un moelleux dessus de lit en zibeline russe qui a coûté la modique somme de 200 000 dollars, deux autres appareils d'un gabarit similaire, douze limousines Mercedes, etc. (Selon une estimation du magazine *Time*, début 1987, Kashoggi devait dépenser environ 250 000 dollars par jour, domestiques compris, soit environ 91 millions de dollars par an, un quart du budget d'Haïti, un pays de sept millions d'habitants.) À Marbella, il y avait un petit entrepôt, sorte d'immense penderie, dans laquelle étaient soigneusement rangés un millier de costumes sur mesures, nettoyés, repassés, dans leurs housses plastiques, prêts à être expédiés dans le monde entier, au fur et à mesure des déplacements du richissime brasseur d'affaires.

Rien que de très banal, me direz-vous, pour un lecteur occidental ? Après tout nous avons tous en mémoire des contes où l'on vante la richesse fabuleuse des cheikhs arabes et de leurs grands vizirs... Mais voilà, à la différence des *Mille et une nuits*, dans ce conte-ci, les cheikhs arrosent des présidents américains.

À la fin de l'année 1968, quelques jours après l'élection de Richard Nixon à la Maison Blanche, Kashoggi fut l'un des premiers à prendre l'avion pour venir féliciter le nouveau président. Sans oublier de lui transmettre les compliments de Fahd, l'actuel roi d'Arabie Saoudite, alors ministre de l'Intérieur. Quand Kashoggi s'est levé pour partir, il a « oublié » son attaché-case qui contenait un million de dollars en coupures de cent. Aucune des personnes présentes n'a réagi. Kashoggi a regagné son hôtel en se demandant si on allait l'appeler pour lui annoncer qu'un coursier arrivait avec la mallette. Pas le moindre coup de fil. Deux jours plus tard, Kashoggi comprit que son stratagème avait marché : Washington était à vendre. Voilà le péché originel. Comme le péché originel, il a changé le cours de l'histoire.

Cet épisode essentiel des relations américano-saoudiennes ne figure pas dans les manuels d'histoire. Et vous aurez bien du mal à trouver quelqu'un qui puisse le confirmer, ou le nier. Kashoggi a distribué tant de pots-de-vin dans sa vie qu'il ne se rappelle d'ailleurs sans doute même plus celui-là. Cette édifiante anecdote m'a été narrée par une personne qui avait assisté à la scène. Est-elle vraie ? Je n'en sais rien. En tout cas, dans les palais de Riyad et de Djedda, on y croit dur comme fer. Il faut dire que cette mallette a été suivie de beaucoup d'autres : les Saoudiens ont donc de bonnes raisons d'estimer que tout est une question de prix – une maxime d'ailleurs aussi vraie à Washington, qu'à Rabat, Paris ou Londres. Et ceux qui douteraient de ma démonstration seront peut-être étonnés d'apprendre que le premier visiteur officiel reçu par Nixon à la Maison Blanche fut ce même Fahd, alors ministre, et qu'il fut hébergé à Blair House, une résidence en principe strictement réservée aux chefs d'État. Encore une fois, tout est une question de prix.

Cinq ans plus tard, quand William Simon, le secrétaire au Trésor de Richard Nixon, s'envola pour Riyad, avec l'espoir de vendre des bons du Trésor à un royaume qui croulait littéralement sous les pétrodollars, il emportait un argumentaire très « pro ». Sur l'une des diapos préparées pour Simon, on peut notamment lire : « Investir directement dans le Trésor public américain présente l'avantage d'une grande commodité et d'une protection contre les aléas qui guettent un investisseur quand il place ou liquide d'importants investissements. »

Il s'agissait d'amener les Saoudiens à financer le déficit budgétaire américain. Ravis de devenir le prêteur en dernier ressort de l'Amérique, avec toute l'influence que cela impliquait, les Saoudiens mordirent à l'hameçon et l'avalèrent goulûment. William Simon et le secrétaire d'État Henry Kissinger avaient concocté un autre projet : la commission conjointe américano-saoudienne sur la coopération économique qui devait créer les infrastructures de la « nouvelle Arabie Saoudite » en s'inspirant du modèle américain. Les Saoudiens acceptèrent avec empressement et la commission se mit au travail tant bien que mal, un miracle si l'on songe que l'Arabie Saoudite est une théocratie et une tyrannie sans droit de propriété ni libertés individuelles. Mais l'essentiel était ailleurs : les Saoudiens payaient tout, salaires américains, saoudiens, frais de subsistance des employés détachés en Arabie Saoudite, et pour assurer le fonctionnement de ce sympathique organisme, ils commencèrent par déposer un milliard de dollars sur un compte du Trésor américain.

L'establishment de Washington montre un flair exceptionnel pour dénicher les meilleures sources d'argent facile, mais politiciens et hauts fonctionnaires de la capitale n'avaient jamais rien vu de comparable à ce geyser. Le pactole semblait intarissable. En un rien de temps les Saoudiens se mirent à déverser des torrents de dollars sur la capitale et l'élite du pays se rua comme un seul homme sur cette manne céleste. La Maison Blanche y eut recours pour financer des projets dont le Congrès ne voulait pas pour des raisons politiques ou financières, à commencer par les guerres d'Afghanistan et du Nicaragua. Tous les cercles de réflexion de Washington, de l'Institut du Moyen-Orient, en principe indépendant, au Meridian International Center, se jetèrent sur l'argent saoudien. Sans parler des lobbyistes, cabinets de relations publiques et d'avocats qui évidemment prospérèrent sur ce terreau providentiel. Les œuvres de bienfaisance chic, comme le Centre John F. Kennedy pour les arts de la scène ou l'hôpital pour enfants CNMC, ainsi que toutes les bibliothèques présidentielles créées depuis trente ans ont aussi connu des heures fastes. Les Saoudiens ont même offert un quart de million de dollars à une clinique de sports d'hiver réservée aux invalides de guerre.

Les subsides saoudiens se sont aussi répandus à foison sur nos hauts fonctionnaires. Tout bureaucrate washingtonien au QI à peine moyen sait que, s'il joue la carte saoudienne, d'une manière ou d'une autre il obtiendra sa part du gâteau. Un contrat de conseil pour Aramco, une chaire à l'American University, un poste chez Lockheed, peu importe. Pas facile de dénicher un ex-sous-secrétaire d'État au Proche-Orient, un ancien directeur de la CIA, un ex-membre du staff présidentiel à la Maison Blanche ou un ex-député qui ne soient pas rétribués directement ou indirectement par de l'argent saoudien. Vu leur position, on comprend que les bureaucrates de la capitale se montrent si bien disposés à l'égard de leurs mécènes.

Comment définir une telle situation ? Elle s'apparente, selon moi, à un impôt indirect et illégal sur les contribuables américains. L'Arabie Saoudite fixe le prix du pétrole à un niveau élevé, et puis elle consent une énorme déduction à Washington, une déduction sélective : une grande part sert à financer des projets présidentiels. Une autre portion disparaît dans les poches d'ex-hauts fonctionnaires et de politiciens qui en retour s'abstiennent de toute critique sur le royaume. Et une grande part de cette manne est employée pour soutenir notre industrie de défense dans les périodes creuses. Additionnez le tout et vous comprenez comment l'Arabie Saoudite est devenue le chouchou de l'establishment américain.

Dans la capitale, on a une formule pudique pour décrire cette situation, « recyclage de pétrodollars ». La neutralité économique des termes maquille mal un colossal trafic d'influence. Soit dit en passant, l'impôt saoudien est beaucoup plus efficace que notre bon vieil impôt sur le revenu : les Saoudiens s'occupent à la fois de collecter et de dépenser les fonds, laissant sur la touche nos pauvres bureaucrates sans imagination qui n'auraient sans doute rien trouvé de mieux que de demander à vérifier le détail de l'emploi de ces sommes.

L'Arabie Saoudite d'aujourd'hui n'est plus la mine d'or qu'elle était dans les années 70 et au début des années 80 quand elle surfait sur la vague de pétrodollars qui submergeait le pays. À l'époque, les sommes gigantesques investies aux États-Unis n'écornaient même pas le budget saoudien. Tout a changé après la première guerre du Golfe, laquelle a englouti la totalité des excédents budgétaires du pays. Depuis lors le royaume vit à crédit et quémande ici et là les subsides nécessaires pour boucler ses fins de mois. Mais Riyad sait qu'il n'est pas question de remettre en cause son système de corruption déguisé de l'establishment américain. Exaspérer Washington pourrait se révéler plus dangereux encore que d'exaspérer les fondamentalistes wahhabites.

Voici un exemple. Au cours des années 90, les Américains (et les Européens) payaient le baril de pétrole saoudien un peu moins cher que les Asiatiques (environ un dollar de moins). En 2001, cet écart de prix s'est brutalement accentué : les États-Unis ont payé le baril 4,83 dollars de moins que les Asiatiques, ce qui représente un rabais de 2,8 milliards de dollars par an.

Et en septembre 2001, après les attentats du 11 septembre, cette disparité entre les marchés américain et asiatique a encore augmenté, passant à 9,66 dollars le baril. Les analystes avec lesquels j'ai discuté ont souligné l'extrême complexité des marchés pétroliers, ajoutant qu'il existait des raisons logiques pour lesquelles les Asiatiques payaient parfois le pétrole saoudien un peu plus cher. Ils choisissent par exemple de surpayer leur pétrole afin de se garantir contre tout retard d'approvisionnement. D'autres considérations entrent en ligne de compte, notamment les coûts de transport, l'évolution des paramètres du marché, le fait que l'Asie ne produise presque pas de pétrole ou encore que l'Arabie Saoudite ait investi des capitaux sur le segment aval du marché pétrolier américain (pétrochimie, raffinage, distribution). Ces facteurs, me jurent les experts en question, expliquent à eux seuls les importantes différences de prix entre les marchés asiatiques et occidentaux en septembre 2001. Comme l'un d'eux me le faisait remarquer avec une candeur non feinte : « Cela signifie simplement que l'Asie paie une surtaxe pour son pétrole. Il n'y a pas de rabais saoudien sur le pétrole à destination des États-Unis. »

Quoi qu'il en soit, la raison pour laquelle l'Arabie Saoudite a renoncé à d'énormes profits sur ses ventes de pétrole est claire : elle voulait rappeler aux États-Unis qu'elle est leur fournisseur le plus fiable. Si elle avait adopté le comportement inverse et qu'elle avait réduit même légèrement ses exportations de pétrole, elle aurait gagné des milliards sur le dos des Américains. Un événement analogue s'est produit en 1990 quand l'Arabie Saoudite et ses alliés du Golfe ont ouvert en grand leurs robinets, compensant la perte des cinq millions de barils par jour en provenance d'Irak et du Koweit. Une compensation qui, soit dit en passant, coûtait aux Saoudiens beaucoup plus que ses subventions, puisqu'ils renonçaient à l'énorme profit (un baril au-dessus des 100 dollars) qu'aurait pu générer cette pénurie subite de pétrole. L'opération Tempête du Désert leur aurait rapporté gros, alors qu'elle s'est soldée pour le royaume par un énorme déficit.

L'Arabie Saoudite a payé cher sa position de fournisseur numéro un des Américains et cela va continuer. À force de faire la sourde oreille aux plaintes asiatiques de plus en plus stridentes concernant le surcoût de leur pétrole, elle risque de perdre ce marché. Au moment où j'écris ces lignes, la Russie envisage de construire des pipelines vers l'Extrême-Orient, à travers la Sibérie. La conclusion qui s'impose, c'est que les Saoudiens veulent faire parvenir un message à Washington : Ne vous en faites pas, disent-ils en substance. C'est vrai, nous avons perdu le contrôle de notre pays et nos citoyens massacrent les vôtres, mais vous pouvez compter sur nous pour faire rouler vos voitures et pour chauffer vos maisons. Et puis n'est-il pas masochiste de ressasser une vérité désagréable – à savoir que vos réserves de pétrole sont entre des mains bien peu sûres – quand la situation comporte tant d'avantages ?

Les subsides saoudiens ne sont pas tombés sur Washington par accident comme quelque étrange et bienveillant Ovni. La vie économique internationale regorge d'accords similaires. Ils ont au moins le mérite de nous rappeler que même des actes de terrorisme dévastateurs ne doivent pas entraver la bonne marche du capitalisme. En 1997, l'Aramco saoudienne a monté un partenariat avec le géant pétrolier Texaco, plus tard rejoint par la Shell, pour le raffinage de huit cent mille barils par jour de brut saoudien. Courant 1998, ces trois firmes formaient un consortium, Motiva Enterprises, qui s'imposait comme l'un des tout premiers groupes pétroliers américains. AT & T, l'opérateur télécom, décrochait quelque temps plus tard un contrat de quatre milliards de dollars pour développer le réseau de télécommunications du royaume. Même Lucent Technologies, star déchue de la bulle des valeurs high-tech, signait en juillet 2001 un contrat de deux cent quarante millions de dollars pour améliorer le réseau saoudien de téléphonie mobile.

En mai 2001, le Haut Conseil économique saoudien approuvait une série de contrats à long terme avec un groupe de compagnies pétrolières américaines qui représentait, selon les Saoudiens, des « dizaines de milliards de dollars ». Ces firmes étaient chargées de construire des sites de désalinisation, des centrales électriques, et de développer l'exploitation des ressources saoudiennes de gaz naturel. Quelques mois plus tôt, le gouvernement saoudien commandait à un groupe de contractants américains la construction de trois mille écoles dans le royaume. Coût total : 3,5 milliards de dollars. Allah seul savait où l'Arabie Saoudite allait trouver une telle somme, mais cette constatation n'a visiblement alarmé ni Washington ni Riyad.

En quoi consistait donc le pacte non écrit qui liait les deux capitales, depuis une trentaine d'années ? En ceci : les États-Unis achetaient le pétrole que leur vendait la monarchie saoudienne en contrepartie de quoi celle-ci achetait aux Américains armements, immeubles clés en main, systèmes de communication et plates-formes de forage. Le « recyclage des pétrodollars » représentait donc un nouvel Eldorado pour l'Amérique : le montant des échanges économiques bilatéraux entre les États-Unis et le royaume saoudien est passé de 56,2 millions de dollars en 1950, à 19,3 milliards de dollars en 2000, ce qui représente un taux de croissance moyen annuel de 70 % !

Mais ce qui a décuplé l'efficacité des investissements saoudiens, c'est, d'une part, la sélection judicieuse du choix des cibles et, d'autre part, la façon dont les Saoudiens, notamment à Washington, ont su détecter et exploiter le rare alliage de rapacité et de cynisme des dirigeants américains.

Appelons cela une coïncidence poétique. Quoi qu'il en soit, le 11 septembre 2001, au moment même où les administrateurs du groupe Carlyle entraient dans la salle du Ritz-Carlton de Washington où se tenait leur réunion annuelle, le vol 77 d'American Airlines s'abattait sur le Pentagone, à seulement quatre kilomètres au sud. Si l'appareil qu'un autre groupe de terroristes avait projeté d'écraser contre la Maison Blanche avait touché sa cible, les administrateurs de Carlyle auraient senti le sol trembler sous leurs pieds, au propre comme au figuré. Et seul un rude choc était susceptible d'ébranler ces messieurs. À ladite réunion assistaient en effet James Baker, conseil du groupe et ex-secrétaire d'État dans le gouvernement de Bush père ; Frank Carlucci, P-DG de Carlyle, dernier ministre de la Défense de Ronald Reagan et ex-conseiller national à la sécurité ; et Shafiq Ben Laden, frère d'Oussama Ben Laden, représentant le groupe Ben Laden – numéro un du bâtiment saoudien. Cette coïncidence illustre parfaitement le paradoxe de la liaison américano-saoudienne.

Le groupe Carlyle, qui doit son nom au luxueux palace new-yorkais où il a vu le jour en 1987, s'est montré, depuis sa fondation et pour son plus grand profit, un associé exemplaire de la famille Saoud. En 1991, l'un de ses plus gros « coups » consista à préparer l'acquisition par le prince al Walid d'actions de Citicorp pour un montant de 600 millions de dollars. Neveu du roi Fahd, le prince al Walid occupait en 2001 la sixième position au palmarès *Forbes* des plus grosses fortunes mondiales. Sa holding, basée à Riyad, représente l'essentiel de ses avoirs, lesquels sont estimés à environ 16 milliards de dollars.

Comme je l'ai indiqué plus haut, le prince al Walid n'est pas un adepte de la langue de bois. Peu après les attentats du 11 septembre, ce haut dignitaire a pris l'avion pour New York et remis un chèque de dix millions de dollars au Twin Towers Fund, la souscription lancée par le maire Rudolph Giuliani pour venir en aide aux familles des victimes. Al Walid, après s'être acquitté de son geste charitable, n'a pas pu s'empêcher de prodiguer un conseil utile à ses amis américains : les États-Unis devaient « réexaminer leur politique moyen-orientale et adopter une position plus équilibrée à l'égard de la cause palestinienne ».

Le groupe Carlyle avait apparemment oublié de lui signaler qu'une écrasante majorité de New-Yorkais sont pro-israéliens, et qu'en outre les Américains détestent qu'on leur rappelle qu'ils vivent de la charité saoudienne ou que leur politique étrangère est à vendre. Mais Rudy Giuliani n'avait pas besoin du groupe Carlyle pour lui rappeler les réalités de la politique américaine. Il a aussitôt renvoyé son chèque au prince. En revanche, la Maison Blanche, elle, s'est bien gardée de restituer au royaume, par solidarité avec Giuliani, les 2,8 milliards de subventions pétrolières engrangées cette année-là.

Une chose est en tout cas certaine, au sujet de la direction du groupe Carlyle : elle n'a jamais raté une occasion de gagner de l'argent. Le Carlyle n'est pas victime des aléas de la confiance du public comme les valeurs Internet ou celles qui sont cotées au Nasdaq. Sa philosophie pourrait se résumer en une phrase : exploitez le flux ininterrompu de pétrole et d'armements en provenance d'Arabie Saoudite, vous ne serez jamais perdant. Des preuves ? En voici.

En 1995, le groupe BDM International, contractant de la défense nationale dans lequel Carlyle détenait une participation majoritaire, a signé un contrat de 50 millions de dollars pour la fourniture de services logistiques et opérationnels à la Garde nationale saoudienne qu'elle était aussi chargée de former. Carlyle a également conseillé la famille royale sur un programme de coopération et de développement économique. Selon les termes de la littérature officielle du royaume, ce programme encourage l'investissement étranger en Arabie Saoudite et assure le réinvestissement à demeure d'un important pourcentage de ses revenus pétroliers. Officieusement, et plus précisément, ce programme garantit qu'un pourcentage substantiel des ventes d'armes aux Saoudiens est siphonné, en commissions et honoraires, par des sociétés appartenant presque toutes à des membres de la famille royale.

Carlyle s'est considérablement enrichi en achetant de petites entreprises sous-traitantes à la défense nationale et en les revendant à des géants comme Boeing, Lockheed Martin et TRW (une entreprise spécialisée dans l'armement de haute technologie et l'équipement automobile). Carlyle a aussi créé sa propre entreprise de fabrication d'armements, United Defense Industries, qui est aujourd'hui un des plus importants fournisseurs du ministère de la Défense américain. Les commandes saoudiennes représentent aujourd'hui l'essentiel du marché des avions de combat, missiles, chars, véhicules blindés et autres matériels militaires fabriqués aux États-Unis.

Évoquer les liens incestueux entre les plus hauts responsables politiques américains et le monde des affaires relève du crime de lèse-majesté. Mais ça ne m'empêchera pas d'observer que ces mêmes dignitaires échangent couramment leur poste ministériel pour un siège d'administrateur au sein du groupe Carlyle.

Outre James Baker et Frank Carlucci, Carlyle

emploie aussi Arthur Levitt, ex-directeur de la SEC (équivalent de la COB) ; William Kennard qui a dirigé la commission fédérale des communications sous la seconde administration Clinton ; Afsaneh Beschloss, ex-trésorier et responsable des investissements de la Banque mondiale, épouse de l'historien Michael Beschloss, collaborateur de l'émission *The News Hour with Jim Lehrer*[1] ; et Richard Darman, qui a dirigé l'Office of Management and Budget, l'équipe de super-comptables de la Maison Blanche, sous la première présidence Bush. Comme pour prouver que Carlyle est vraiment un conglomérat international, l'ex-Premier ministre britannique John Major a été nommé président de Carlyle Europe.

À Washington, personne n'a un meilleur carnet d'adresses – ou n'a su le faire fructifier aussi efficacement – que Frank Carlucci. Outre ses postes de secrétaire à la Défense et de conseiller national à la sécurité, Carlucci a été directeur adjoint de la CIA de 1978 à 1980, après avoir été ambassadeur au Portugal. Il a aussi été, à l'université Princeton, le condisciple de Donald Rumsfeld avec lequel il a gardé des relations amicales. [redacted].

En 1972, Carlucci était l'assistant de Caspar Weinberger à l'Office of Management and Budget de Richard Nixon quand un officier détaché à la Maison Blanche, un certain Colin Powell, boursier de la présidence, s'est présenté à son nouveau patron. Huit ans plus tard, quand Ronald Reagan a nommé Weinberger secrétaire à la

1. Célèbre émission d'information de la chaîne PBS. *(N.d.T.)*

défense, Powell est devenu son adjoint numéro un. En 1987, Carlucci, qui avait été conseiller du président pour les questions de sécurité nationale, a succédé à Weinberger comme secrétaire à la Défense, Powell remplaçant Carlucci comme conseiller national à la sécurité. Carlucci aime d'ailleurs à se présenter comme le « parrain » de Powell.

Carlyle aussi a joué le rôle de parrain, mais cette fois pour l'actuel président des États-Unis. En 1990, quand Bush 2 sillonnait le Texas à la recherche d'une carrière, Fred Malek, ponte du Parti républicain, lui dénicha un strapontin dans Caterair, une compagnie aérienne filiale de Carlyle. Dix ans plus tard, alors que Bush 2 était gouverneur du Texas, le fonds de pension des professeurs du Texas a investi 100 millions de dollars dans le groupe Carlyle.

Le plus célèbre conseiller de Carlyle est George Bush senior. Révérés par les classes possédantes saoudiennes et koweitiennes pour leur engagement décisif dans la guerre du Golfe, Bush et John Major ont effectué, pour le compte de Carlyle, de nombreux voyages dans ces deux pays, y attirant quelques-uns des investisseurs les plus fortunés de la planète. D'ailleurs, alors même que son fils faisait campagne pour la présidence en 2000, Bush père rencontrait le prince héritier Abdallah dans une agglomération cossue des environs de Riyad pour discuter des relations américano-saoudiennes. Carlyle a souligné que l'ex-président n'y allait pas en tant que VRP de la firme, mais il n'a pu échapper à ses richissimes hôtes que le fils de l'homme qui leur rendait visite, administrateur en vue du groupe Carlyle, se présentait à la Maison Blanche.

Comme nombre de conseillers de fonds d'investissement à haut rendement, George H.W. Bush est largement dédommagé, par un pourcentage sur les investissements qu'il contribue à attirer, pour l'usage généreux qu'il fait de son temps, de sa réputation et de son carnet d'adresses. Il est aussi autorisé à réinvestir dans Carlyle les honoraires qu'il perçoit lors des conférences qu'il prononce pour le compte de la société – généralement rétribuées entre 80 000 et 100 000 dollars chacune. Encore une fois Carlyle étant une entreprise privée et Bush père un citoyen privé, on ignore le montant exact des gains réalisés dans le cadre de son travail pour Carlyle depuis une dizaine d'années. Il me paraîtrait presque irrespectueux, compte tenu du CV du personnage, de l'estimer à moins de 5 millions de dollars, l'essentiel de ce pactole provenant directement ou indirectement d'Arabie Saoudite. Seuls les administrateurs de Carlyle connaissent la répartition de son capital (13,9 milliards de dollars en 2002) et la tranche de gâteau attribuée aux investisseurs saoudiens. La famille Ben Laden avait investi 2 millions de dollars dans le portefeuille Carlyle Partners II Fund, qui se compose d'actions d'entreprises de défense et d'aéronautique, dont United Defense Industries. Cinq semaines après les attentats du 11 septembre 2001, l'opprobre qui entourait leur nom contraignait les Ben Laden à se retirer de Carlyle. Mais on estime qu'une douzaine d'investisseurs saoudiens environ font toujours partie du groupe.

Carlyle n'est pas tenu de révéler les indemnités annuelles qu'il verse à ses associés ni le montant de leur participation dans la firme. Un article du *New York Times* daté du 5 mars 2001 estimait la participation de Jim Baker à environ 180 millions de dollars, mais le journaliste était arrivé à ce résultat en divisant l'ensemble du capital (3,5 milliards de dollars) de Carlyle par le nombre de ses associés (18) plus un investisseur extérieur. Cette enquête avait été effectuée avant le rachat par Carlyle de United Defense, qui réalisa, selon les estimations de l'époque, un profit de 900 millions de dollars sur un investissement de 130 millions. Il me semble fort peu probable que les associés de Carlyle se contentent de clopinettes. D'ailleurs quand Frank Carlucci a démissionné de la présidence en 2002, c'est l'ex-PDG d'IBM, Lou Gerstner, qui l'a remplacé.

C'est d'ailleurs un associé de Carlyle qui m'a confirmé mes informations sur le palais de 4,6 milliards de dollars d'Azouzi. En août 2002, j'ai rendu visite à un ami qui possède un petit voilier ancré dans la région de Cannes. Nous venions d'amarrer son bateau quand nous avons aperçu, un peu plus loin, un homme sur un yacht flambant neuf arborant un drapeau américain. Il se trouve que mon ami le connaissait. Il m'a dit que ce monsieur travaillait pour le groupe Carlyle. Nous avons entamé la conversation avec cet homme et nous en sommes venus à parler de l'Arabie Saoudite. À la première occasion, je me suis mis à lui parler du palais d'Azouzi. Non seulement l'homme en avait entendu parler, mais il a même ajouté qu'il s'y était rendu récemment. Il m'a confirmé le prix du parc à thème (les hauts lieux de l'islam), et m'a demandé pourquoi je m'y intéressais. Quand je lui ai dit que j'écrivais un livre sur l'Arabie Saoudite, il s'est engouffré dans la cabine, subitement pris d'un violent mal de mer.

La bureaucratie soi-disant terne et sans imagination de Washington montre une inépuisable invention dans l'utilisation des fonds saoudiens. Ainsi, Dick Cheney, l'actuel numéro 2 de l'exécutif américain, a été P-DG du groupe d'ingénierie pétrolière Halliburton, grand habitué des pharaoniques chantiers saoudiens, avant et sous sa présidence. Fin 2001, alors que Cheney était vice-président et que Halliburton se débattait dans les scandales concernant une comptabilité apparemment « gonflée », cette entreprise a décroché un contrat de 140 millions de dollars pour l'exploitation d'un nouveau champ pétrolifère saoudien. Sa filiale Kellogg Brown and Root a quant à elle obtenu, avec ses deux associés japonais, la construction d'une usine d'éthylène, un contrat de 40 millions de dollars.

Comme ses amis saoudiens, Cheney a montré un intérêt particulier pour le pétrole de l'Asie centrale, aussi bien en privé qu'en public. Alors qu'il était P-DG d'Halliburton, Cheney a défendu Gaidar Aliev, l'homme fort de l'Azerbaïdjan, contre l'accusation d'atteintes répétées aux droits de l'homme, tout en fustigeant l'administration Clinton pour son « échec à reconnaître l'importance stratégique de l'économie du pétrole et du gaz ». Cheney a aussi contribué à mettre sur pied en 1993, alors qu'il était conseiller pétrolier de l'ancienne République soviétique, un accord entre le Kazakhstan et Chevron.

En tant que P-DG d'Halliburton, Cheney a joué un rôle déterminant dans l'obtention d'un prêt de 489 millions de dollars, sous forme de garanties, de la banque Export-Import, l'organisme public qui soutient les exportations de produits américains dans le monde, pour la Tyumen Oil Company, une firme russe à la réputation douteuse. Celle-ci a été créée pour exploiter les réserves de pétrole de la mer Caspienne. Selon le *Moscow Times*, 292 millions de dollars, soit plus de la moitié de cet emprunt, étaient destinés à l'achat d'équipements Halliburton pour la mise en exploitation du champ pétrolier de Samotlor. Halliburton a aussi signé avec le numéro un du consortium de la Caspienne, BP Amoco, un contrat d'ingénierie très important.

Une fois devenu vice-président, Cheney s'est assuré que l'Ex-Im Bank reste entre de bonnes mains. Le nouveau P-DG, Philipp Merrill, a été l'adjoint du secrétaire général de l'OTAN durant l'administration Bush 1 et c'est un ami personnel de Dick Cheney et de sa femme Lynne. Bien que son *curriculum vitae* ne mentionne pas ce fait, Lynne Cheney a travaillé au début des années 80 pour l'une des publications du groupe Merrill, le magazine *Washingtonian*. À l'occasion de l'intronisation de Philipp Merrill dans son nouveau poste début décembre 2002, Dick Cheney a donné une réception dans sa résidence officielle en présence d'invités triés sur le volet.

Durant le sombre interrègne des années Clinton, Donald Rumsfeld et Colin Powell ont rejoint les ex-secrétaires d'État Henry Kissinger (Nixon et Ford) et George Schultz (Reagan) à la direction de Gulfstream Aerospace Corporation, le constructeur d'avions de luxe, racheté en 1990 par une équipe d'investisseurs emmenée par Teddy Forstmann, directeur adjoint de l'équipe de campagne (manquée) de George Bush père en 1992. Leur mission ressemblait comme deux gouttes d'eau à celle de l'ex-président chez Carlyle : ouvrir des portes aux investisseurs publics et à de richissimes clients privés, notamment dans les États du Golfe, où tous quatre jouissent d'une popularité bien méritée. En 1998, Forstmann a récompensé ses directeurs en les autorisant à lever – à 43 dollars l'action – leurs options sur des valeurs qu'ils avaient souscrites pour un montant compris entre 3 et 28 dollars. Selon une enquête parue en décembre 1998 dans *New Republic*, les bénéfices ainsi réalisés par Kissinger (pour cinq mois de présence au conseil d'administration) s'élèvent, frais déduits, à 876 000 dollars. Les trois autres compères n'ont pas eu à se plaindre de leur intermède aéronautique puisque G. Schultz encaissait la rondelette plus-value de 1,08 million, Rumsfeld repartait avec un chèque de 1,09 million, tandis que Colin Powell empochait pas moins de 1,49 million de dollars.

En novembre 2000, peu avant sa nomination au poste de secrétaire d'État, Powell se voyait remettre un chèque de 100 000 dollars pour une heure de parlote à bâtons rompus à l'université Tufts de Boston. Cette « conférence » lui fut rétribuée via un fonds « conférenciers » financé par Issam Fares, vice-Premier ministre milliardaire du Liban. Or la fortune dudit Fares provient presque entièrement des affaires qu'il a réalisées avec le prince Sultan, ministre de la Défense saoudien, et Turki Ben AbdelAziz, un frère du roi Fahd. Powell avait d'ailleurs de bonnes raisons de ne pas faire la fine bouche puisque Bush lui-même avait, lors d'une visite d'État à Paris, délaissé son propre ambassadeur pour passer un moment en compagnie de M. Fares dans son ravissant pied-à-terre de l'île Saint-Louis.

Les Saoudiens et leurs contrats juteux sont aussi très bien accueillis dans les cabinets de relations publiques de Washington. Chez Qorvis Communication, qui encaissait environ 200 000 dollars par mois pour redorer le blason de l'Arabie Saoudite après les attentats du 11 septembre, trois des associés ont eu besoin d'un an pour décider finalement qu'il était peut-être téméraire de jouer les porte-parole d'une famille royale acoquinée avec des terroristes. Le cabinet d'avocats Loeffler, fondé par un ex-député républicain texan, n'a pas suivi cet exemple. Tom Loeffler, un des proches de la famille Bush, a en effet accepté, fin 2002, de défendre les intérêts du royaume moyennant 720 000 dollars par an. Après tout, à quoi bon passer son temps à se faire des relations si c'est pour ne pas s'en servir ?

Dans un climat moral différent, ce copinage effréné entre Washington, les conseils d'administration des grandes sociétés américaines et Riyad, sans oublier les autres capitales arabes, grandes ou petites, pourrait alimenter une vive inquiétude : le président Bush et ses conseillers n'ont-ils pas, après tout, mille et un mobiles de fermer les yeux sur la contamination islamiste en Arabie Saoudite ? D'ailleurs, comment reprocher à un haut responsable de la capitale d'avoir partie liée avec le royaume saoudien, alors qu'à Washington, cette collusion est générale ? Chercher un politicien ou un haut fonctionnaire authentiquement libre dans la capitale américaine revient à espérer rencontrer une danseuse étoile dans un congrès de culs-de-jatte...

Brent Scowcroft, conseiller national à la sécurité de la première administration Bush et intime de longue date de l'ex-président, dirige le Scowcroft Group, lequel, fort des informations aussi exhaustives qu'exclusives amassées par son patron, vend sa connaissance approfondie des marchés émergents aux grandes firmes multinationales, et autres groupes pétroliers ou énergétiques. Le texte de présentation de la société souligne « l'expertise régionale extraordinaire » du groupe au Moyen-Orient et ses « relations privilégiées avec les principaux décideurs ». Signalons que Scowcroft a diverses casquettes : administrateur de Pennzoil-Quaker State, il se trouve être aussi un intime de Condoleeza Rice, la conseillère nationale à la sécurité de Bush, et de George Tenet, patron de la CIA, à qui il dispense ses conseils pour « l'amélioration de nos services de renseignements » au Moyen-Orient.

Lawrence Eagleburger, secrétaire d'État de la première administration Bush, a rejoint le conseil d'administration d'Halliburton à l'époque où Dick Cheney dirigeait la firme. Le même Eagleburger est aussi conseiller d'Oilspace Inc., qui commercialise des services en ligne à l'industrie pétrolière. Un communiqué du service de presse d'Oilspace définit Eagleburger comme un « éminent conseiller, cumulant une expertise gouvernementale et privée, de compagnies opérant au Moyen-Orient ».

Kissinger Associates, du nom de l'ancien secrétaire d'État de l'ère Nixon, compte parmi ses clients Boeing et Atlantic Richfield/Arco, ainsi que de nombreuses autres entreprises installées en Arabie Saoudite. Tout comme Scowcroft, Eagleburger, Rumsfeld, Powell et les autres, Henry Kissinger ne supporte pas que son intégrité soit mise en cause. Ce qui ne l'empêche pas d'exploiter ses liens avec les Saoudiens et le monde arabe en général – le ballet diplomatique américain au Proche-Orient, dont il reste une inoubliable étoile, aura au moins servi à ça – ni d'être totalement absent quand la soupe est servie au râtelier saoudien. Sur les rives ensoleillées du Potomac, si vous vous retirez avec un titre assez ronflant, vos fins de mois sont assurées. Et honte au petit fonctionnaire mesquin qui serait tenté de crier « le roi est nu ! ».

Les relations d'affaires de nos archontes avec le royaume du pétrole sont si inextricables que les deux personnages nommés à la tête de la commission nationale sur les attentats terroristes, Kissinger et le vice-président George Mitchell, ex-leader de la majorité démocrate au Sénat, ont dû démissionner avant même que les auditions aient pu commencer, plutôt que d'avoir à divulguer la liste de leurs propres relations au pays de l'or noir. Bush a donc cherché un président de commission « vierge » de toute intimité trop voyante avec le royaume et il a finalement nommé Thomas Kean, ex-gouverneur du New Jersey et président de l'université Drew dont les liens avec l'establishment de la capitale sont plutôt lâches. Donc vierge... ou presque, puisqu'on doit tout de même noter que M. Kean a été le P-DG d'Amerada Hess, un géant pétrolier qui s'est associé avec une compagnie pétrolière saoudienne pour exploiter les champs pétrolifères d'Asie centrale – mais j'y reviendrai un peu plus loin.

On susurre même que Louis Freeh aurait envisagé de travailler pour les Saoudiens après son départ en retraite du FBI en 2001. Si c'est le cas, on imagine qu'après le 11 septembre, il a dû se réveiller chaque matin en remerciant le ciel d'avoir accepté la proposition que lui a faite MBNA, le géant des cartes de crédit.

Presque toutes les éminences de Washington dignes de ce nom ont occupé des postes dans une ou plusieurs compagnies entretenant des relations d'affaires avec l'Arabie Saoudite et presque tous ces contrats sont remarquablement opaques, soigneusement abrités derrière des écrans de fumée, ou des dunes de sable – sauf que les geysers de dollars ne sont pas des mirages.

Jusqu'à son rachat par Northrop Grumman fin 2002, TRW International, un des principaux fournisseurs d'armements de l'Arabie Saoudite, comptait dans son conseil d'administration l'ex-directeur de la CIA Robert Gates et l'ex-sous-secrétaire d'État et ambassadeur au Japon Michael Armacost. Condoleeza Rice, conseiller national à la sécurité, a été durant de nombreuses années administratrice de Chevron qui a fusionné en 2001 avec Texaco. Chevron Texaco est associé à Saudi Aramco dans Star Enterprise et Motiva Enterprise. Vu l'étrange entrelacs que dessinent ces réseaux où tout le monde porte deux casquettes, celle de la politique et celle des affaires, le pétrole qui arrive aux États-Unis, au moment où vous lisez ces lignes, est peut-être transporté par un tanker baptisé « Rice » par Chevron.

Au conseil d'administration de Chevron Texaco, siègent Carla Hills, ex-secrétaire d'État au logement et à l'urbanisme (sous Gerald Ford) et ex-déléguée générale au commerce extérieur (sous Bush 1) ; l'ex-sénateur de la Louisiane, J. Bennett Johnston, qui s'est spécialisé dans les problèmes d'énergie au Congrès ; et l'ex-sénateur de

Georgie Sam Nunn, qui a dirigé la commission sénatoriale de la Défense. Or la grande firme américaine s'est associée à Nimir Petroleum pour exploiter des sites pétrolifères au Kazakhstan (on pense que les réserves locales avoisinent 1,5 milliard de barils). Et Nimir est détenu par la famille Ben Mahfouz. Un audit de 1999 conduit par le gouvernement saoudien a, semble-t-il établi que la National Commercial Bank, en partie détenue par la famille Ben Mahfouz, aurait versé au moins 3 millions de dollars à des associations de bienfaisance qui ont probablement financé les réseaux Ben Laden. L'une de ces associations, *Blessed Relief* (le Saint Secours), compte Abd el Rahman Ben Mahfouz parmi ses responsables. Son père, Khaled Ben Mahfouz, s'est vu refuser l'entrée sur le territoire américain en 1990 parce qu'il était compromis dans le retentissant scandale de la BCCI.

Parmi les autres partisans enthousiastes d'une étroite coopération Riyad-Washington, on trouve Nicholas Brady, secrétaire du Trésor sous le premier président Bush et Edith Holiday, l'ex-assistante de ce dernier, devenue administratrice d'Amerada Hess aux côtés de Thomas Kean. Amerada Hess s'est allié avec quelques-uns des princes les plus riches du royaume pour exploiter les riches ressources pétrolières d'Azerbaïdjan. En 1998, la firme a formé dans ce but un partenariat avec Saudi Oil baptisé Delta Hess, une société détenue par des capitaux saoudiens. La même année la société Frontera Resources Corporation, basée à Houston, s'est jointe à l'aventure azerbaïdjanaise en s'associant à Delta Hess. Parmi les conseillers de Frontera, on trouve Lloyd Bentsen, ex-sénateur du Texas et ex-secrétaire au Trésor, candidat à la vice-présidence dans le ticket démocrate pour la présidentielle de 1998, ainsi qu'un autre ex-directeur de la CIA, John Deutch. (Si les ex-directeurs de la CIA n'existaient pas, les conseils d'administration américains se retrouveraient dans une situation critique !)

Mais ici, la piste se complique. Si l'on en croit un rapport de l'ambassade américaine à Riyad, Delta Oil a été créée au début des années 90 par une cinquantaine de richissimes Saoudiens, dont le prince héritier Abdallah. Mais parmi ces entreprenants capitalistes il en est un qui nous paraît plus entreprenant que les autres. Il s'agit de Mohammed Hussein el Amoudi, un Saoudien qui opère depuis l'Éthiopie, où il dirige un conglomérat présent dans le BTP, la banque, le pétrole et l'extraction minière. Les familles el Amoudi et Ben Mahfouz ont formé plusieurs partenariats, dont Delta-Nimir, qui s'est associé avec Unocal en 1994, toujours pour exploiter les champs de pétrole azerbaïdjanais. À l'instar du clan Ben Mahfouz, les el Amoudi ont été accusés d'avoir financé Ben Laden, via la Capitol Trust Bank de Londres et New York, détenue par la famille.

Nous ne saurons probablement jamais si des associations de bienfaisance saoudiennes ont soutenu financièrement Ben Laden. Selon toute probabilité, ces associations se sont comportées comme les patrons des bars américano-irlandais de New York qui versent régulièrement leur obole à l'IRA : l'essentiel de ces fonds permet sans doute de nourrir la veuve et l'orphelin au pays, mais une partie d'entre eux sert de toute évidence à acheter des fusils-mitrailleurs et des explosifs. Ce qui signifie, cependant, que tout le monde est coupable. Car le gouvernement saoudien, pas plus que Washington, n'a jamais demandé à vérifier les comptabilités de ces associations, une omission qui revenait à encourager les adeptes de Ben Laden à lui faire parvenir des subsides sans en avoir l'air. Bref les méandres souterrains qui ont acheminé des millions de dollars aux réseaux terroristes ressemblent trait pour trait à ceux grâce auxquels les pontes de Washington arrondissent leurs fins de mois. La tuyauterie est la même, seuls les robinets diffèrent.

Même les simples quidams de Washington ont commencé à considérer l'Arabie Saoudite comme un plan de retraite bis. Bien conscients que les hauts fonctionnaires américains ne peuvent s'offrir une existence confortable avec leur retraite gouvernementale, les Saoudiens ont fait circuler le message : jouez le jeu, ne dénigrez pas le royaume, et on prendra soin de vous, on vous trouvera un boulot, on créera une chaire à l'université pour vous, et si vous en valez la peine on vous achètera même une Lexus et une élégante maison de ville à Georgetown.

Walter Cutler, ex-ambassadeur américain en Arabie Saoudite, est le président du Meridian International Center à Washington. Fondé pour « promouvoir la compréhension internationale », selon son site Internet, le centre a été généreusement sponsorisé par de riches mécènes saoudiens. Et quel genre d'administrateurs trouve-t-on dans son conseil d'administration ? La crème des épouses de députés et de ministres de la capitale.

Edward S. Walker, Jr., ambassadeur à Tel-Aviv et au Caire puis sous-secrétaire d'État pour le Proche-Orient dans l'administration Clinton, préside désormais le Middle East Institute, toujours à Washington. Fondé en 1946 pour promouvoir l'entente avec le monde arabe, l'Institut fonctionnait, en 2001, avec un budget d'1,5 million de dollars, dont 200 000 proviennent, selon Walker, de contributeurs saoudiens.

Les journaux regorgent d'exemples de diplomates et de fonctionnaires américains qui ont quitté leur poste moyen-oriental pour intégrer une entreprise ou une institution financée par des capitaux saoudiens. Ils émargent au budget des conférences, pondent articles et rapports grassement rétribués. Et pourquoi s'en priveraient-ils alors que les Kissinger, les Scowcroft, Powell et consorts donnent un si brillant exemple ? Les obscurs aussi aiment le luxe. Ils sont bien sûr moins gourmands, mais leur devise est strictement la même : le plus sûr moyen de ne jamais crier au loup, c'est d'être une fois pour toutes sourd et aveugle.

À propos de loup, le prince Bandar, ambassadeur d'Arabie Saoudite à Washington depuis plus de vingt ans, a un jour confié à un associé qu'il veillait personnellement sur les ex-hauts fonctionnaires américains à la recherche d'un emploi. « Vous seriez étonnés de constater à quel point le simple fait que tout le monde sache que les Saoudiens prennent soin de leurs amis quand ils retournent dans le privé, prévient les jeunes diplomates en notre faveur... », confiait-il benoîtement. Le cynisme fait souvent bon ménage avec la richesse et l'arrogance.

En vertu d'un accord conclu au début des années 80 par l'administration Reagan pour financer le déficit budgétaire américain, l'Arabie Saoudite a déposé environ mille milliards de dollars dans des banques américaines. Juste pour s'assurer que personne ne soit tenté de trop se plaindre ? N'oublions pas que les capitaux saoudiens investis en actions sur le marché boursier américain représentent eux aussi un billion de dollars.

Mais encore une fois, sur l'échelle de Richter des séismes économiques qui nous guettent, un retrait massif des avoirs financiers saoudiens, capitaux et valeurs, ne relèverait que d'une magnitude six, loin derrière la coupure sans préavis ou la destruction des quelques robinets d'or noir sans lesquels l'économie mondiale ne peut continuer à tourner. Mais ajoutez à cela un autre billion de dollars en actions américaines, toujours aux mains des mêmes Saoudiens, et vous commencez à entrevoir qui a la corde au cou et qui le promène en laisse.

5

Pavlov et ses chiens

En 1994, j'ai été rappelé par mes chefs à Washington, après un séjour de deux ans à Douchanbe (Tadjikistan), un des coins les plus misérables et les plus reculés d'une région d'Asie centrale déjà bien mal lotie. J'étais bien content de rentrer chez moi et de me payer un peu de bon temps. J'en avais assez des douches froides, des rations militaires et des réveils matinaux au son du canon. J'avais en outre besoin d'une pause avant de repartir pour une région du monde un peu moins perdue.

Quand je m'étais engagé à l'agence, [redacted], j'avais les moyens de louer un appartement à Washington, et même à Georgetown. À l'époque, je pouvais même me payer deux ou trois sorties par semaine, sans être condamné à manger des raviolis en boîte le reste du temps. En 1994, il n'en était plus question. Les loyers de Georgetown avaient explosé. Toutes les petites gargotes que je fréquentais autrefois avaient été remplacées par des cafés, des boutiques et des « bars à thème » français dernier cri. Le quidam marié et père de famille désireux d'offrir à sa femme et ses enfants un cadre de vie décent se voyait contraint d'opter pour une banlieue résidentielle de Virginie, à une heure de route de la capitale.

J'étais sur le point de capituler et de mettre le cap sur la campagne environnante quand je suis tombé sur une maison, juste à la sortie de Georgetown, dans le quartier de Palisades. Il s'agissait d'une location au mois, mais ça n'avait pas d'importance. Elle était juste assez grande pour nous : trois chambres, deux salles de bains et un jardin largement suffisant pour ma famille et moi. Qui plus est, elle se trouvait à cinq minutes en voiture du siège de Langley. Je décidai toutefois de m'y rendre à vélo, ce qui m'évita d'acheter une seconde voiture et m'imposait un excellent entraînement quotidien.

Un soir que je rentrais à la maison, je vis arriver vers moi un convoi emmené par un gros 4 × 4 Chevrolet Suburban 2500, gyrophare allumé. Je me dis d'abord qu'il devait s'agir du président. Il me semblait que les cortèges de ce genre lui étaient réservés. Juste avant que le convoi n'arrive à ma hauteur, il tourna et franchit le porche d'une grande propriété surplombant le Potomac, une des plus belles de Washington. Les immenses portes métalliques venaient de s'ouvrir et il ne fallut qu'une seconde aux longues limousines pour s'engouffrer sur la route intérieure à trois voies. C'est à ce moment que je réalisai qu'il s'agissait du domaine du prince Bandar Ben Sultan, l'ambassadeur d'Arabie Saoudite aux États-Unis. Comme les vitres étaient fumées, j'ai supposé qu'il devait s'agir de Bandar en personne.

Le lendemain matin, j'ai cherché à obtenir des précisions sur le statut du prince et l'on m'a dit qu'il bénéficiait d'une protection officielle du département d'État auquel le 4 × 4 Chevrolet devait sans doute appartenir. Cet incident m'a frappé : il illustrait déjà parfaitement les liens privilégiés noués entre l'establishment washingtonien et ses « mécènes » saoudiens. Ma maison aurait pu tenir dix fois dans la demeure du prince-ambassadeur.

Mais c'était le moindre de ses privilèges. Bandar avait ses entrées à la Maison Blanche et au Congrès et il était reçu absolument partout sans même avoir à s'annoncer. Pas question d'organiser une soirée mondaine à Washington où il ne fût pas invité. Il pouvait faire passer un message sensible à n'importe quel membre du gouvernement ou journaliste, lors de la soirée d'ouverture du Kennedy Center, lors d'un dîner assis chez Katherine Graham, la propriétaire du *Washington Post*, ou encore au Cosmos Club. Bandar était incontournable, mieux il était un des maîtres de la partie à laquelle tout le monde s'efforçait, avec plus ou moins de bonheur, de participer. Washington, capitale de la démocratie et du monde libre ? Balivernes ! La capitale appartenait désormais non à la « World Company » mais à la « Oil Company », et même si vous n'étiez qu'un satellite insignifiant de cette galaxie, vous étiez très vite averti : mieux vaut en respecter les règles.

Un pacte aussi lucratif que celui qui lie les élites américaines et saoudiennes suppose l'entremise experte d'un homme qui ait un pied dans chaque camp, dispose de relations nombreuses et influentes dans les deux pays, se meuve avec autant d'aisance dans les deux cultures ; ce personnage à part doit aussi se montrer assez expansif et mondain pour qu'on recherche sa compagnie, mais sans jamais perdre de vue les objectifs qu'il s'est assignés. Pour l'axe Washington-Riyad, cet homme s'appelle Bandar Ben Sultan Ben Abdelaziz. Le prince Bandar n'est de sang royal que par son père, l'actuel ministre de la Défense – sa mère était une simple domestique. Mais Washington a toujours été plus intéressé par l'argent que par les quartiers de noblesse.

Depuis qu'il a été nommé ambassadeur d'Arabie

Saoudite à Washington en 1983 à l'âge de trente-quatre ans, Bandar travaille à accroître le cercle de ses amitiés et à susciter un fort courant de sympathie en faveur des Saoud. Fougueux pilote d'avions de chasse dans sa jeunesse, musulman mais grand amateur de whisky pur malt et de cigares cubains, grand seigneur à la bourse toujours ouverte et bien garnie, Bandar s'est révélé un « franchise player [1] », un virtuose de la diplomatie tant publique que privée. En 1981, alors qu'il n'était encore qu'attaché militaire, il a réussi une véritable prouesse en persuadant le Congrès d'approuver la vente d'avions de surveillance et de contrôle radar AWAC à l'Arabie Saoudite, malgré les réactions hystériques du puissant lobby pro-israélien de Washington. Selon un article paru dans le *Washington Post* en 2002, une fois devenu ambassadeur, le prince Bandar a remboursé sa dette en déposant secrètement dix millions de dollars dans une banque du Vatican. Ces fonds, réclamés par le directeur de la CIA de l'époque, William Casey, devaient servir à financer la campagne de la Démocratie chrétienne contre les communistes italiens. En juin 1984, c'est encore par le biais de Bandar que le colonel O. North a reçu de la famille royale saoudienne trente millions de dollars pour acheter un premier contingent d'armes destiné à la Contra, la rébellion nicaraguayenne au régime socialiste d'alors.

Mais c'est sur le front des relations personnelles que l'affable Bandar s'est le plus distingué. Lors du voyage en Arabie Saoudite de George et Barbara Bush, fin 1990, venus saluer les troupes qui se préparaient à reprendre le Koweit aux Irakiens, l'épouse de Bandar, la princesse Haïfa, a invité Dorothy Bush à célébrer Thanksgiving dans la ferme du prince en Virginie. Comment mieux

1. Au basket-ball, le « franchise player » est le joueur-phare de l'équipe, charismatique et dominant. *(N.d.T.)*

dire à la fille du président, récemment divorcée, et à ses enfants, qu'ils faisaient partie de la famille ? Message reçu cinq sur cinq. Quand le président et Bandar se sont rencontrés à Riyad quelques jours après cette fête, Bush aurait embrassé le prince les larmes aux yeux en s'exclamant : « Vous êtes de braves gens ! » (selon le récit qu'en fait Bandar lui-même).

Une visite dans la maison de vacances des Bush à Kennebunkport (Maine) a valu au prince l'affectueux sobriquet « Bandar Bush ». Bandar a remercié ses hôtes en invitant Bush à chasser le faisan dans sa chasse privée anglaise. Et pour faire bonne mesure, le prince a contribué à hauteur d'un million de dollars à la construction de la bibliothèque présidentielle George Bush à College Station, Texas. Suite à la suggestion de Bandar, le roi Fahd a, en outre, envoyé un million de dollars à Barbara Bush à l'occasion de la campagne que la présidente a menée en faveur de l'alphabétisation, exactement comme il avait offert une dizaine d'années plus tôt un million de dollars pour la campagne de Nancy Reagan contre la drogue.

Le prince n'est pas le seul à montrer un intérêt aussi aigu pour les bibliothèques et les autres entreprises philanthropiques présidentielles. En octobre 1983, Adnan Kashoggi, le marchand d'armes et futur intermédiaire dans le marché Iran-Contra, signait lors d'une soirée de gala un chèque de cinquante mille dollars au profit du centre d'archives présidentielles Jimmy Carter, à Atlanta. Six mois plus tôt, lors d'une foire commerciale sur l'Arabie Saoudite qui s'était tenue à Atlanta, on avait pu entendre l'ex-président et futur prix Nobel chanter sans vergogne les louanges du royaume. Beaucoup plus récemment, fin 2002, le prince al Walid a donné cinq cent mille dollars pour aider à créer une bourse d'études à la

Phillips Academy d'Andover (Massachusetts), l'un des plus prestigieux lycées du pays, celui où G. Bush 2 a fait ses études. Nous parlons du même prince auquel un an auparavant, souvenez-vous, Rudy Giuliani avait renvoyé son chèque de dix millions de dollars.

Durant les années Clinton, les articles sur le prince Bandar donnent nettement l'impression que l'ambassadeur est resté sur la touche. Il passait des semaines mélancoliques cloîtré dans son humble cabanon (trente-deux pièces, seize salles de bains, valeur approximative : cinquante-cinq millions de dollars) d'Aspen, la station de sports d'hiver la plus chic des États-Unis. Il est clair que les deux hommes n'ont guère d'atomes crochus. Bandar est fier de son passé d'aviateur, tandis que Clinton, chaque fois qu'il passe des troupes en revue, donne l'impression d'un saxophoniste en goguette, et on frémit à la pensée qu'il aurait pu accepter une invitation à la chasse au faisan, lui qui n'avait pour ainsi dire jamais tenu un fusil de sa vie. Qui plus est, Clinton avait déjà ses entrées à Riyad : son amitié avec le prince Turki, ex-chef des services de renseignements saoudiens, remontait à l'époque de leurs études à l'université de Georgetown. Mais il est aussi probable que les adjoints de Clinton à la Maison Blanche ont fait de leur mieux pour que les deux hommes gardent des relations distantes. Une trop bonne entente entre cet Arabe fabuleusement riche, toujours à l'affût des faiblesses de ses amis, et un président qui accumulait les frasques leur semblait sans doute périlleuse.

Mais Bandar, s'il avait perdu le feu sacré n'avait pas perdu la main : selon *Newsweek*, il est de ceux qui ont convaincu les Libyens d'extrader deux de leurs citoyens soupçonnés d'avoir participé à l'attentat contre le vol 103 de la Pan Am qui s'est écrasé à Lockerbie (Écosse), le 21 décembre 1988. Le magazine écrit aussi que le même

Bandar fut de ceux qui insistèrent pour que le FBI puisse enquêter sur l'attentat à la bombe contre les baraquements de Khobar. Pourtant ses efforts demeurèrent vains, le FBI fut interdit d'enquête par les Saoudiens et l'investigation (sur un attentat ayant causé la mort de dix-neuf militaires américains) se solda par des résultats on ne peut plus minces.

Dans un registre plus personnel, Bandar s'est servi de son influence pour convaincre le roi Fahd d'offrir 23 millions de dollars au nouveau Centre pour les études moyen-orientales de l'université de l'Arkansas, « un geste de respect » envers l'ex-gouverneur de cet État et désormais président, Bill Clinton. Ce dernier a multiplié les efforts pour obtenir ce soutien financier comme en témoignent son entretien de 1991 avec l'ambassadeur saoudien et une conversation téléphonique de novembre 1992 avec le roi Fahd, une semaine seulement après son élection à la présidence.

Les subsides attendus arrivèrent finalement en deux versements : un premier chèque de trois millions de dollars suivi d'un second, deux semaines après l'intronisation du nouveau président : en pareille affaire, le *timing* est essentiel. Comme à son habitude, Bandar invita tous les membres de l'ex-cabinet présidentiel dans le restaurant de leur choix, salle principale ou salon particulier, selon qu'ils voulaient, ou non, voir et être vus.

Dans le sillage de l'administration Bush 2, Bandar a réinvesti la Maison Blanche aussi spectaculairement que les Anglais qui y mirent le feu en 1812. Il s'est alors mué en une sorte de chef d'État en visite permanente. Ses longues années de service font de lui le doyen du corps diplomatique, mais ce qui fait jaser en ville, quand on prononce son nom, c'est l'éclat inégalé des soirées qu'il organise. En décembre 1997, à l'occasion de la célébration du vingt-cinquième anniversaire du mariage de Bandar avec la princesse Haïfa, dans la somptueuse résidence du prince, Jimmy et Rosalyn Carter ont ainsi pu serrer, entre autres, la main de G. Bush Sr. Deux ans plus tard, quand Nelson Mandela s'est rendu à Washington en visite officielle, les Bandar se sont chargés d'organiser pour lui une soirée inoubliable couronnée par un récital de la grande voix du jazz, Roberta Flack.

Mais ce qui fait de Bandar un personnage hors pair c'est son entregent. En avril 2001, Yasser Arafat a téléphoné au prince héritier Abdallah pour se plaindre d'un grave incident : des soldats israéliens avaient tiré des coups de feu sur un convoi transportant de hauts responsables de l'autorité palestinienne. (Les Saoudiens savent se montrer généreux avec le vieux chef palestinien et c'est eux qui règlent en général la note quand il séjourne avec sa suite au Ritz-Carlton de Washington.) Abdallah a aussitôt décroché son téléphone pour converser avec Bandar, lequel a appelé Dick Cheney, qui en a touché un mot à Colin Powell, d'ailleurs ex-partenaire de racquet-ball de Bandar. Moins d'une heure après le coup de fil d'Arafat au prince Abdallah, Powell tançait vertement Ariel Sharon. Vous l'avez rêvé ? Bandar le fait.

À la mi-2002, le *Washington* publiait, en première page, une fuite du Pentagone : Richard Perle, président du Defense Policy Board (conseil politique de défense), et « faucon » notoire, avait prêté une oreille bienveillante à un véhément exposé recommandant de classer l'Arabie Saoudite parmi les ennemis de l'Amérique. Pour être exact, Laurent Murawiec, l'auteur de ce rapport, écrivait notamment :

« L'Arabie Saoudite soutient nos ennemis et attaque nos alliés. L'Arabie Saoudite est la graine du mal, l'acteur primordial, le plus dangereux des ennemis au Proche-

Orient... les Saoudiens sont actifs à tous les niveaux de la chaîne de la terreur, des planificateurs aux financiers, des cadres aux simples soldats, des idéologues aux activistes de base. »

Powell a encore dû décrocher prestement son téléphone pour certifier à Bandar, et au-delà, au clan des Saoud, qu'une telle profession de foi ne traduisait nullement la position du président Bush 2. Pour renforcer l'impact du message, ce dernier a convié Bandar au ranch familial de Crawford (Texas), un honneur en principe réservé aux chefs d'État.

Ironie suprême de cette situation, on soupçonne Henry Kissinger lui-même, zélé serviteur des Saoudiens et futur président démissionnaire de la commission d'enquête sur les attentats du 11 septembre, d'avoir organisé cette fuite. Quoi qu'il en soit, Bandar confiait un jour à un journaliste américain que la maxime « *don't ask, don't tell* » (ne demandez pas, n'en parlez pas), provient peut-être d'un verset du Coran : « Ne posez pas de questions sur des points qui, une fois éclaircis, risqueraient de vous causer des ennuis. » Peut-être faudrait-il suggérer au secrétaire d'État de faire graver ce précepte sur le fronton du ministère ?

Quand on a appris que Haïfa, la propre épouse de Bandar, avait fait des dons charitables à des compatriotes qui avaient soutenu financièrement certains auteurs des attentats, Powell a lui-même pris la défense du prince et de sa femme sur la station de radio NPR. Son plaidoyer masque pourtant mal une nette réticence. Mais écoutons sa réponse à la journaliste Michele Kelemen :

« Je connais le prince Bandar et la princesse Haïfa depuis de nombreuses années et il me semble tout à fait improbable qu'ils commettent le moindre geste favorable à quelque organisation ou individu terroriste que ce soit. » Maintenant la flèche du Parthe : « Mais nous devons nous en tenir aux faits. »

Les Bandar méritaient-ils une bonne leçon ? L'administration Bush envoyait-elle un message codé ? Peut-être, mais sans doute Powell allumait-il surtout un contre-feu destiné à le protéger lui-même. Il était, après tout, un intime des Bandar, à preuve la réception donnée par la princesse Haïfa, en mars 2001, en l'honneur d'Alma Powell, l'épouse de Colin, à laquelle étaient conviées quatre-vingts des femmes les plus en vue de la capitale, dont les épouses de Donald Rumsfeld, Andrew Card, le secrétaire général de la Maison Blanche, Paul O'Neill, le secrétaire au Trésor, sans oublier Clarence Thomas et Anthony Kennedy, juges à la cour suprême. Ainsi va la vie à Washington, mais pour moi la surprise la plus grande, dans toute cette affaire, ne fut pas que la princesse Haïfa ait été une donatrice peu regardante sur la destination de ses oboles. Les contributions charitables sont pour tout véritable musulman une obligation inscrite dans le Coran. Le prince et la princesse donnent à tour de bras, rien de répréhensible, au contraire. Mais comment nos grands policiers, dont c'est après tout le métier, pouvaient-ils ignorer qu'une part au moins de cet argent risquait fort de revenir aux affidés de Ben Laden ? Soyons sérieux : quand avons-nous demandé pour la dernière fois à l'Arabie Saoudite des comptes sur quelque sujet que ce soit ? Cette anecdote constitue un indice supplémentaire de l'aveuglement qui prévaut depuis trop longtemps à Washington, dès qu'il est question de l'Arabie Saoudite.

Quoi que l'on pense des organisations caritatives saoudiennes – et j'ai déjà dit qu'on surestimait peut-être leur rôle nocif –, elles « œuvrent » depuis des lustres, sous notre nez, en toute quiétude. C'est comme les attentats du 11 septembre eux-mêmes : personne ne les a vus venir parce que personne ne voulait ouvrir les yeux. En mars 2002, quelques mois avant les révélations sur les accointances équivoques de la princesse Haïfa, des agents du Trésor avaient perquisitionné les sièges de quatre ONG saoudiennes : la fondation SAAR, le Safa Trust, l'International Institute for Islamic Thought (IIIT) et l'International Islamic Relief Organization (IIRO). Ont également été perquisitionnés les locaux de la Muslim World League, un groupement d'associations créé par le gouvernement saoudien et qui a fait parvenir indirectement des armes et de l'argent à Ben Laden. Situées à quelques kilomètres de la demeure du prince Bandar sur le Potomac, ces cinq œuvres de bienfaisance peuvent énumérer une longue liste de causes humanitaires qu'elles ont soutenues et financées. Les inspecteurs du Trésor ont aussi mis en évidence une kyrielle de coïncidences troublantes.

Dans un témoignage devant le Sénat, le 1er août 2002, Matthew Levitt, chercheur au Washington Institute for Near East Policy, notait que Tarik Hamdi, employé de IIIT, avait personnellement fourni à Oussama Ben Laden des batteries pour son téléphone satellitaire, une collusion suspecte dans le monde sans frontières où vit le terroriste milliardaire. L'IIIT et le SAAR sont soupçonnés d'avoir contribué au financement du Hamas et du Palestinian Islamic Jihad, chapelles de quelques-uns des apprentis kamikazes les plus redoutables du Proche-Orient. De 1986 à 1994, Mohammed Jamal Khalifa, le beau-frère d'Oussama Ben Laden, a dirigé l'antenne de l'IIRO aux Philippines, d'où il a fait parvenir des fonds à Al Qaida. Seule une remarquable enquête de la police indienne a permis d'éviter que les consulats américains de Calcutta et Madras soient la cible d'attentats à la bombe.

Au cours d'une interview à la chaîne de télé PBS concernant la traçabilité des fonds saoudiens qui arrosent différentes régions du monde, le prince Bandar a tenu les propos suivants : « L'argent quitte l'Arabie Saoudite pour l'Europe et dans ce cas-là, nous pouvons le suivre ; s'il va aux États-Unis, nous perdons sa trace. » Cela vaut peut-être mieux pour les Bandar. Le don de la princesse Haïfa à un Saoudien qui en a reversé une partie à deux des pirates du 11 septembre s'élevait à cent trente mille dollars. Ajoutez les cinq cent cinquante mille dollars qu'un mystérieux donateur saoudien a offerts à une mosquée de San Diego, laquelle a servi de base arrière pour ces mêmes terroristes et vous arrivez à cinq cent mille dollars, montant estimé par le FBI du coût total des attentats du 11 septembre. En d'autres termes, l'argent « égaré » par Bandar ou quelques autres Saoudiens a servi à financer la préparation et l'opération des dix-neuf fanatiques qui ont tué plus de trois mille personnes. On ne saura jamais s'il s'agissait d'argent égaré ou de fonds qui ont atteint leurs destinataires véritables, jusqu'au moment où les Saoudiens décideront enfin d'aider nos enquêteurs.

En juillet, une délégation américaine conduite par Alan Larson, sous-secrétaire d'État aux affaires économiques, s'est rendue à Riyad. Le motif officiel de ce voyage ? Presser les Saoudiens d'exercer une surveillance accrue sur les organisations caritatives et les réseaux financiers de leurs compatriotes. Mais, comme Jeff Gerth et Judith Miller l'écrivaient dans le *New York Times*, l'histoire ne s'arrête pas là : « Comme pour illustrer le perpétuel dilemme auquel est confronté le gouvernement, des dirigeants de *majors* américains et saoudiens ont indiqué que M. Larson était chargé d'une seconde mission : Il devait s'assurer que les autorités saoudiennes "ouvriraient les robinets" pour compenser une éventuelle interruption de la production, consécutive à l'intervention américaine en Irak. »

Mieux vaut ne rien demander, ne rien dire, ne rien savoir. Pas un mot de critique. Et surtout, mon Dieu, faites que l'or noir ne s'arrête pas de couler. Telle est la prière quotidienne de l'establishment washingtonien.

Les Saoudiens avaient vu juste sur leurs amis américains, et depuis longtemps : ils ne résistent pas à la tentation.

Il suffit que Riyad tende une valise de pétrodollars pour que Washington salive. Nous constatons de plus en plus les résultats de ce conditionnement pavlovien : une incapacité presque pathologique des hauts fonctionnaires américains à regarder la réalité en face, couplée avec une cupidité obscène – dont la frénésie s'explique peut-être par le pressentiment que la maison Saoud, déjà branlante, est proche de sa fin.

Mais l'argent du pétrole n'explique pas tout. Les relations très particulières des Saoud et de la classe dirigeante américaine remontent loin. Elles résultent des mécanismes complexes de la politique internationale depuis la Seconde Guerre mondiale et de l'obsession américaine tout au long de la guerre froide : contenir à tout prix (et parfois aveuglément) la contagion communiste. Franklin D. Roosevelt a joué un rôle dans cette évolution, tout comme le chef tribal du XVIIIe siècle Mohammed ibn Saoud, ou encore son contemporain Mohammed ibn al Wahhab, sans oublier Ibn Tamiyah, le religieux rigoriste du XIIIe siècle. Ou encore ses lointains descendants égyptiens, les Frères musulmans.

Pour comprendre un peu mieux cette histoire tortueuse, j'avais besoin d'une leçon d'histoire et d'un mentor pour m'initier à la théologie islamique, surtout s'agissant de sa face la plus inquiétante. À cette fin, j'allais devoir fréquenter des lieux où la plupart de mes lecteurs n'entreraient pas sans frémir.

II

COUCHER AVEC LE DIABLE

6

La séduction réciproque

« C'est depuis la capitale de l'Arabie, la ville principale du Nedjd [1] et le berceau de la secte des Wahhabites, que je t'envoie ces quelques lignes, sous une tente dressée juste au nord du palais de Sa Majesté », écrivait à la fin de l'été 1938, Thomas C. Barger, un Américain de vingt-neuf ans à la jeune épouse qu'il avait laissée à Medora, dans le Dakota du Sud. C'est la géologie qui avait conduit Tom Barger à Riyad.

À l'ouest de la capitale – qui se trouve à peu près au centre de l'Arabie Saoudite – se dresse le *bouclier arabique*, une barrière montagneuse d'origine volcanique culminant à près de trois mille mètres, qui longe toute la côte ouest de la péninsule, depuis la Jordanie au nord jusqu'au golfe d'Aden au sud. Les derniers volcans d'Arabie ne sont éteints que depuis sept cents ans, et l'on distingue encore de larges coulées de lave noire, appelées *harrahs*, qui dévalent les flancs des montagnes jusqu'au rivage de la mer Rouge.

À l'est de Riyad, le plateau intérieur descend vers le golfe Persique. Le manteau volcanique cède la place à des

---

1. Nedjd : vaste plateau semi-désertique du centre de l'Arabie Saoudite. Riyad était la capitale de l'émirat du Nedjd. *(N.d.T.)*

roches sédimentaires, formées par les restes de plantes et d'animaux aquatiques préhistoriques qui vivaient dans les mers recouvrant ces terres basses. Lorsque les eaux se sont retirées et que la croûte terrestre s'est déformée, elle a repoussé en profondeur les dépôts sédimentaires. C'est la chaleur et la pression en surface, combinées à la décomposition des matières organiques souterraines, qui ont produit une huile minérale que l'on a appelée pétrole – l'or noir.

On a réussi à l'extraire pour la première fois en 1859, avec le forage du célèbre petit puits du colonel Edwin Drake, à Titusville, en Pennsylvanie. Onze ans plus tard, John D. Rockefeller fondait dans l'Ohio la Standard Oil Company, première étape vers l'essor irrésistible de la nouvelle source d'énergie de l'ère industrielle. Avant la fin du XIXe siècle, la Russie avait rejoint les États-Unis en tête de la production mondiale. À la veille de la Première Guerre mondiale, l'Indonésie, la Roumanie et le Mexique disposaient d'un début d'industrie pétrolière. Et à l'heure où les combats éclataient en Europe, on découvrait du pétrole au Venezuela, ainsi que dans d'autres pays de la région Caraïbe.

Dans le golfe Persique, c'est la Perse (l'Iran à partir de 1934) qui ouvrit la voie avec le forage du premier puits en mai 1908. En 1913, un oléoduc de deux cent dix kilomètres reliait le champ de pétrole à une raffinerie située à Abadan, au sud du pays, sur la côte nord du golfe Persique. Exploité depuis 1927, le gigantesque gisement de Kirkuk, au nord de l'Irak actuel, alimentait en 1935 deux oléoducs de près de mille kilomètres qui débouchaient sur la Méditerranée : l'un dans le port de Tripoli, au Liban, et l'autre dans celui d'Haïfa, sur une côte qui était encore palestinienne. Bahreïn, le petit archipel du golfe Persique situé entre la péninsule du

Qatar et la côte saoudienne, entra dans le jeu en 1932, avec l'aide de la Gulf Oil Corporation. Il ne fallut pas longtemps à l'est de l'Arabie Saoudite – qui, sur le plan géologique, ne faisait qu'un avec l'ouest de l'Iran, le sud de l'Irak et Bahreïn – pour s'aligner sur ses voisins.

Tom Barger faisait partie de la deuxième vague d'ingénieurs et de géologues envoyés par la Standard Oil of California (SOCAL) pour exploiter les gisements de pétrole saoudien. Grâce à la concession que lui avait accordée le roi ibn Saoud, la SOCAL avait déjà lancé la première exploitation commercialisable : le puits numéro sept d'Ad Damman, près du port de Dharan, avait été inauguré le 1er janvier 1938. En septembre de la même année, lorsque Barger arriva à Riyad, l'Arabie Saoudite était à la veille de sa grande métamorphose.

La SOCAL était l'une des nombreuses ramifications issues du démembrement de la Standard Oil imposé par la loi anti-trust américaine en 1911. Elle devait devenir en 1933 l'une des principales composantes d'Aramco – l'Arab American Company – créée pour prendre en charge l'exploitation et la gestion du brut saoudien, le plus important gisement au monde. Barger en serait nommé directeur général en 1961 et occuperait cette fonction jusqu'en 1969. Le pétrole devait bouleverser tout le royaume et sa capitale, en affectant l'ensemble du monde musulman et celui de l'Occident industriel, car l'Islam, le pétrole et l'Arabie Saoudite sont en effet intimement liés.

On a parfois du mal à se rappeler à quel point ce pays est neuf, quand on note l'emprise qu'il exerce sur les esprits occidentaux et sur les économies industrialisées. Le royaume saoudien où Tom Barger a débarqué en 1938 n'était unifié que depuis cinq ans. Au milieu des années 20, les immenses espaces intérieurs de l'Arabie

Saoudite étaient encore totalement isolés du reste du monde. Avant l'or noir et ses richesses, c'était une région d'une grande pauvreté, où régnaient une xénophobie religieuse intransigeante et une culture de nomades quasiment impénétrable.

La côte saoudienne était depuis longtemps familière aux commerçants. Mais seuls quelques rares explorateurs s'étaient risqués dans les terres arides de la péninsule au XIXe siècle. Et si les lieux saints de La Mecque et de Médine fascinaient les Occidentaux depuis très longtemps, ce n'est qu'en 1865 que les coordonnées de Riyad, la capitale du futur royaume unifié, furent fixées sur les cartes occidentales.

Dans les années qui suivirent la Première Guerre mondiale, la Syrie, l'Irak, l'Égypte, l'Algérie et le Maroc avaient déjà amorcé leur modernisation, ainsi que le Koweit, depuis longtemps placé sous protectorat britannique. Mais l'Arabie Saoudite était demeurée ce qu'elle était depuis des siècles – une société arabe moyenâgeuse, ravagée par les conflits internes et externes

Abd al-Aziz Abderramane ibn Saoud[1], émir du Nedjd, s'était emparé de Riyad le 15 janvier 1902, à la tête d'une phalange de moins de deux cents combattants et d'un commando de quarante hommes. Il avait vingt-deux ans. Déterminé à restaurer une dynastie familiale qui avait connu des périodes de grandeur et de décadence depuis sa fondation au XVIIIe siècle, il devait passer le quart de siècle suivant à se battre sur tous les fronts : contre ce qui restait de l'empire ottoman, contre ses rivaux du monde arabe – en particulier les Hachémites de Jordanie – et enfin contre ses propres partisans, lorsqu'ils ne respectaient pas son autorité. Il prit le contrôle

1. Abd el-Aziz ibn Abderramane Saoud a été appelé ibn Séoud par les Occidentaux. *(N.d.T.)*

de La Mecque en 1924, et celui de Médine l'année suivante. Les deux villes avaient fait partie de l'éphémère royaume de ses ancêtres.

En 1927, ibn Saoud était à la tête d'un double royaume – le Nedjd et le Hedjaz – qui couvrait la plus grande partie de la péninsule arabique, et qu'il devait unifier en 1932 en lui donnant le nom de sa dynastie. L'Arabie Saoudite était née. Mais même alors que les intérêts pétroliers avaient déjà investi le pays, Riyad était encore une petite ville d'une trentaine de milliers d'habitants, sans électricité, entourée de murailles de terre, qui n'avait presque jamais reçu la visite d'étrangers.

Les générations des descendants d'ibn Saoud allaient compter parmi les mortels les plus riches du monde. Ils se rendraient célèbres pour leur prodigalité dans les casinos de Monte-Carlo comme dans les luxueux lupanars londoniens. Ils feraient édifier des palais valant des milliards de dollars, se prélasseraient dans les yachts les plus luxueux et leurs haras rassembleraient les plus beaux pur-sang du monde. Sillonnant le monde dans leur impressionnante flotte d'avions privés, ils se montreraient aussi de généreux bienfaiteurs pour les universités et les laboratoires de recherche. Les Saoudiens allaient devenir des acheteurs influents sur tous les marchés financiers occidentaux, mais au milieu des années 30, pendant la période sombre de la grande dépression, Cheikh Abdallah Süleyman, le ministre des Finances du roi ibn Saoud, transportait encore avec lui le trésor national dans une malle en fer-blanc. Tout comme les taxes sur le commerce, les revenus des impôts sur le bétail, les céréales, les fruits et autres denrées y rejoignaient, sous bonne garde, les titres royaux. Chaque fois que le roi voulait engager une dépense, il remettait au bénéficiaire un reçu, qu'Abdallah honorait en espèces, avec les *riyals* contenus dans son coffre. Lorsqu'ils venaient à manquer, le ministre s'éclipsait, le temps de reconstituer les réserves.

Ce sont les nombreuses périodes de vaches maigres du Trésor royal qui conduisirent Abdallah et son roi à accepter si aisément les termes de l'accord d'exploration pétrolière, tellement favorables à la Standard Oil of California. Le contrat conférait à la SOCAL « le droit exclusif, pendant une période de soixante ans, d'explorer, prospecter, forer, extraire, traiter, transformer, transporter, gérer, enlever et exporter » le pétrole et les produits dérivés issus d'un territoire de plus de deux millions de kilomètres carrés, quatre fois la superficie de la France.

En échange du monopole d'exploitation, la compagnie pétrolière accordait au gouvernement saoudien un prêt immédiat équivalent à 30 000 livres or (soit 1,5 million de dollars actuels), un « loyer annuel » de 5 000 livres or et une avance sur royalties de 50 000 livres or (2,6 millions de dollars). Un versement identique devait suivre lorsque le pétrole aurait été découvert en quantités exportables, en plus des royalties qui seraient dues dès le début de l'exploitation. C'est le ministre Abdallah qui signa le pacte au nom du roi le 29 mai 1933. Les deux premiers géologues de la SOCAL arrivaient quatre mois plus tard.

C'est dans une certaine mesure la Seconde Guerre mondiale qui révéla l'Arabie Saoudite au monde. La Grande-Bretagne et l'Allemagne recherchaient l'une et l'autre le soutien du royaume – cette dernière afin d'utiliser la péninsule comme base arrière pour attaquer l'Union soviétique depuis sa frontière avec l'Iran. Officiellement neutre dans le conflit, le roi donna sa faveur aux Britanniques – certes pas au nom d'une ancienne amitié, mais parce que le Royaume-Uni et ses colonies restaient les principales sources d'importations de produits alimentaires du pays.

Le pétrole saoudien fut, lui aussi, appelé à jouer un rôle important pendant la guerre, au fur et à mesure que se tarissaient les autres sources d'approvisionnement, en particulier celles de la Birmanie et de l'Indonésie, occupées par les Japonais. Alors qu'Aramco n'avait jamais exporté plus de 5,1 millions de barils par an pendant les six premières années de son activité, la compagnie poussa sa production à 7,8 millions en 1944, et jusqu'à 21,3 millions en 1945, date à laquelle le brut extrait d'Arabie Saoudite était devenu vital pour les Alliés.

Malgré l'importance nouvelle qu'occupait son royaume sur la scène mondiale – et qu'il n'avait pas recherchée – ce n'est que le 14 février 1945 que le roi Saoud, âgé alors de plus de soixante ans, rencontra pour la première fois un chef d'État occidental, en la personne de Franklin Delano Roosevelt.

Le président américain faisait la cour à ibn Saoud depuis plusieurs années, et pas seulement dans le but de s'assurer le pétrole nécessaire à l'effort de guerre. Il avait compris la valeur stratégique des énormes réserves du royaume pour les années d'après-guerre, et il était bien conscient qu'il lui faudrait venir à bout de la domination britannique au Moyen-Orient, s'il voulait faire de l'Arabie Saoudite le nouvel ami privilégié des États-Unis au sein du monde islamique. Le 8 février 1943, la SOCAL avait adressé à Harold Ickes, secrétaire américain à l'Intérieur, une lettre destinée à pousser l'administration Roosevelt à contrer l'influence britannique en plaçant le royaume saoudien sous le parapluie d'un prêt-bail américain. Dix jours plus tard, Edward Stettinius, premier adjoint du ministre, déclarait que l'Arabie Saoudite représentait un intérêt vital pour les États-Unis, et décidait une augmentation de l'aide directe et indirecte qui allait avoisiner les cent millions de dollars.

Jusqu'à la guerre, c'était l'ambassadeur américain au Caire qui représentait Washington à Riyad, mais dès avant la signature du prêt-bail, un chargé d'affaires avait été envoyé en poste à Djedda. (Il s'agissait, entre 1944 et 1946, de William Eddy, ancien officier de renseignement et arabisant distingué qui, instaurant une tradition qui n'allait plus se démentir, serait ensuite recruté par Aramco.)

Dès le printemps 1943, le président Roosevelt dépêchait à Riyad un représentant personnel. Les Saoudiens répondirent à l'automne par l'envoi de deux délégations aux États-Unis. Le prince héritier d'abord – le futur roi Saoud – puis ses deux frères, le futur roi Fayçal et le prince Khaled, se rendirent à Washington, où ils rencontrèrent le président et quelques membres importants du Congrès et de l'administration. Le prince Saoud séjourna un mois dans le pays, où il fut reçu avec tout le décorum réservé aux chefs d'État.

Juste au moment où les deux princes cadets quittaient la capitale fédérale, un groupe de géologues américains rendait à l'administration Roosevelt son rapport sur l'avenir du pétrole, lequel prédisait un déplacement du centre de gravité de l'exploitation pétrolière depuis le Mexique et les Caraïbes vers le golfe Persique, aux réserves beaucoup plus abondantes. Les puits y étaient, par ailleurs, jusqu'à trente fois plus productifs que ceux de l'Amérique latine, et la proximité du golfe réduirait considérablement le coût du transport dès la mise en place des infrastructures nécessaires. Pendant ce temps, l'économie saoudienne était en train de plonger. L'argent du prêt-bail arrivait très lentement et par à-coups. C'étaient les pèlerins musulmans de La Mecque et de

Médine qui fournissaient le plus gros des ressources du pays avant la guerre. Mais les combats en Méditerranée comme dans le Pacifique tarissaient cette source, en même temps qu'ils coupaient l'Arabie de ses relations commerciales avec le reste du monde.

Dans un télégramme envoyé le 7 février 1944 à ses supérieurs de la SOCAL, Floyd Ohliger écrivait : « Sa Majesté considère que la situation alimentaire est d'une extrême urgence, car les cas de famine commencent à se multiplier dans le pays. » Deux mille tonnes de nourriture destinées à Riyad étaient stockées dans un entrepôt gouvernemental à Jubail, mais le système de transport était totalement paralysé, « bien qu'il y ait encore des dattes qui arrivent de Hufûf par chameau ». Ohliger ajoutait que la SOCAL pourrait apporter son aide au royaume, mais qu'il lui faudrait pour cela retarder la construction – indispensable – du terminal pétrolier de Ras Tanura.

En janvier 1945, Wallace Murray, directeur du bureau des Affaires africaines et du Proche-Orient, faisait parvenir au sous-secrétaire d'État Dean Acheson une note classée top secret, dans laquelle il proposait « une description de la nature et de l'étendue des intérêts américains en Arabie Saoudite, suivie d'une analyse de la situation, qui devrait pousser le gouvernement [américain] à examiner les mesures positives à prendre dans l'immédiat, pour assurer une protection satisfaisante de ses intérêts ».

Les États-Unis, faisait remarquer Murray, n'étaient pas les seuls à s'intéresser au royaume et à son pétrole. « Si l'économie saoudienne devait s'effondrer, entraînant une désintégration politique, il est à craindre que soit la Grande-Bretagne, soit l'Union soviétique ne tentent d'intervenir dans le pays pour y garantir l'ordre, tout en empêchant l'autre puissance de s'y ingérer. Un scénario de ce genre, dans un pays qui occupe une situation géographique aussi stratégique et qui renferme de telles richesses pétrolières, pourrait bien constituer un *casus belli* qui menacerait la paix mondiale. »

La politique américaine, soutenait Murray, devait se fixer comme priorité la sauvegarde et le développement « des immenses ressources pétrolières de l'Arabie Saoudite, qui se trouvent actuellement entre les mains des États-Unis, par la concession accordée à des ressortissants américains ». La note n'envisageait pas que les États-Unis deviendraient le premier consommateur mondial du pétrole saoudien – cette considération était prématurée. On pensait que le continent américain continuerait à être largement autosuffisant, et qu'en comblant les besoins de l'Europe d'après-guerre avec le pétrole saoudien – au lieu de celui du Mexique, du Venezuela et du reste de la région Caraïbe – les États-Unis pouvaient conserver leurs propres ressources et celles de l'Amérique latine pour constituer une réserve sur laquelle ils se rabattraient en cas d'urgence militaire.

Plus urgent, selon Murray, « les autorités militaires américaines souhaitent ardemment édifier en Arabie Saoudite un certain nombre d'installations nécessaires à la poursuite de la guerre, notamment des aéroports militaires et, demandent le droit de survol du territoire saoudien pour leurs avions qui se rendent sur le théâtre des opérations du Pacifique. [...] Jusqu'à présent, le roi ibn Saoud a refusé de les leur accorder, en raison d'objections britanniques, qui semblent tenir à des considérations politiques liées à l'après-guerre. »

Depuis 1940, la Grande-Bretagne avait injecté dans le pays près de 40 millions de dollars, tant pour y maintenir la stabilité que pour y accroître son influence. Le prêt-bail américain avoisinait les 13 millions, auxquels s'ajoutaient 13,4 millions de royalties avancées par Aramco. Pour contrer l'influence des Britanniques tout en maintenant les Soviétiques à distance, Murray – qui devait après la guerre être nommé ambassadeur des États-Unis en Iran – recommandait le versement d'une aide supplémentaire de 57 millions de dollars sur cinq ans. Faute de quoi, un autre pays « pourrait s'assurer en Arabie Saoudite une position qui serait contraire à nos intérêts nationaux sur place ».

Dans une lettre tout aussi confidentielle jointe à la note de Murray, James Forrestal, secrétaire d'État à la Marine, poussait l'argumentation plus loin : « S'agissant des ressources pétrolières, à l'étranger comme sur son propre sol, le prestige, et donc l'influence des États-Unis sont en partie liés à la richesse de son gouvernement ou de sociétés américaines. On peut par conséquent partir du principe que le pouvoir de négociation de notre pays au sein des conférences internationales sur les matières premières vitales comme le pétrole, ainsi que sur d'autres questions comme l'aviation, la navigation et les accords de sécurité internationaux sur les bases militaires et autres infrastructures, dépendra dans une certaine mesure de notre possession de ces réserves... Dans ces circonstances, il est manifestement dans l'intérêt de la Marine nationale qu'aucun élément de la richesse nationale que représentent nos participations actuelles dans le pétrole étranger ne soit perdu. L'extension de ces dernières serait même hautement souhaitable. »

Les États-Unis bénéficiaient en réalité d'un gros avantage auprès des Saoudiens. Ibn Saoud, qui avait consacré une grande partie de sa vie à lutter avec acharnement pour unifier son royaume, n'avait pas l'intention d'en céder le contrôle à une nation comme la Grande-Bretagne, au long passé colonial et au désir sans cesse réaffirmé de s'ingérer dans les affaires de la région. Bien délimités sur le plan géographique et traditionnellement réputés pour leur isolationnisme, les États-Unis semblaient être un partenaire bien préférable et bien plus sûr pour un pays arriéré qui commençait seulement à prendre pied dans les affaires mondiales.

Le problème, pour les Saoudiens, était de savoir comment approcher le géant américain. Dans une lettre remise au chargé d'affaires de Djedda pour qu'il la transmette au président Roosevelt, ibn Saoud et ses ministres présentèrent leur requête avec une grande finesse et une habile retenue :

« Au moment où le roi constate que la grande nation américaine s'accommode de voir son activité économique dans notre pays définie et réduite par son allié britannique, elle comprendra certainement à son tour que l'Arabie Saoudite peut être excusée de céder aux mêmes contraintes provenant de la même source, non pas seulement pour plaire à un allié, mais pour survivre. Sans armes et sans ressources, notre pays ne peut se permettre de repousser la main qui dispense le pain et l'eau à ses citoyens.

Bien qu'il soit peu enclin à en considérer l'idée, le roi ne peut exclure l'éventualité que l'Amérique n'en vienne, après la guerre, à perdre son intérêt pour ce territoire lointain, comme il lui est arrivé, après d'autres conflits, de se replier sur ses préoccupations intérieures...

Le gouvernement saoudien souhaiterait donc savoir s'il existe une issue possible à l'isolement de nos deux pays. »

Qui faisait la cour à qui ? Ibn Saoud avait tiré toutes les ficelles nécessaires.

En février 1945, le moment était venu pour les deux chefs d'État de se rencontrer. Franklin Roosevelt se trouvait déjà en Méditerranée, à bord du *USS Quincy* – qui l'emmenait de Virginie à Yalta (4-11 février 1945), pour y discuter avec Winston Churchill et Joseph Staline de la reconstruction et des réparations de guerre, ainsi que du démembrement éventuel de l'Allemagne. Le 1er février, il avait rencontré sur le grand lac Amer – que traverse le canal de Suez – le roi Farouk Ier d'Égypte. Hailé Sélassié, l'empereur d'Éthiopie, était monté à bord le lendemain. Pendant ce temps, à Djedda, sur la mer Rouge, ibn Saoud et son escorte embarquaient sur le premier navire de guerre américain à mouiller dans un port saoudien, le *USS Murphy*, à destination du grand lac Amer, où Roosevelt se fit reconduire à toute vapeur, dès la fin de la conférence de Yalta. Et le 14 février, le roi saoudien montait à bord du *Quincy*.

Pour le loger, l'équipage avait dressé une grande tente sur la proue du navire, sous laquelle on avait installé des tapis et des coussins pour le roi et sa suite, ainsi qu'une chaise à des fins purement décoratives. Par respect pour la tradition musulmane, on tua pour nourrir ces hôtes un mouton par jour sur le bateau. Au cours d'un dîner où il rencontra les officiers et hommes d'équipage, le roi, aidé d'un interprète, raconta ses conquêtes militaires. Le capitaine John Keating se rappelle sa citation tirée du Coran : « Je suis d'abord guerrier, ce n'est qu'après que je suis roi. » Sa haute stature – il mesurait un mètre quatre-vingt-dix – rehaussait encore la majesté du souverain comme l'autorité du chef militaire.

À l'écart des festivités, les collaborateurs de Roosevelt projetèrent au roi des films d'actualité glorifiant les opérations militaires américaines, avec la volonté de lui inculquer un message clair : « Si vous avez besoin de vous protéger de vos ennemis, qui pourriez-vous souhaiter à vos côtés de plus efficace que la première puissance militaire du monde ? » La réplique allait de soi : « Si vous voulez du pétrole à l'avenir, qui d'autre que l'Arabie Saoudite... ? »

Au cours de leurs conversations à bord, Franklin Roosevelt et ibn Saoud signèrent un grand nombre d'accords préparés à l'avance. L'Amérique obtenait le libre accès aux ports saoudiens et l'autorisation d'installer des bases militaires sur le sol du pays. Tout aussi important, Aramco, dominée par la SOCAL et quelques autres compagnies pétrolières américaines, pouvait commencer la construction de l'oléoduc trans-arabique qui devait rejoindre la Méditerranée. Roosevelt avait espéré obtenir le soutien du roi pour la création d'un État israélien au Moyen-Orient, mais ibn Saoud lui opposa que c'étaient les Allemands et non les Arabes qui avaient martyrisé les Juifs, et que c'était donc à eux de payer. Le président américain finit par promettre que les États-Unis consulteraient les Arabes autant que les Juifs sur tout changement éventuel de leur politique en Palestine. Il fit également le serment que l'Amérique ne tenterait jamais d'occuper le territoire saoudien, comme la Grande-Bretagne l'avait fait pour tant de pays voisins. Ce dernier point fut déterminant : dès qu'il eut vent de la discussion, Winston Churchill se précipita pour essayer de rencontrer ibn Saoud, mais il arriva trop tard. Le marché était déjà conclu.

Avant de se séparer, les deux chefs d'État échangèrent des cadeaux : une robe de cheikh et un couteau en or massif pour Roosevelt, des vêtements de harem pour sa femme Eleanor et sa fille Anna, qui accompagnaient leur mari et leur père. Le président américain offrit à ibn Saoud un avion Douglas bimoteur, qui devrait lui être livré rapidement, ainsi qu'une réplique exacte de son fauteuil roulant. Le roi, qui souffrait d'une blessure à la jambe, se précipita dans le fauteuil, qu'il ne quitta pratiquement plus – sauf pour se coucher – avant de mourir, en 1953, d'obésité, de manque d'exercice et de décrépitude générale.

Les historiens et autres commentateurs de l'époque traitèrent en général la rencontre comme un événement secondaire, et même nos contemporains ont tendance à en sous-estimer l'importance. Le rendez-vous important, c'était Yalta. La guerre tirait à sa fin. Il fallait reconstruire l'Europe, transformer l'Allemagne et le Japon en nations pacifiques. Pourtant c'est à bord du *Quincy*, et pas à Yalta, qu'a été scellé l'accord qui allait fournir à l'Amérique d'après-guerre l'énergie dont sa machine industrielle avait besoin.

Lourdement engagés en Iran et ailleurs, les intérêts britanniques et anglo-néerlandais continueraient à dominer le marché pétrolier du Moyen-Orient pendant les années de l'immédiat après-guerre mais, avec la consolidation de la relation américano-saoudienne, et, en parallèle, l'accroissement de la production de pétrole – plus de 300 millions de barils en 1952, contre 142,9 millions en 1948 et 21,3 millions en 1945 – le rapport de force devait rapidement s'inverser.

Les États-Unis assuraient aux Saoudiens une protection tous azimuts : contre l'Égypte, contre leur vieil ennemi jordanien, contre le Shah et les Iraniens, ainsi que contre toute autre intrigue ou danger provenant du monde arabe. Et leur présence en Arabie Saoudite permettait aux Américains de briser l'hégémonie européenne au Moyen-Orient, tout en édifiant un rempart contre l'influence soviétique dans la région. Tous les éléments qui devaient par la suite caractériser cette relation bilatérale étaient présents dès le début : la diplomatie pétrolière, l'enchevêtrement des influences gouvernementales et industrielles, et la confusion entre les intérêts publics et privés. Un seul aspect manquait à ce tableau, la cupidité, mais elle n'allait pas tarder à s'étaler au premier plan. Quant à l'équilibre du tandem pétrole-industrie, il allait coïncider avec celui de ses deux pôles dominants : les États-Unis et l'Arabie Saoudite. Les promoteurs de cette relation privilégiée étaient promis à une richesse démesurée.

L'histoire de l'islam saoudien avait commencé deux siècles auparavant, lorsque Mohamed ibn Abd al-Wahhab avait été chassé de l'oasis d'Uyaynah, au nord-ouest de Riyad.

Il était né en 1703 ou 1704, et on disait qu'il connaissait le Coran par cœur dès l'âge de dix ans. Marié par son père à douze ans, il part en pèlerinage à La Mecque. On le trouve peu après à Médine, élève d'Abdallah ibn Ibrahim ibn Saïf. De là, il entreprend un long voyage qui le mène jusqu'au Kurdistan et à Bagdad. Puis il descend vers Bassora, au confluent du Tigre et de l'Euphrate, où il commence à prêcher le message qui devait retentir dans toute l'Arabie Saoudite jusqu'à nos jours.

L'Islam s'était perverti, clamait Abd al-Wahhab à tous ceux qui voulaient bien l'écouter, et le Coran interdisait formellement aux musulmans d'attribuer des qualités divines à qui que ce soit d'autre qu'au Dieu unique. Même le prophète Mahomet, le fondateur de la foi, n'était qu'un homme appelé par Dieu à accomplir une mission extraordinaire. Or les manifestations de polythéisme se multipliaient dans le monde islamique : les musulmans adoraient la tombe du prophète, ils se rendaient en pèlerinage dans des mosquées construites sur des tombeaux de saints, leur offraient des sacrifices en implorant leur intercession. Magiciens, sorciers, diseurs de bonne aventure – tous étaient contraires à la doctrine du Coran. Il en allait de même de ceux qui confiaient leur destin à des talismans ou des amulettes. Abd al-Wahhab alla même jusqu'à ordonner à ses disciples d'abattre les rares arbres qui poussaient sur la péninsule, parce qu'ils représentaient des idoles pour les païens.

Forcé de quitter Bassora alors qu'il échafaudait encore sa doctrine, il retourna à Uyaynah, où il prêcha de plus belle son rigorisme intransigeant. L'Islam, affirmait-il, ne pouvait être purifié que si on le ramenait à sa forme fondamentale : le Coran et la Sunna – le code de conduite et de pensée fondé sur la vie de Mahomet. Tout ce qui avait été introduit depuis – toutes les pratiques datant de plus de trois siècles après la révélation de la vérité au prophète Mahomet – n'était que *bida* – innovation abominable. Le train de vie ostentatoire des riches, les mosquées aux décorations tapageuses et tous les excès d'ornements constituaient autant d'insultes à Dieu et distrayaient les fidèles de sa parole. Pour corriger ces dérives, Abd al-Wahhab et ses disciples – les Wahhabites – édictèrent des directives très strictes touchant à tous les détails de la vie quotidienne. Il existait des règles wahhabites pour éternuer, bâiller, s'habiller, se serrer la main, prendre quelqu'un dans ses bras, s'embrasser, et ainsi de suite. Ils proposèrent même une réinterprétation wahhabite de la physique – qui affirmait que la terre était plate. Rien d'étonnant à ce qu'une telle doctrine évoque le code de lois des talibans d'Afghanistan.

Les païens, dont les croyances dataient d'avant la révélation à Mahomet de la seule foi véritable en un seul Dieu véritable, devaient voir leur ignorance châtiée sans pitié. Quant aux musulmans qui refusaient d'accepter la vérité de l'enseignement wahhabite, ils étaient condamnés aux foudres du djihad – la guerre sainte. Les fondamentalistes vivaient par l'épée, et tous leurs opposants devaient mourir.

Le chef d'Uyaynah, Uthman ibn Mu'ammar, finit par trouver leur intolérance excessive. Face à l'opposition de sa population comme à la colère menaçante des puissants cheikhs de la région – et peu désireux, semble-t-il, de voir son hôte mis à mort – Uthman ordonna à Abd al-Wahhab de quitter son territoire, tout en lui laissant le choix de la destination. Et c'est ainsi qu'un beau jour, entre 1730 et 1750, al-Wahhab descendit le cours du Wadi Hanifah sur soixante kilomètres, jusqu'à Derieh, près de l'actuel Riyad, où il fit la connaissance de son prince, Mohammed ibn Saoud, l'ancêtre du futur roi d'Arabie Saoudite. Cette rencontre prédestinée devait sceller le début d'une alliance placée sous le signe d'Allah. Pendant près de deux cents ans, les Wahhabites et les descendants de Mohammed ibn Saoud allaient porter la guerre aux quatre coins de la péninsule arabique. En 1801, ils mirent à sac la ville de Karbala, au sud de Bagdad, qui abritait la tombe d'Hussein, le petit-fils du prophète – le lieu saint le plus vénéré des Chiites. En l'espace de huit heures, les Wahhabites massacrèrent quelque cinq mille Chiites et détruisirent le tombeau, un sacrilège que les Chiites ne leur ont jamais pardonné.

Ce furent les *Ikhwan* – les membres de la société secrète liée aux Wahhabites – qui aidèrent le futur roi d'Arabie à s'emparer des villes saintes de La Mecque et de Médine. Sans relâche, les intégristes combattirent les infidèles et les musulmans dissidents, guerroyèrent contre les polythéistes, humilièrent les idolâtres et chassèrent les opportunistes étrangers et leurs laquais, jusqu'à ce qu'après bien des vicissitudes, ibn Saoud finisse en 1932 par unifier ses conquêtes, baptiser de son nom son vaste territoire, établir le Wahhabisme comme religion d'État, et entreprendre, avec ses partisans fondamentalistes, de créer un royaume islamique de tradition puritaine, au moment où la découverte et l'exploitation du pétrole étaient sur le point de tout changer.

En surface, le pétrole et la richesse qu'il générait ont brutalement arraché l'Arabie Saoudite au Moyen Âge, pour la projeter dans le milieu et la fin du XXe siècle. La création de l'OPEP, en 1960, a procuré à l'Arabie Saoudite le levier nécessaire à une émancipation progressive des majors américaines. Les politiciens des États-Unis y ont d'ailleurs contribué. Après la Seconde Guerre mondiale, et pendant un quart de siècle, ce furent les États-Unis et non l'Arabie Saoudite qui maîtrisaient l'équilibre du marché mondial de pétrole, en grande partie grâce à la constitution d'énormes stocks de pétrole importé. Toutefois, au milieu des années 50, les producteurs pétroliers américains indépendants, ainsi que les compagnies productrices de charbon, usèrent de leur influence pour obtenir une réduction du volume de ces importations. Après avoir tenté d'en contenir le flux par des restrictions volontaires, le président Dwight Eisenhower imposa en 1959 des quotas obligatoires. Quatorze ans plus tard, lorsque le président Nixon les abrogea, les États-Unis avaient épuisé leurs surplus et étaient devenus importateurs nets. Il ne fallut pas longtemps à l'Arabie Saoudite pour les punir de leur trahison.

Le 6 octobre 1973, l'Égypte et la Syrie attaquaient Israël déclenchant la guerre du Kippour. Deux semaines plus tard, l'OPEP annonçait un embargo total sur les exportations de pétrole vers les États-Unis, en mesure de représailles pour le soutien américain à l'État d'Israël. Le lendemain, le roi d'Arabie Saoudite Fayçal Ier – contrairement à la conviction des Américains qui l'en croyaient incapable – se rallia à l'embargo, cédant ainsi à la pression de la coalition d'autres pays producteurs de la région et au clergé musulman wahhabite de son royaume. Le robinet des pétrodollars se transformait en quasi baguette magique : si on pouvait l'ouvrir pour gagner de l'argent, on pouvait aussi le fermer pour en gagner encore plus.

En soixante-dix ans, Riyad était passé d'une misérable enceinte abritant trente mille âmes à une conurbation de quatre millions d'habitants. Les étrangers, musulmans et non musulmans, arrivaient en masse dans le royaume pour travailler sur les sites pétroliers, tandis que les Saoudiens enrichis quittaient le pays vers les universités américaines (deux cent mille ont fait leurs études aux États-Unis depuis la fin de la Seconde Guerre mondiale), les boutiques de luxe de Londres, Paris ou Rome, ou les lieux de distractions de la jet-set, aux quatre coins du monde.

La société féodale semblait s'être modernisée du jour au lendemain. Mais sous la surface se faisait toujours sentir l'influence des partisans de longue date de la maison Saoud, la secte rigide qui constituait sa base et sa force – ces « cinglés » de Wahhabites pour reprendre l'expression de Youri, pour lesquels la modernité était l'ennemi juré numéro un. Si les tremblements de terre résultent de déplacements contraires des plaques tectoniques, les tiraillements que subissent les sociétés et les cultures obéissent aux mêmes forces.

Même le roi ibn Saoud s'était avéré incapable de contrôler totalement ses fanatiques islamistes, et en particulier les dirigeants du Ikhwan. Il s'était contenté de rétrograder certains de ceux qui refusaient de se soumettre à son autorité, et il avait emprisonné les autres à Riyad, jusqu'à ce qu'ils tombent dans un complet oubli.

À la fin des années 70, la ligne de faille qui avait toujours existé entre la modération nécessaire à l'intégration – diplomatique, militaire et industrielle – dans le monde moderne, et le puritanisme prêché par les tenants de la religion d'État, commençait à se creuser. En 1953, le fils prodigue Saoud succédait à son père. Certains membres de la famille, poussés par les dirigeants religieux, lui arrachèrent le pouvoir en 1958, et le remplacèrent par son demi-frère, le prince Fayçal. Mais le faste outrancier de la famille royale ne disparut pas, pas plus que l'insistance des Wahhabites à imposer la purification de l'Islam. L'ironie du sort voulut que ce soient les Israéliens qui leur montrent la voie.

Le 5 juin 1967, Israël lançait une guerre préventive contre l'Égypte, la Syrie et la Jordanie, et arrachait en six jours la victoire sur les trois fronts. À la Jordanie, les forces israéliennes enlevaient Gaza, la Cisjordanie et la partie arabe de Jérusalem, à la Syrie les hauteurs du Golan, et à l'Égypte le désert du Sinaï. Ce fut peut-être la défaite la plus humiliante que les Arabes aient jamais essuyée, du moins depuis qu'ils avaient été chassés d'Espagne en 1492, l'année où Christophe Colomb découvrait l'Amérique. Mais pour certains musulmans, la perte de Jérusalem et du Dôme du Rocher – le troisième lieu saint de l'Islam – était beaucoup plus grave.

Ils commencèrent par descendre dans la rue pour manifester leur indignation, essentiellement à l'encontre des Américains. Puis ils se rendirent compte que c'étaient leurs propres gouvernements qui les avaient trahis. L'armement soviétique qu'ils avaient acheté au fil des ans ne leur avait servi à rien. Pourquoi ? Parce que l'argent qui devait être dépensé pour la défense de leurs pays avait disparu dans les poches de princes, d'hommes politiques et de militaires corrompus. La découverte n'était pas inattendue, mais il fallait tirer un enseignement de la débâcle de 1967. Les grandes armées arabes avaient été défaites par celles d'un État relativement petit, mais fondé sur la cohésion religieuse. Eux-mêmes ne deviendraient-ils pas plus forts s'ils s'organisaient autour de l'Islam, leur foi commune ?

Poussés par leurs mentors fondamentalistes d'Égypte et de Syrie, les Wahhabites prirent la leçon très à cœur. « Vous voyez, se mirent-ils à prêcher dans les mosquées, Dieu seul peut tout conquérir. » Soucieuse de ne pas faire partie des conquêtes, la maison Saoud monta dans le train avant même qu'il ait démarré. Dès le début des années 70, la famille royale et les œuvres de bienfaisance administrées par ses membres utilisèrent leurs immenses réserves de pétrodollars pour construire un réseau de mosquées et d'écoles coraniques, dans le royaume comme à l'étranger, où une nouvelle génération d'adolescents se virent inculquer l'interprétation la plus radicale et la plus violente de l'Islam : intolérance à l'envahisseur, imposition de la loi coranique, et mise à mort des infidèles qui occupaient les territoires musulmans.

Loin de représenter une menace pour les intérêts américains, les *medersas*[1] les servaient largement. Dès le début de la guerre froide, les stratèges américains s'étaient montrés déterminés à faire de l'Arabie Saoudite et de ses dirigeants une sorte de rempart sacré contre le communisme athée. De même que Saddam Hussein serait plus tard diabolisé par la propagande américaine, les successeurs d'ibn Saoud ont été célébrés comme les défenseurs de la foi, les gardiens des lieux saints. Il est « ce que nous avons de plus proche d'un successeur du Calife[2] », avait écrit avec enthousiasme un ambassadeur des États-Unis à propos d'ibn Saoud.

Les Wahhabites savouraient leur rôle de flambeau de l'Islam militant : attitude et conduite graves et sévères, dévotion dépassant l'entendement d'un Occidental,

1. Medersa : école coranique. *(N.d.T.)*
2. Calife : souverain musulman, successeur de Mahomet. *(N.d.T.)*

volonté de mourir pour défendre la foi. Les *medersas* étaient désormais les centres de recrutement des guerriers du djihad. Au milieu des années 80, les écoles coraniques furent les pépinières privilégiées de jeunes islamistes militants appelés à la guerre sainte contre les envahisseurs soviétiques en Afghanistan. Équipés d'armes américaines, bénéficiant de l'aide financière et logistique des États-Unis, les « Arabo-Afghans » repoussaient l'armée soviétique, paralysant une superpuissance jusque-là rarement défaite, mais portant peut-être la responsabilité d'avoir changé le cours de l'histoire – en tout cas cette résistance victorieuse fut célébrée à l'époque comme une réussite totale sur le plan militaire et géopolitique.

L'ennui c'est qu'un infidèle reste un infidèle, qu'il porte l'étoile rouge sur son uniforme, qu'il patrouille les rues de Kaboul, ou qu'il soutienne l'occupation juive du sol arabe. Et l'Islam militant saoudien s'avéra plus difficile à manipuler que ne l'avaient prévu les modèles informatiques de la National Defense University [1] et d'ailleurs. Un peu à la manière du liseron sous nos cieux, le djihad se mit à foisonner dans l'ensemble du monde musulman. Plus inquiétante encore, l'appellation « combattants de la liberté », englobant les Wahhabites et les Frères musulmans, créait les conditions parfaites de la tempête. Une association qui formait un mélange encore plus détonant que de la nitroglycérine passée au mixeur. Les États-Unis allaient mettre plusieurs décennies à sentir l'onde de choc, et l'administration américaine prétendrait alors qu'elle n'avait rien à voir avec l'Arabie Saoudite. Aujourd'hui encore, nombreux sont ceux qui, à Washington, se félicitent quotidiennement de l'affaire mirobolante que l'Arabie Saoudite représente pour l'Amérique.

1. National Defense University : Institut de formation des cadres de l'armée américaine. *(N.d.T.)*

7

La lune de miel

Aman, Jordanie, février 1980

Le crépuscule touchait à sa fin lorsque l'avion atterrit à l'aéroport Reine Alia. Je discernais à peine Amman au loin, se dressant à la lisière du désert syrien. Sculptée dans des blocs de grès bruts, elle rougeoyait comme un grenat. Une apparition... biblique.

Malheureusement, les excursions touristiques n'étaient pas au programme. Le lendemain matin, je partais pour Damas où je devais retrouver un major syrien que j'avais rencontré en Inde. En principe, la CIA n'aurait pas pris le risque de m'envoyer dans un pays aussi dangereux que la Syrie pour rencontrer un homme que je connaissais à peine, mais il appartenait à la minorité alaouite, celle qui gouvernait la Syrie depuis dix ans d'une poigne de fer. La CIA ne savait pratiquement rien sur les Alaouites. Claniques et peu bavards, ils semblaient quasiment impossibles à recruter. Rares étaient ceux qui avaient trahi le régime. Rien ne permettait vraiment d'espérer qu'il sortirait quelque chose d'intéressant de cette rencontre, mais l'agence pensait que l'enjeu en valait la chandelle.

J'avais mon propre objectif : les Frères musulmans, l'organisation islamique radicale, m'inspiraient un intérêt croissant. Pour mener à bien mon enquête, l'idéal aurait été que je demande à être assigné en Arabie Saoudite, où on en croisait beaucoup dès cette époque. J'en aurais appris assez long en me baladant un peu partout, les yeux grands ouverts. Mais l'Arabie Saoudite est une société fermée, habituée à se protéger des regards trop curieux et le département d'État n'aurait jamais laissé un officier de la CIA fureter dans le royaume, de crainte d'indisposer les Saoudiens. Certes, à un moindre degré, la Syrie représentait tout de même une excellente mine d'informations potentielles sur la confrérie. Les Alaouites avaient en effet réussi à la neutraliser ou, en tout cas, à limiter l'extension de son influence. En comprenant comment elle s'y était prise, j'allais sûrement glaner de précieuses informations et mon officier syrien semblait un guide prometteur. Appelons-le Ali.

Avant de quitter l'Inde, j'avais lu toute la littérature disponible sur les Alaouites. Le peuple syrien se compose à 74 % de musulmans sunnites contre 11 % d'Alaouites. Mais ces derniers accaparent tous les postes clés dans l'administration, l'armée et les services de renseignements. Hafez el Assad, le président de l'époque, était un Alaouite, tout comme les généraux et nombre d'officiers subalternes, ce maillage serré de l'appareil militaire étant destiné à prévenir toute velléité de putsch sunnite.

Supposons qu'un colonel sunnite ait dû expédier un char, pour réparation, à l'autre extrémité de Damas. Il ne pouvait l'y envoyer, à l'inverse de la plupart des colonels de la plupart des armées du monde, sans l'aval du plus haut gradé alaouite du régiment. Peu importait que celui-ci fût seulement capitaine ou commandant – ou que son travail n'eût rien à voir avec l'entretien et la réparation des chars. L'essentiel, c'est qu'Assad faisait confiance au jeune officier alaouite et pas au colonnel sunnite. Après tout, rien de plus facile pour ce colonel que de faire un détour par le palais présidentiel et d'expédier un obus perforant de 125 mm vers la chambre du président. Et même s'il n'était pas très sain pour le moral des officiers supérieurs syriens de devoir rapporter à leurs subordonnés, la quiétude d'Assad était à ce prix. Les officiers alaouites ont un pouvoir équivalent aux commissaires politiques de l'armée rouge d'autrefois.

Des années plus tard, un ex-officier alaouite devait me raconter une histoire qui illustrait l'intraitable vigilance d'Hafez el Assad. Une nuit, un sous-lieutenant qui commandait une position avancée sur le plateau du Golan entendit soudain sonner, à sa grande surprise, son téléphone fixe. Il n'y avait aucune espèce de raison pour que le quartier général l'appelle. La curiosité du jeune officier se mua en suspicion quand son interlocuteur lui demanda son nom. Il répliqua en demandant à ce dernier de s'identifier. Quand il réalisa qu'il avait le président Assad au bout du fil, il sentit son cœur faire des bonds dans sa poitrine. À la première pensée qui lui vint – il avait dû commettre à son insu un crime de lèse-majesté – il se sentit vaciller. Assad lui posa quelques questions sur le front, qui le rassurèrent. Mais il fut surtout abasourdi d'entendre Assad lui poser des questions sur ses deux enfants, en les appelant par leurs prénoms. « Ils vont bien, merci monsieur le président », s'entendit-il répondre. Le chef de l'État syrien lui souhaita une excellente nuit et raccrocha.

Mon officier alaouite jure qu'Assad n'avait pas le dossier du sous-lieutenant sous les yeux durant cette conversation. Dès l'époque où il était jeune officier, le président syrien s'était imposé de connaître à fond les noms, les familles, les clans des officiers alaouites, ceux-là même qui le portèrent au pouvoir en 1970. Quand Assad obtint le grade lui permettant de consulter les dossiers militaires, il les lut tous, y compris ceux des Sunnites et des chrétiens. Il avait une exceptionnelle mémoire des détails. Il était capable de résumer le dossier d'un officier, formation, évaluation et affectations avec une stupéfiante précision. C'est évidemment cette connaissance parfaite des officiers de son armée qui lui permit de rester au pouvoir durant trente ans et de mourir dans son lit, le 10 juin 2000. Comme on avait l'habitude de le dire à l'agence, l'armée syrienne était « blindée contre les putschs ».

Inutile de dire que ce régime alimentait une solide antipathie de la majorité sunnite contre les Alaouites. Qui plus est, pour les Sunnites, les Alaouites ne sont pas d'authentiques musulmans. On s'interroge sur leur doctrine religieuse, seulement connue des initiés. Les anciens transmettent les principes de celle-ci oralement et sous le sceau du secret à la génération suivante. Ce qu'on sait, c'est que les Alaouites croient en une sorte de trinité, une hérésie pour les musulmans orthodoxes qui tiennent Dieu (Allah) pour indivisible. Les ennemis des Alaouites les accusent de nombreux autres crimes irrémissibles, comme de boire du vin dans les mosquées ou encore d'être une tribu perdue d'Israël...

Mais il y a pire : Assad était ministre de la Défense quand la Syrie et ses alliés arabes ont subi l'humiliante déroute par laquelle s'est soldée la guerre des Six Jours.

Les Sunnites syriens ont tenu Assad pour responsable de ce désastre, alléguant que s'il avait été sunnite, un vrai croyant, il n'aurait jamais laissé se produire une aussi écrasante défaite. Tant qu'Assad a vécu, il a dû porter le fardeau du dénigrement et du mépris qui accablent tout vaincu. Il lui fallait à tout prix récupérer la totalité des territoires annexés par Israël. La moindre concession territoriale à l'État hébreu lui aurait valu de la part des Islamistes radicaux une accusation de trahison et, pire encore, d'apostasie. Assad a réalisé très tôt ce que l'Occident commence seulement à comprendre : contenir la vague islamique n'allait pas être une partie de plaisir.

Comme on le conçoit aisément, les Sunnites syriens méprisent les Alaouites et rêvent (sans témoins) du jour où ils renverseront ce régime honni. D'ailleurs les islamistes syriens, les Frères musulmans, ont essayé. En 1973, quand Assad a tenté de supprimer une clause de la Constitution stipulant que le président devait être musulman, la confrérie a fomenté des émeutes dans tout le pays. Le chef de l'État a été contraint de rétablir cette clause mais le mal était fait. Les Frères musulmans se sont mis à assassiner des Alaouites et ont même pris pour cible les conseillers militaires soviétiques (autant d'« infidèles ») qui veillaient à maintenir l'allié syrien dans la sphère d'influence du bloc soviétique. Le 16 juin 1979, les Frères ont franchi une étape en prenant d'assaut une académie militaire à Alep et en exécutant des élèves officiers alaouites. En 1980, en gage de solidarité avec la révolution iranienne, les Syriens sont redescendus dans les rues, réclamant à grands cris l'instauration d'un État islamique – ce qui, dans leur esprit, excluait automatiquement une direction alaouite. Le régime d'Assad tremblait sur ses bases.

Dans la petite ville d'Inde du Sud où j'étais affecté à l'époque, articles et ouvrages sur les Frères musulmans excitaient de plus en plus ma curiosité. J'ignorais encore presque tout de l'Islam, mais ce que j'avais observé à Madras me donnait plutôt le sentiment que les musulmans étaient en général des hommes plutôt soumis. Bien sûr, il arrivait qu'ils se soulèvent et incendient des magasins hindous, mais ces explosions de colère duraient rarement plus d'un jour ou deux et le mécontentement ne se muait jamais en terrorisme. Les musulmans d'Inde n'assassinaient pas les politiciens du cru et ils ignoraient les attentats à la voiture piégée dans le style des Frères musulmans.

J'ai demandé au siège de l'agence une synthèse sur la confrérie et j'ai reçu une « régurgitation » d'une page reprenant des éléments déjà connus. Mais c'était un résumé correct de l'histoire du mouvement. La confrérie a été fondée en 1928 par Hassan al Banna, un Égyptien, pour purifier l'Islam et débarrasser l'Égypte des influences étrangères. En 1947, le mouvement s'est converti à l'action violente, s'en prenant aux commerces juifs du Caire. Un an plus tard, le gouvernement décidait d'interdire le mouvement. « Quand on étouffe les mots, on libère les mains », aurait annoncé Hassan al Banna en apprenant la nouvelle. Le 28 décembre 1948, la confrérie accomplissait la prophétie en assassinant le Premier ministre égyptien. Le gouvernement répondit en décidant de trancher la tête du mouvement et Hassan al Banna tombait sous les balles d'agents à la solde du gouvernement, à la sortie d'une réunion politique. Mais sa mort ne fit qu'aiguiser le fanatisme de ses disciples. En 1954, craignant une tentative d'attentat contre sa personne, Nasser décida de dissoudre la confrérie, et fit arrêter plusieurs centaines de militants. Le temps de l'action clandestine commençait.

Certains des Frères s'exilèrent en Arabie Saoudite, tandis que d'autres fuyaient vers la Syrie, où des jeunes intellectuels ayant étudié en Égypte durant les années 30 avaient créé une branche locale du mouvement. Le gouvernement syrien devait lui aussi finir par réprimer très durement l'organisation islamiste et les Frères durent fuir de nouveau, en Arabie Saoudite ou vers l'Europe et notamment l'Allemagne de l'Ouest (où ils créèrent les cellules qui devaient préparer les attentats du 11 septembre). D'autres poursuivirent leurs activités clandestinement à Damas et dans d'autres grandes villes du pays.

Et c'était tout. Bref, sous l'étiquette « Frères musulmans », le dossier de l'agence était à peu près vide. J'en déduisis que la CIA n'avait réussi ni à recruter ni à infiltrer le moindre agent dans l'organisation islamiste. Pour ce qui était des frères syriens, à ma grande surprise, Langley n'avait pas le moindre tuyau sur l'organisation ou son financement.

Même du fond de ma province indienne, j'avais compris que les idées de la confrérie se propageaient comme un virus. De nouvelles cellules apparaissaient un peu partout, en Afrique sub-saharienne, en Asie du Sud, mais c'est en Syrie que l'enjeu était le plus décisif. L'organisation pouvait en effet contrecarrer et même bloquer le processus de paix avec Israël. Washington voulait le départ d'Assad – armé par l'Union soviétique, il se rangeait à ses côtés dans presque tous les dossiers internationaux litigieux – mais si les Frères prenaient le pouvoir, les relations américano-syriennes allaient inévitablement tourner à la confrontation ouverte. On pouvait compter sur eux pour ne pas se contenter de palabrer dans les palais d'Assad en dégustant ses havanes premier choix, mais pour se faire les champions intransigeants de la guerre contre l'État hébreu. Comment expliquer que l'agence n'eût pas le moindre renseignement sur les risques réels de changement de régime à Damas ? Pas le moindre espion en mesure de la renseigner sur un ennemi aussi menaçant ?

Je n'appartenais à la CIA que depuis deux ans et je ne comprenais pas encore le fonctionnement de l'agence.

Ce soir-là, à Amman, en savourant ma bière au bar de l'Intercontinental, je me promis de réussir là où mes collègues avaient échoué. Une fois à Damas, je parviendrais à convaincre le commandant Ali de me révéler tout ce qu'il savait sur les Frères. Il allait me donner les informations précises qui nous faisaient cruellement défaut. Ali appartenait certes à la secte au pouvoir, mais c'était une raison supplémentaire, me disais-je, pour essayer de recueillir toutes les informations possibles sur un ennemi déclaré et mortel. (J'étais encore jeune et naïf.) Bien sûr, j'aurais préféré collecter mes informations auprès d'un authentique Frère musulman syrien, mais la gageure relevait un peu trop du miracle pur et simple, vu la minceur des éléments dont je disposais.

Le lendemain matin, avant de partir pour Damas je suis passé voir le chef de l'antenne d'Amman, Tom Twetten. Je connaissais Tom depuis l'époque où, numéro deux à Delhi, il supervisait mes activités à Madras. Mince et précocement grisonnant, Tom était un agent sympathique et compétent. Dès ce moment, je compris qu'il avait la ferme intention de monter en grade et, effectivement, il ne tarda pas à devenir le directeur adjoint des opérations de l'agence. Vers la fin de sa carrière, dans un étrange coup du sort, son beau-fils devait trouver la mort dans l'explosion du vol 103 de la Pan Am au-dessus de Lockerbie.

Tom et moi avons surtout parlé de la meilleure façon de me faire passer la frontière. Mon chef m'avait pris un billet d'avion pour Amman parce qu'il était hors de question d'atterrir à Damas, l'aéroport étant étroitement surveillé par les services de renseignement syriens. Si je prenais un taxi d'Amman pour Damas, je pourrais entrer et sortir du pays avant même que les Syriens m'aient repéré. Du moins, tel était notre plan.

À la fin de la discussion, j'ai demandé à Tom ce qu'il savait des Frères musulmans syriens. Il a haussé les épaules. « Les Jordaniens leur offrent l'asile et les financent mais uniquement par haine des Syriens. Un pacte du genre "les ennemis de mes ennemis sont mes amis".

— Mais qu'en disent-ils ?

— On ne leur demande pas de détails sur les Frères. Et ils ne sont pas pressés de nous en donner. La confrérie ne fait pas partie de nos D.O. »

Les D.O., ou « directives opérationnelles », énumèrent les pays ou sujets sur lesquels les antennes de la CIA sont censées recueillir des renseignements. Je ne pourrais le jurer mais j'ai de bonnes raisons de penser que l'Union soviétique figurait en numéro un sur les D.O. de l'antenne d'Amman. Et la Chine, en second, mais loin derrière. Presque tous les officiers traitants bossant pour Twetten passaient donc leurs jours et leurs nuits à chasser du diplomate soviétique, dans l'espoir qu'ils finiraient par en persuader un de travailler pour la CIA. À ses moments perdus, le collègue d'Amman pouvait inviter un diplomate chinois à déjeuner, mais uniquement s'il n'avait pas réussi à racoler un Russe. S'agissant des Frères musulmans, il n'était même pas prévu de leur proposer fût-ce un sandwich-café sous un porche. Pas question de gaspiller temps et argent avec eux.

Twetten était aussi victime de l'éternel syndrome « plus blanc que blanc » de la CIA. À l'époque, et jusqu'à mon départ en 1997 (je n'ai pas l'impression que l'agence ait beaucoup changé depuis), la plupart des officiers traitants correspondaient à un profil type : homme, blanc, protestant, niveau licence. Et quand ils pouvaient se prévaloir d'une expérience professionnelle, elle était presque toujours militaire. Rares étaient ceux qui parlaient arabe et ceux qui s'y risquaient baragouinaient tout au plus.

Étant donné que l'apprentissage de l'anglais ne figurait pas parmi les priorités du programme d'endoctrinement des Frères musulmans, la barrière culturelle et linguistique qui séparait les agents de la CIA des adeptes d'al Banna était à peu près infranchissable. Et si, par hypothèse, Twetten avait éprouvé la moindre velléité d'en contacter un, je ne vois pas très bien comment ses gars, à moins de communiquer par signes avec leur cible, auraient pu le recruter.

Ce qui était vrai à Amman l'était aussi dans les autres capitales moyen-orientales. La confrérie musulmane – et l'islamisme sunnite en général – n'était pas dans le collimateur. Il devait bien y avoir, à Langley, une poignée d'analystes qui s'y intéressaient vaguement, mais sans le moindre retour du directorat des opérations et pas le moindre espion dans la confrérie, ils en étaient réduits à puiser dans les « sources ouvertes », celles qui sont à la disposition de tout un chacun, articles de journaux ou d'universitaires qui n'étaient guère mieux lotis que nous et me laissaient généralement sur ma faim.

Depuis que Nasser a interdit les extrémistes musulmans en 1954, on n'a pratiquement jamais réussi à dénicher un Frère, un militant actif, qui accepte de répondre à une interview. Leur culte du secret leur a donc assuré une totale invisibilité et les Saoudiens, qui étaient devenus leurs parrains après 1954, étaient tout aussi impénétrables. Chercheurs et reporters voyaient leurs demandes de visas systématiquement rejetées et ceux qui parvenaient à contourner la difficulté, n'avaient pas la moindre chance, une fois à Riyad, de mettre les pieds dans une mosquée, un bureau ou une *medersa* (école religieuse) appartenant aux Frères. En d'autres termes, l'islam religieux restait pour l'Amérique un grand trou noir. Et quand, à la fin des années 90, Oussama Ben Laden a surgi sur la scène du terrorisme planétaire, la plupart des Américains moyens ont ressenti à peu près la même chose qu'un gosse qui voit pour la première fois un diable surgir de sa boîte.

Il faut d'ailleurs rendre justice à la CIA sur un point : ce n'était pas seulement sa faute. Jusqu'au 11 septembre 2001, pas un seul président des États-Unis ne s'est le moins du monde soucié de savoir si l'agence s'intéressait aux Frères musulmans. Durant la guerre froide, l'Union soviétique et ses missiles nucléaires était l'idée fixe de tous les présidents qui se sont succédé. Quand un attentat des Frères contre un dictateur du tiers monde leur arrachait un soupir et un froncement de sourcil, c'était déjà beau. La mission initiale de la CIA, et celle à laquelle elle a consacré l'essentiel de son énergie, était d'avertir le président au cas où l'homme fort du Kremlin aurait décidé d'appuyer sur le bouton rouge. Si possible un peu avant. Toutes les sales guerres de la CIA, de la Baie des Cochons à l'Angola, avaient pour unique objectif de contenir l'expansionnisme soviétique. Il arrivait bien sûr, à l'occasion, qu'un président pose des questions sur les visées de puissances secondaires comme le Japon ou l'Afrique du Sud, mais là s'arrêtait, ou peu s'en faut, son intérêt pour le reste du monde. Telle est en tout cas l'explication officielle, c'est-à-dire celle que les officiels de Washington veulent nous faire avaler. La vraie réponse est un peu plus complexe. L'Union soviétique était leur gros souci, c'est vrai. Et les Frères musulmans étaient difficiles à infiltrer, encore vrai. Mais derrière ces évidences lénifiantes se cache un hideux petit secret : en fait les différents occupants de la Maison Blanche ont toujours considéré les Frères musulmans comme des alliés de l'ombre, une sorte de joker inespéré contre le communisme. Dans ce domaine, l'action clandestine a commencé dans les années 50 avec les frères Dulles – Allen à la CIA et John Foster au département d'État – quand ils ont approuvé le soutien financier qu'apportait l'Arabie Saoudite à la confrérie islamiste en rébellion ouverte contre Nasser. Après tout, pour ce qu'en savait Washington, Nasser n'était qu'un « cryptocommuniste ». Il avait nationalisé les grandes industries égyptiennes, le canal de Suez, il achetait des armes à l'Union soviétique, menaçait de jeter les Israéliens à la mer. La logique de la guerre froide aboutissait à une conclusion inéluctable : si des fanatiques religieux s'alliaient à l'Oncle Sam, tant mieux. Si leur Dieu les autorisait à assassiner des dirigeants politiques qui pactisaient avec les Rouges, on n'allait pas en faire une jaunisse. Évidemment, ce n'était pas un sujet que nos chefs abordaient dans les cocktails.

Par définition, les actions clandestines ne doivent pas laisser de trace ; il n'existe donc pas d'archives concernant nos liens passés avec les islamistes. La CIA ne rédigeait pas de mémorandums sur ces opérations et le Trésor ne déboursait pas un centime pour les financer. Toute l'action de la Maison Blanche se limitait à appuyer, sans le dire mais en le signifiant clairement, les pays qui abritaient des cellules de la confrérie islamiste, Jordanie ou Arabie Saoudite, par exemple. C'est ce qui s'est produit quand la guerre civile a éclaté au Yémen en 1962. Quand Nasser, pour soutenir un gouvernement anti-américain, a envoyé des troupes, Washington a laissé entendre à Riyad que l'Oncle Sam ne voyait aucun mal à ce que les Saoudiens soutiennent les Frères musulmans yéménites contre les Égyptiens. « Les ennemis de mes ennemis sont mes amis » était et demeure la règle d'or de la diplomatie proche-orientale.

Si la CIA avait espionné les Frères, qu'aurait-elle découvert ? Que c'était une bande de fanatiques pour qui une vie humaine ne valait pas grand-chose et qu'ils ne manqueraient pas de se retourner contre leurs protecteurs américains dès qu'ils le pourraient. Si Tom Twetten ou n'importe quel autre officier de la CIA au Proche-Orient avait décidé de mettre son nez dans leurs affaires, il aurait, à n'en pas douter, fini par retrouver son camarade de Berlin (celui qui voulait recruter un agent saoudien) dans les sous-sols de Langley.

La CIA a demandé que les pages suivantes, relatives au financement international des Frères musulmans, soient supprimées.

[redacted]

[redacted]

[redacted]

En 1980, Zbigniew Brzezinski, le conseiller à la sécurité nationale du président Carter, conclut un pacte avec l'Arabie Saoudite : l'Amérique était prête à financer la résistance afghane à l'occupation soviétique à parité avec l'Arabie Saoudite, dollar pour dollar. Il s'agissait, à l'époque, de sommes considérables puisque l'Arabie Saoudite avait offert 5,5 milliards de dollars aux Afghans. Mais voilà, si l'intention était louable, les résultats furent désastreux : le gros des fonds destinés à la résistance aboutit en effet dans les caisses des groupes islamistes, dont celui d'Abdul Sayyaf, naguère farouche ennemi des intérêts américains. Il était particulièrement dangereux de soutenir financièrement Sayyaf, le chef du Ittehad-e-Islami.

Ce dernier a adhéré aux Frères musulmans alors qu'il était encore étudiant à l'université al-Azhar, la plus grande et la plus prestigieuse du Caire. Aussitôt après ses études, au cas où il n'aurait pas parfaitement assimilé la doctrine du djihad et la nécessité d'anéantir tous les ennemis de l'Islam, il a séjourné quelque temps en Arabie Saoudite, où il s'est initié au wahhabisme. Ses libelles et sermons sanguinaires étaient connus de tous, mais personne à Washington n'a protesté contre son virulent anti-occidentalisme, de crainte d'indisposer Riyad.

En effet pour les « réalistes » et autres « sages » washingtoniens, qui ne nient pas que les Saoudiens et les Pakistanais aient pu, en effet, nourrir quelques coupables complaisances à l'égard des Frères musulmans afghans, c'était là le prix à payer si l'on voulait que ces extrémistes se chargent du « sale boulot ». Et si les Frères musulmans n'étaient qu'une bande de tueurs endurcis assez fous pour attaquer une colonne blindée soviétique avec des armes légères, tant mieux. Nos ministres et nos présidents se sont toujours fait un point d'honneur de livrer des guerres au moindre coût. Si le succès peut s'estimer au nombre de cadavres soviétiques par dollar investi, alors les Frères musulmans représentaient une fabuleuse affaire.

Je me dis soudain que si John Ashcroft avait été ministre de la Justice à l'époque où nous financions les anti-soviétiques afghans [redacted], moi et tous ceux qui ont joué un rôle similaire, nous nous serions retrouvés sur l'une de ses listes de militants d'Al Qaida. Après tout que faisions-nous sinon aider et soutenir les gens qui allaient devenir nos pires ennemis ? Il s'en est fallu de peu que je n'écrive ce livre depuis une cage de Guantanamo !

J'étais loin de raisonner de la sorte, le jour où, quittant Amman, j'ai rallié Damas à bord d'un vieux taxi Plymouth jaune modèle 1965, qui, *Inch Allah*, me conduisit à bon port. Tout ce que je savais c'est que l'Islam, en apparence une chatoyante mer d'huile, cachait dans ses profondeurs obscures quelques monstres assez effrayants.

Et pour commencer, comment les Frères musulmans pouvaient-ils survivre dans un État policier comme la Syrie ? Il fallait qu'ils soient partout et nulle part... Comment parvenaient-ils à s'infiltrer dans le pays avec des armes depuis la Jordanie ? Et pourquoi les Jordaniens, ou plutôt, en l'occurrence, les Égyptiens, étaient-ils incapables de nous apprendre quoi que ce soit à leur sujet ? Le sujet de la confrérie islamiste était de ceux dont on ne sait rien jusqu'au jour où ses membres décident de frapper un grand coup – le reste du temps, on fait comme s'ils n'existaient pas. Une telle schizophrénie est hélas typique du Proche-Orient.

Dès le moment où j'ai vu le commandant Ali démarrer dans sa jeep de fabrication soviétique, j'ai compris que mon détour par Amman et mon voyage en taxi d'une journée n'avaient servi à rien. Mon « ange gardien » était accompagné d'une bande d'acolytes patibulaires en tenue de combat, fusil mitrailleur en bandoulière. Il y avait bien sûr les deux brutes qui occupaient la banquette arrière de sa jeep laquelle était en outre précédée d'une voiture de tête et suivie d'une voiture de queue, elles-mêmes bourrées de commandos surarmés. L'un d'eux portait une mitrailleuse lourde à alimentation par bande, un autre un lance-roquette qui dépassait par la fenêtre.

La caravane du commandant « Mad Max » Ali nous accompagnait partout. Quand nous avons fait halte devant le principal grand magasin de Damas, ses hommes ont bloqué les portes et fermé l'accès au parking afin que nous puissions parcourir les rayons sans être agressés. Quand nous avons déjeuné dans un restaurant sur le Barada, le fleuve qui baigne la capitale syrienne, nos gardes du corps ont fermé toutes les portes, y compris celle de la cuisine. Les clients ont dû attendre que nous ayons fini pour entrer ou sortir du lieu. Pendant tout le déjeuner, l'un des mastards d'Ali se tenait juste derrière lui, berçant tendrement sa kalachnikov chargée et prête à l'emploi. Au milieu de pareil cortège, je ne pouvais guère passer inaperçu. Pas le rêve pour un homme de l'ombre.

Le deuxième jour de ma visite, je parvins à glisser une question sur les Frères musulmans.

— Je ne sais pas, répondit Ali. Ils sont cinglés. Tout ce qu'ils savent faire, c'est tuer.

— Est-ce qu'ils vont gagner ?

Pour toute réponse, Ali me fit faire une rapide visite guidée des sites terroristes de Damas. Le QG de l'armée de l'air, qui n'avait pas été reconstruit après sa destruction par une voiture piégée – attentat signé des Frères musulmans – était entouré de barrières de ciment et de sentinelles abritées derrière des sacs de sable. Les deux extrémités de la rue où réside Hafez el Assad étaient fermées par des murets de ciment. Même tableau pour l'ambassade soviétique. Des véhicules blindés patrouillaient dans les rues et la police arrêtait les automobiles et les piétons pour des contrôles de routine. Ce jour-là Damas évoquait presque un camp retranché. Vers la fin de l'après-midi, nous longeâmes la rue Droite, qui, malgré son nom, sinuait dans la vieille ville, bondée de Damascènes qui faisaient leurs courses. Devant les étals d'épices en plein air, des carrioles tirées par des ânes croisaient des colporteurs, des chalands et des cavalcades d'enfants dans un sympathique tohu-bohu. Certaines femmes portaient le traditionnel foulard, la plupart, non. Le brouhaha de la rue était si sonore qu'on pouvait à peine se parler. Ali articula dans un large sourire en me désignant la foule alentour : « Les voilà vos Frères ! »

Une fois de retour à son appartement, il ajouta : « Oh, nous gagnerons, c'est sûr, mais seulement avec ça », en donnant une claque sur l'étui de son pistolet.

J'ai quitté Damas le jour suivant, sans qu'Ali m'ait fait la moindre confidence au sujet des Frères musulmans, ni sur ses préférences religieuses. Il ne m'a pas non plus éclairé sur le miracle qui avait permis à Assad de se maintenir si longtemps au pouvoir. Nous avions beau nous entendre à merveille, ça n'empêchait pas Ali d'être aussi clanique que tous les Alaouites. Bref, il n'avait pas la moindre intention de me tuyauter sur la méthode locale d'endiguement de l'islamisme.

Je suis sûr que mon chef de service, au regard des très minces éléments que je lui ai rapportés, a regretté de m'avoir envoyé à Damas. Quant à moi, grâce aux Frères musulmans, j'étais définitivement accro au Proche-Orient. Cette organisation restait un complet mystère pour moi, une énigme à résoudre. Une chose, en tout cas, me semblait évidente : même si Assad avait jusque-là réussi à écraser les Frères musulmans, il était bien naïf d'imaginer que ceux-ci n'allaient pas tôt ou tard redresser la tête

L'Inde s'avéra une excellente base arrière pour surveiller une Syrie de plus en plus insaisissable et pour remplir les blancs qu'avait lassés Ali. Reprenons le fil des événements survenus au cours des deux dernières décennies : le 26 juin 1980, les Frères musulmans tentèrent d'assassiner Assad. Sentit-il le vent du boulet le frôler d'un peu trop près ? En tout cas sa réaction fut foudroyante. Le lendemain matin, Damas était réveillée par le bourdonnement d'une flotte d'hélicoptères traversant le ciel. Ceux-ci se posaient bientôt dans un cantonnement militaire à l'ouest de Damas, le temps d'embarquer deux unités d'élite des Compagnies de défense, la garde prétorienne d'Assad. Ils repartaient dare-dare vers la célèbre prison militaire de Palmyre où étaient détenus les Frères musulmans. Les gardes qui les attendaient ouvraient les grilles de la prison, laissaient les tueurs du régime s'engouffrer à l'intérieur, enfoncer les portes des cellules et exécuter froidement les prisonniers, à la chaîne. Les Frères n'eurent que le temps de crier une dernière fois : « Allah est grand ! Allah est grand ! » Pourtant cette exécution en masse qui laissa cinq cents cadavres de Frères musulmans sur le carreau de la prison n'intimida nullement l'organisation islamiste.

C'est ainsi que dès février 1982, la branche syrienne des Frères musulmans s'emparait de la ville de Hama, la quatrième du pays, une cité dont les origines remontent à l'âge de bronze. Quand ils commencèrent à égorger les notables alaouites et leurs familles, Assad décida d'intervenir. Il appela une fois encore les Compagnies de défense pour leur ordonner sèchement : « Rasez la ville. » Après deux jours de bombardements intensifs, le centre de Hama se réduisait à un tas de décombres fumants. On estime que la contre-attaque des troupes d'Assad fit environ vingt mille morts, dont la presque totalité de Frères musulmans. Hafez el Assad ne fut pas particulièrement ravi de rester dans l'histoire comme le boucher de Hama, l'homme qui avait détruit une cité appartenant au patrimoine culturel mondial, mais il n'avait guère le choix : c'était lui (et les deux millions d'Alaouites qui composaient la classe dirigeante) ou eux. La confrérie islamiste ne devait plus jamais poser de sérieux problèmes à Assad.

(Voici une anecdote qui en dit long sur la terreur qu'inspirait à son peuple le président syrien : « Un jour, Dieu envoie la Mort à Assad pour le faire comparaître devant lui. Quelques jours plus tard, la Mort remonte au ciel, sanguinolente et couverte d'ecchymoses. Elle a eu affaire à la redoutable police secrète du président syrien. “Oh, non ! s'exclame Dieu, tu ne leur as pas dit par qui tu étais envoyée ?” »)

Assad évinçait systématiquement de toute institution ayant un quelconque rapport avec l'Islam, ceux que ses services soupçonnaient de sympathies pour la confrérie extrémiste. Tous les religieux quels qu'ils soient, l'imam qui dirige la prière du vendredi, le mufti ou l'ouléma qui interprète les textes sacrés, jusqu'à la préparatrice de cadavres, ou au professeur de *medersa*, faisaient l'objet d'une surveillance pointilleuse. Il suffisait qu'on exhume une référence indirecte et ancienne au djihad pour mettre au chômage ou expédier sous les verrous son malheureux auteur. Le système a parfaitement fonctionné dans la société civile comme il avait fait ses preuves dans l'armée. À l'époque de la mort d'Hafez el Assad, la branche syrienne des Frères musulmans n'avait plus qu'une existence nominale. Et on n'entendit pas le moindre murmure de protestation quand le propre fils d'Assad, Bachar, lui succéda. Les seuls Frères syriens qui auraient pu se plaindre étaient exilés, pour la plupart en Arabie Saoudite ou en Allemagne.

Le second aspect de la stratégie d'Assad évoque irrésistiblement les méthodes de la Mafia. Le despote de Damas savait qu'il lui fallait garder à l'œil ses amis et ses ennemis, à commencer par le régime saoudien. Son frère Rifaat el Assad, le commandant des Compagnies de défense, avait d'ailleurs épousé la sœur du prince héritier Abdallah. Mais plus décisifs encore étaient les liens étroits qu'entretenaient ses services spéciaux avec les groupes terroristes palestiniens qui pouvaient frapper à tout moment au cœur du royaume saoudien. Il fut à cet égard d'une parfaite clarté envers la famille régnante : à la première attaque terroriste appuyée par les Saoud en territoire syrien, elle pouvait s'attendre à des représailles immédiates par Palestiniens interposés.

Assad courtisa aussi l'opposition chiite saoudienne. Celle-ci ne représentait qu'environ dix à douze pour cent de la population de l'Arabie Saoudite, mais c'était en son sein qu'étaient recrutés les travailleurs employés sur les champs pétrolifères des provinces de l'est. Presque aussi opprimés que les chrétiens dans l'Arabie Saoudite sunno-wahhabite, les Chiites se sont souvent révoltés contre l'ordre sunnite établi. Assad a autorisé les dirigeants chiites à ouvrir des bureaux à Damas et Beyrouth, histoire de rappeler aux Saoud qu'il pouvait parfaitement faire sauter leurs puits de pétrole si l'envie lui en prenait. Les Saoudiens reçurent le message cinq sur cinq et les œuvres de « bienfaisance » saoudiennes interrompirent aussitôt leurs versements aux Frères syriens.

La version du commandant Ali n'était donc qu'à moitié juste : certes le régime d'Assad s'était « occupé » des Frères syriens avec une efficacité insurpassée. La destruction de Hama avait coupé court à la campagne de terreur de la confrérie. Mais à long terme, c'est la suprême habileté diplomatique d'Assad qui lui avait permis de lever complètement l'hypothèque terroriste : menaces de vengeance, alliances familiales, utilisation de pions patiemment placés dans des positions de force, et par-dessus tout, refus de tout compromis. C'est la stratégie des parrains de la Mafia : dans un univers où la force est le fondement même du pouvoir, le moindre aveu de faiblesse est fatal.

Si seulement l'Égypte, qui avait engendré la confrérie, avait imité Assad... Mais les présidents égyptiens ont préféré laisser faire et ils ont payé le prix de leur laxisme. Après le bannissement des Frères par Nasser en 1954, l'université al-Azhar a continué, comme si de rien n'était, à former des imams fondamentalistes. Dans les quartiers pauvres du Caire comme Umbaba et Abdin – où Mohammed Atta, le chef des terroristes du 11 septembre, a grandi –, tout comme certains quartiers d'Alexandrie et d'Assiout, les Frères étaient omniprésents.

Les effets n'ont pas tardé et le monde a pu les mesurer en direct le 6 octobre 1981 quand le Djihad islamique égyptien (le bras armé de la confrérie) a assassiné Anouar el Sadate. Je n'oublierai jamais la séquence de l'attentat contre le président qui passait en boucle dans les journaux télévisés du lendemain. Ni la hardiesse des insurgés qui firent usage de leurs armes au beau milieu d'un défilé militaire, devant les caméras et les journalistes du monde entier, indifférents à la riposte des gardes du corps de Sadate, en hommes décidés à se sacrifier pour la cause. Ils savaient tous qu'ils mourraient au cours de l'attaque ou seraient exécutés au terme d'une parodie de procès. Mais la mort ne leur faisait pas peur et, après Sadate, d'autres continueraient la lutte. En 1993, les Frères musulmans ont récidivé sous le nom de Djihad islamique en tentant d'assassiner le ministre de l'Intérieur et, plus tard, le Premier ministre. En 1995, ils ont essayé d'éliminer Hosni Moubarak au cours d'un voyage officiel de ce dernier en Éthiopie. Deux ans plus tard, les Frères attaquaient le temple de Louxor, tuant cinquante-huit touristes et quatre Égyptiens.

Et, bien sûr, ils ont de nouveau frappé le 11 septembre 2001, à New York et Washington. Inoubliables, elles aussi, ces séquences de gratte-ciel qui s'effondrent ou du Boeing qui s'écrase sur le Pentagone. Les reporters n'avaient à la bouche que les noms d'Al Qaida et d'Oussama Ben Laden, grâce à la publicité bien orchestrée de ce dernier, mais ces opérations étaient de bout en bout signées des Frères musulmans, c'était à peu près les mêmes hommes que ceux que nous avions utilisés pour faire notre « sale boulot » au Yémen, en Afghanistan et sur tant d'autres champs de batailles. Mais la différence de taille, c'est que la cible, désormais, c'était nous, et le refuge des assaillants, le royaume saoudien.

8

L'énigme Khaled

Khartoum, Soudan, janvier 1985

Après l'assassinat de Sadate, j'étais décidé à discuter avec un vrai Frère musulman vivant. C'était le seul moyen de comprendre les mobiles des membres de la confrérie, condition préalable à la mise en place d'une stratégie d'endiguement digne de ce nom. Je ne le savais pas à l'époque, mais le destin allait me donner une opportunité unique en décembre 1981, à quelques centaines de mètres seulement de la Maison Blanche.

Un matin que je sortais de la résidence de Georgetown où j'habitais alors pour aller prendre mon cours d'arabe, je remarquai que le nouveau réceptionniste de l'immeuble, un grand Noir d'une petite trentaine d'années, lisait un livre en arabe. Je me présentai à ce jeune homme que j'appellerai Khaled. Soudanais d'origine, Khaled était étudiant en droit comparé. Nous avons discuté un long moment et nous avons fini par nous mettre d'accord pour qu'il me donne des cours d'arabe. J'avais besoin d'entraînement et lui d'argent. Du Soudan, il avait amené avec lui sa femme et ses six enfants et il connaissait des fins de mois difficiles.

Durant les six mois suivants, nous avons travaillé d'arrache-pied, mais force m'est de reconnaître que les cours de Khaled m'ont fait plus de mal que de bien. Il avait en effet appris l'arabe littéraire et, qui plus est, s'était spécialisé en droit islamique. Même à la fin, il m'était impossible d'avoir une discussion avec Khaled sans que celui-ci me rappelle de ne pas oublier les terminaisons vocaliques compliquées que l'homme de la rue omet systématiquement. Imaginez Rabelais s'essayant à enseigner le français moderne.

Leçons mises à part, nous sommes devenus amis, j'ai aidé Khaled à rédiger son mémoire, lui ai appris à conduire et je lui ai même donné ma vieille guimbarde quand j'ai été assigné à Tunis pour ma deuxième année d'arabe. C'était la première voiture qu'il ait jamais possédée. Au moins une fois par semaine, j'étais convié par Khaled et son épouse à dîner dans leur petit appartement d'un quartier pauvre de Washington.

Après mon départ pour Tunis, Khaled et moi avons perdu le contact. Je n'avais pas la moindre idée de ce qu'il était advenu de lui, jusqu'au jour de janvier 1985 où, assigné à Khartoum, je découvris sa photo dans un journal local. La légende indiquait qu'il venait d'être nommé juge dans une nouvelle cour de justice islamique locale. Je reposai le journal et me dirigeai vers le tribunal en question. Rien de tel que de retrouver un vieil ami dans une ville aussi peu accueillante que la capitale du Soudan.

Les deux policiers qui bloquaient l'entrée principale du tribunal me dévisagèrent bouche bée quand je demandai à voir le juge Khaled en expliquant que c'était un ami. Les Occidentaux n'étaient pas légion à Khartoum et ceux qui y résidaient ne fréquentaient guère les audiences des tribunaux islamiques. À l'intérieur, le hall était bondé, l'électricité coupée. L'endroit, chaud et sombre, empestait la transpiration. J'aurais fait demi-tour et quitté les lieux sans autre forme de procès, si je n'avais entendu à ce moment une voix puissante tonner tout au fond de la salle d'audiences. Elle ressemblait à celle de Khaled mais je n'étais pas sûr de la reconnaître. Je ne l'avais jamais entendu crier. Il m'était toujours apparu comme un homme doux, courtois et paisible. Or c'était un véritable forcené qui officiait dans ce tribunal.

Soudain les hurlements cessèrent. Un instant plus tard, la foule s'écartait comme la mer Rouge devant Moïse et je vis Khaled s'avancer avec un policier à ses côtés, sa *jalabiyah*[1] balayant le sol couvert de poussière. Il se dirigea droit sur moi d'un pas rapide, repoussant d'un geste dur un pauvre hère qui lui barrait involontairement le passage. Il me serra chaleureusement dans ses bras.

« Je vais suspendre la séance et tu viens déjeuner chez moi », commença-t-il. Il changea presque aussitôt d'avis. « Non, reste ici avec moi et nous allons reprendre nos cours d'arabe. Je suis sûr que tu en as besoin. » Il posa son bras sur mon épaule et m'entraîna dans la salle d'audience. Je venais de passer trois ans à désapprendre tout ce qu'il m'avait appris mais j'étais curieux de découvrir la cause de la spectaculaire transformation de Khaled.

Il écarta d'un coup de pied un vieil homme assis sur le premier banc afin que je puisse prendre place puis il alla s'asseoir sur son siège, me fit un clin d'œil et se remit à hurler comme s'il ne s'était rien passé entre-temps. Le public cessa de s'intéresser à moi et écouta attentivement Khaled.

L'objet de sa fureur était un petit homme vêtu d'un jean sale retenu par une corde en guise de ceinture, d'une

1. Robe bédouine traditionnelle masculine. *(N.d.T.)*

chemise qui n'était plus blanche depuis des lustres et d'une paire de sandales éculées. Il se tenait debout dans un box en bois qui lui arrivait à la taille.

L'homme ne disait pas un mot, il n'osait même pas regarder Khaled dans les yeux. Il ne disposait apparemment pas d'un avocat et il n'y avait pas non plus de jury. Présents ou non dans la salle, je n'entendis pas les parents de l'homme. Tandis que Khaled poursuivait sa semonce, je compris que l'homme avait été pris en flagrant délit de vol, il s'agissait d'une casserole, le matin même au marché.

Sans avertissement, Khaled changea de ton et c'est d'une voix posée qu'il annonça la sentence de l'homme. « Au nom du miséricordieux et du compatissant, je te juge coupable de vol. Je te condamne à vingt coups de fouet. » Sur un hochement de tête de Khaled, deux policiers fendirent la foule, s'emparèrent du présumé voleur et le firent sortir de la salle d'audience.

Dès qu'ils furent partis, un indescriptible brouhaha éclata dans la salle. Alors qu'une moitié du public criait que la sentence était juste, l'autre moitié sanglotait et geignait. Sans doute des parents et des amis du condamné. Tout le monde essayait de sortir en même temps.

Quand je parvins enfin à quitter la salle, je vis l'homme attaché à un arbre, la moitié du visage appuyée contre le tronc. On lui avait ôté sa chemise et les deux policiers, maintenant munis d'armes automatiques, l'encadraient pour éviter qu'un tiers tente de s'opposer à l'exécution de la sentence. Khaled était debout derrière le pauvre type, les manches de sa jalabiyah retroussées. Il brandissait un fouet de cuir dans sa main droite, dressée. Il attendit une dizaine de secondes environ. Au moment de frapper, il psalmodia « au nom du miséricordieux et du compatissant » et abattit le fouet avec une force que seul un homme de sa taille pouvait déployer. À chaque coup, sa victime laissait échapper un « Allah est grand ! » rauque et étranglé.

Sur le chemin du retour chez Khaled, dans la voiture qui nous ramenait, nous restâmes silencieux un long moment. Khaled sentit mon malaise. Toute cette scène contredisait radicalement tout ce qu'il avait appris sur la justice aux États-Unis.

— Tu sais, Bob, au Soudan, on n'a pas le choix, finit-il par dire en anglais. Nous sommes une nation très pauvre avec des problèmes en pagaille. Si nous perdons le contrôle de la situation, c'en sera fini pour nous – nous vivrons comme des bêtes sauvages. La seule chose que les gens comprennent et acceptent, c'est le Coran. Nous ne connaîtrons jamais les raffinements de votre système juridique. Essaie de ne pas juger cette situation avec tes concepts américains.

En bon américain, je ne pus pourtant m'empêcher de répliquer :

— Mais comment sais-tu ce que veulent les gens ?

— Il faut que tu comprennes bien une chose, les Soudanais sont un peuple arriéré. Ils commencent à peine à comprendre ce qu'est le Saint Coran. Tu sais ce que font les pauvres gens ignorants quand ils sont malades ? Ils arrachent une page du Livre saint qui a un vague rapport avec leur maladie, ils la font bouillir dans une casserole d'eau jusqu'à ce que l'encre se dilue complètement dans l'eau et puis ils boivent cette eau, persuadés que cette potion va les guérir. Mon peuple a besoin d'être gouverné d'une main ferme.

Je capitulai.

— Mais comment sais-tu que c'est ce type qui a volé la casserole ?

— Les policiers l'ont vu.

Génial, me suis-je dit. Khaled est à la fois juge, procureur, avocat de la défense, juré et bourreau, c'est le tout-en-un judiciaire !

Bien qu'il ne m'eût jamais fait de confidences, je commençai à soupçonner Khaled d'être un Frère musulman. N'avait-il pas étudié auprès d'Hassan al-Tourabi quand celui-ci était doyen de la faculté de droit de l'université de Khartoum, fertile terreau de l'extrémisme islamique ?

Je ne devais jamais retourner au tribunal où Khaled officiait, mais j'ai continué à le voir aussi souvent que possible, le plus régulièrement dans sa petite maisonnette blanche, au sud de Khartoum. Cet humble logement témoignait de la grande pauvreté de règle dans la capitale, même pour un notable comme mon ami juge. On s'asseyait sur un pauvre tapis synthétique *made in Korea*, qui composait l'essentiel du mobilier de la maison. Les vitres manquaient à certaines fenêtres et grâce aux brusques courants d'air qui sifflaient dans la maison, on ne perdait rien des rafales de vent poussiéreux du dehors. L'unique évier-lavabo de la maison semblait ne pas avoir vu d'eau courante depuis bien longtemps et c'est avec de l'eau qu'elle rapportait dans plusieurs seaux de plastique que la femme de Khaled s'activait à la préparation du dîner, à l'extérieur de la maison. Cette situation ne semblait pas incommoder outre mesure mes hôtes.

Je cherchais à faire parler Khaled des Frères musulmans. Le régime du général Nemeiry avait commencé à vaciller sur ses bases début 1985. L'influence d'Hassan al-Tourabi, l'ex-professeur de mon ami, croissait sans cesse et on disait que la confrérie avait de nombreux adeptes dans l'armée.

Un soir que j'étais fatigué de tourner autour du pot – visiblement ma tactique d'« obtention » laissait à désirer –, je demandai de but en blanc à Khaled s'il appartenait aux Frères musulmans.

Khaled avait l'habitude attachante de sourire avec les yeux, mais cette fois, sans se démonter, il me gratifia d'un large et franc sourire. « Je suis de confession soufie, Bob et je ne sais vraiment rien des Frères musulmans. »

Ce que Khaled voulait me faire croire, c'est que la doctrine des Soufis, les mystiques musulmans, divergeait tant de celle des Frères musulmans, que les deux *credo* étaient incompatibles. Pourtant la réponse de Khaled laissait planer une ambiguïté, laquelle fut bientôt levée.

Un soir, en effet, j'entendis frapper à coups de poings à ma porte. Il était minuit passé et j'étais endormi. Quand j'ouvris la porte, ce fut pour découvrir la femme de Khaled. Malgré le foulard qui lui enveloppait le visage, je vis qu'elle avait pleuré. « Khaled vient d'être arrêté, gémit-elle, s'il vous plaît, aidez-moi à le faire sortir. » Des policiers étaient venus le chercher un peu plus tôt dans la soirée, elle n'avait pas la moindre idée de l'endroit où il était détenu.

Je fis ce que je pus pour la rassurer avant de la raccompagner en voiture chez elle. Mais je ne pouvais rien de plus pour elle. Le lendemain matin, la nouvelle s'étalait en une des quotidiens : le général Nemeiry avait fait arrêter la direction de la confrérie. Mon ami m'avait donc menti, à moins que les Soudanais aient commis une erreur, ce qui me semblait très peu probable.

Quand le général Nemeiry fut contraint de quitter le pouvoir, en avril 1985, le nouveau gouvernement relâcha Tourabi et les Frères, y compris Khaled. Tourabi dut partager le pouvoir avec un gouvernement militaire pro-islamique, réalisant partiellement son rêve d'instaurer un État islamique au Soudan. En ce qui concerne Khaled, il avait apparemment soupé des joies du militantisme et il se fit nommer professeur dans une université financée par les Saoudiens.

Je ne devais jamais le revoir. À l'époque où il fut libéré de prison, j'avais déjà été rappelé à Washington à cause d'une bande de tueurs libyens qui avait décidé de transformer Khartoum en terrain de chasse aux agents de la CIA. Mais j'ai souvent repensé à lui. Je considérais ce garçon qui me faisait part de tous ses soucis comme un véritable ami, et pourtant il s'était bien gardé d'évoquer avec moi ses convictions religieuses et *a fortiori* son engagement militant. Je commençai à trouver des excuses aux grosses têtes de l'agence qui n'avaient jamais réussi à infiltrer la confrérie. Mission impossible ? Très délicate, en tout cas. Mais j'étais bien décidé à ne pas en rester là.

Fin 1985, assigné au tout nouveau Centre de contre-terrorisme de la CIA, je me mis à fouiller les archives maison pour voir si elles recelaient des informations intéressantes concernant les Frères musulmans. La collecte ne fut pas aisée. Une des fonctions du CTC était de rassembler sous un même toit tous les dossiers et les experts de la CIA, mais les renseignements concernant les groupes islamistes radicaux étaient dispersés. Le CTC, qui disposait de spécialistes pour tous les groupuscules terroristes, de l'armée rouge japonaise au groupe Baader-Meinhof, n'avait affecté personne au dossier *Frères musulmans*, pourtant le plus explosif.

Après les attentats du 11 septembre, rien de plus facile que de dénoncer cette lacune, mais je peux témoigner que dès les années 80, elle me semblait inadmissible. Après tout, les fondamentalistes sunnites avaient déjà fait parler d'eux en 1979, lorsqu'ils avaient pris d'assaut La Mecque, faisant vaciller le pouvoir saoudien sur ses bases. Une équipe du GIGN français avait été appelée à la rescousse pour reprendre la mosquée, l'armée saoudienne peinant à venir à bout des insurgés. Au même moment une foule de manifestants islamistes en colère incendiait l'ambassade américaine d'Islamabad. Ces extrémistes constituaient une menace bien pire pour les États-Unis que l'armée rouge japonaise, or la CIA ne disposait toujours pas de la moindre source dans la confrérie. Les dossiers que j'ai pu consulter étaient bourrés de vieilles coupures de journaux, de quelques synthèses d'experts de l'agence et de câbles d'ambassades.

J'ai tout de même fini par dénicher quelque chose d'intéressant : la transcription officielle de l'interrogatoire des assassins de Sadate lors de leur procès contenait quelques authentiques pépites. Ainsi, le lecteur suivait l'infiltration progressive des djihadistes dans les unités d'élite de l'armée égyptienne et leur habileté à exploiter les brèches du dispositif de sécurité rigoureux qui entourait le défilé du 6 octobre. Les Frères avaient réussi à recruter les hommes clés qui leur avaient permis d'avoir accès aux entrepôts où étaient stockées les munitions nécessaires – entrepôts en principe jalousement gardés surtout pareil jour. Ce document faisait aussi apparaître l'importance de la caution religieuse nécessaire à la mise sur pied d'une telle opération. S'agissant de l'assassinat de Sadate, l'homme qui donna son absolution aux assassins fut le cheikh Omar Abd al Rahman, le cheikh aveugle aujourd'hui emprisonné aux États-Unis.

Mais une chose m'a surtout frappé, la référence constante des accusés à Ibn Taymiyah, un penseur religieux du XIVe siècle, pour justifier leur attentat. Ibn Taymiyah est né en 1263 à Harran, près de la ville d'Urfa, dans l'actuelle Turquie. Il a passé l'essentiel de sa vie à Damas, où son père s'était installé après avoir fui l'invasion mongole. Les nombreux textes d'Ibn Taymiyah dans lesquels il s'en prend à la théologie orthodoxe en ont fait une des figures les plus intéressantes et les plus controversées de son temps. En 1306, un tribunal islamique l'a jeté en prison pour hérésie et c'est derrière les barreaux qu'il a passé presque toute la fin de sa vie, d'abord au Caire, puis à Alexandrie et pour finir à Damas. Il est mort en 1328. Ces renseignements n'ont pas été très difficiles à trouver, mais restait une question plus délicate : pourquoi cet Ibn Taymiyah était-il devenu le saint patron des Frères ? Et que venaient faire les écrits d'un prédicateur mort il y a près de sept cents ans dans les remous qui agitaient le Proche-Orient de la fin du XXe siècle ?

Ces questions ne me laissaient pas en repos. La région en était à un tournant crucial de son histoire et nous en cherchions les raisons profondes partout sauf là où il aurait fallu.

En 1986, des Frères musulmans syriens exilés en Allemagne ont pris contact avec l'ambassade américaine à Bonn, convaincus que leur dernier projet de complot contre Hafez el Assad captiverait les services américains. Comme je l'ai écrit dans *La Chute de la CIA*, j'ai sauté sur l'occasion de les rencontrer, mais la seule information intéressante que j'ai obtenue c'est qu'ils avaient enterré un missile Sa-7 à une extrémité de la piste d'atterrissage de l'aéroport de Damas, et qu'ils attendaient de pied ferme la première occasion d'abattre un avion transportant le président syrien. Un an plus tard, à Beyrouth, j'ai eu la chance de discuter en tête-à-tête avec un Frère musulman. J'ai même eu droit à une leçon particulière sur le djihad.

En avril 1987, je venais de passer presque un an à Beyrouth quand un ami libanais m'a parlé d'un certain Zuhayr Shawish, Frère musulman syrien vivant à Beyrouth Est. Ma première pensée a été : pourquoi un fondamentaliste islamique habitait-il une enclave strictement chrétienne ? Je me suis aussitôt souvenu que les chrétiens libanais étaient en guerre avec la Syrie et qu'ils avaient besoin de tous les amis sur lesquels ils pouvaient compter, fût-ce un fanatique musulman qui prêchait que les chrétiens orientaux devraient être jetés en pâture aux requins de la mer Rouge, avec les juifs. On en revenait à la maxime de Twetten. L'agent, que j'appellerai Irv, me demanda si je voulais rencontrer Shawish. Oui ! répondis-je illico.

Je vérifiai les antécédents du dénommé Shawish. Il avait été un personnage assez connu en Syrie où il avait même siégé au parlement. Quand le gouvernement syrien avait décidé d'éliminer les Frères musulmans, il avait été forcé de quitter le pays. Après un détour par l'Arabie Saoudite et quelques autres pays, il s'était installé à Beyrouth dans les années 80 et il y animait une librairie islamique, du moins ce commerce était censé le faire vivre. Je dis bien « censé » car à moins d'être un vendeur hors pair, je vois mal comment il aurait pu gagner son pain, dans le Beyrouth de l'époque, en vendant des exemplaires du Coran aux chrétiens du quartier...

Mais comment me présenter à lui pour qu'il accepte de me parler ? Je ne me voyais pas entrer dans sa librairie et me présenter comme son sympathique voisin, incidemment agent de la CIA. Même si les États-Unis étaient l'allié nominal des chrétiens maronites libanais, Shawish n'avait aucune raison de frayer avec l'agence pas plus qu'avec n'importe quel officiel américain. Difficile de deviner qui il pouvait bien détester le plus, la CIA, les Alaouites ou Israël... Il fallait donc que je m'improvise une couverture à peu près plausible, un joli mensonge pas trop visiblement cousu de fil blanc.

Irv et moi nous sommes pris la tête dans les mains

et on a fini par décider que j'allais me présenter comme un parent d'Irv, un musulman qui avait grandi aux États-Unis, ce qui expliquait les imperfections de mon arabe parlé et les lacunes de ma culture islamique. Une couverture à peu près aussi transparente qu'un voile de mousseline mais c'était ce qu'on avait trouvé de mieux.

Je laissai Irv conduire. Le quartier de Beyrouth dans lequel vivait Shawish était l'un des plus exposés de la ligne verte, le *no man's land* séparant la partie chrétienne de la ville des quartiers musulmans. On n'était qu'à un coup de fusil d'un tireur embusqué du Hezbollah. Dès que nous avons emprunté la rue de Shawish, Irv a appuyé sur le champignon de son antique Peugeot. Comme sa guimbarde était à peu près aussi trouée qu'un gruyère, je présume qu'il craignait de se faire tirer dessus. Une lourde porte métallique s'ouvrait déjà vers l'intérieur au moment où nous avons pilé devant la maison de Shawish. Elle s'est refermée derrière nous dès que nous sommes entrés dans la cour.

La maison de notre hôte était aussi sombre qu'un tombeau. Des tonneaux de deux cents litres remplis de sable bloquaient toutes les portes et les fenêtres. Quant au reste de l'espace, des sacs de sable et des cartons de livres l'occupaient à peu près entièrement. L'électricité était coupée, comme elle l'était probablement dans ce quartier de Beyrouth depuis des mois. Apparemment le maître des lieux n'avait pas les moyens de se payer un générateur – peut-être trouvait-il l'électricité un luxe inutile.

Nous sommes entrés dans une autre pièce sombre où nous avons trouvé Shawish assis en tailleur sur un tapis élimé, lisant à la lueur d'une bougie. Malgré les étoffes flottantes dont il était vêtu, on devinait que c'était un homme corpulent. Avec sa barbe poivre et sel et ses lunettes aux verres fendus, il avait tout de la caricature de l'islamiste, fier, indomptable.

Shawish ne se leva pas pour nous accueillir et nous désigna deux places sur son tapis. « Alors vous voulez vous instruire sur l'Islam ? » demanda-t-il. Jusque-là, tout se passait comme prévu, il avait apparemment gobé notre histoire.

Il se lança derechef dans un laïus sur la décadence de la civilisation islamique. Ce matin-là, il semblait particulièrement irrité de ce que Jérusalem soit devenue l'épicentre des zizanies proche-orientales. « Il n'existe que deux villes saintes en Islam, poursuivit-il d'une voix grave et en martelant ses mots, Médine et La Mecque. »

Il consacra l'heure suivante à nous expliquer en détail, en s'appuyant sur les textes sacrés, l'importance toute particulière de Jérusalem et du Dôme du Rocher. Il ne pouvait proférer une seule affirmation sans la faire suivre d'une citation du Coran ou d'une parole du prophète (*hadith*) à l'appui de ses dires. (Ce jour-là, j'ai remercié silencieusement Khaled de m'avoir initié aux subtilités de l'arabe classique.) Je sus que nous étions au bout de nos peines quand Shawish se lança dans une tirade contre Yasser Arafat. Le vieux chef palestinien s'était servi de la question de Jérusalem pour faire avancer la cause palestinienne, sans le moindre égard pour les enjeux religieux en cause. « Arafat est un chien et un menteur », fulminait-il dans un arabe fort peu littéraire. Je reconnus aussitôt les invectives habituelles des prédicateurs wahhabites : ils vouaient aux gémonies quiconque contestait la suprématie des deux cités saintes saoudiennes.

Shawish aurait continué à vitupérer Arafat pendant des heures, s'il n'avait été interrompu par le crépitement d'une mitrailleuse lourde qui devait se trouver à peu près en face de sa maison, de l'autre côté de la ligne verte.

Je profitai de l'interruption pour faire avancer mon affaire :

« Avez-vous déjà entendu parler d'Ibn Taymiyah ? » C'était assez abrupt mais j'avais compris que Shawish se souciait comme d'une guigne de mon identité véritable. Je crois qu'il aurait accepté de m'enseigner les fondements de la religion islamique même si je lui avais révélé que j'étais un agent de la CIA.

« Ibn Taymiyah ? Je suis son père. » C'était sa façon de dire qu'il en savait plus sur ce dernier qu'Ibn Taymiyah lui-même. « Que voulez-vous savoir à son sujet ? » Shawish avait saisi la perche tendue. « J'ai toujours voulu étudier Ibn Taymiyah, répondis-je. Aurez-vous le temps de m'instruire ? »

C'était bien sûr un mensonge. Je n'avais jamais vu ne serait-ce que la couverture d'un ouvrage du prédicateur du XIIIe siècle, mais j'avais enfin trouvé mon mentor.

Si bien que toute l'année suivante, chaque fois que j'en eus l'occasion, je m'aventurais dans la zone de la ligne verte pour rencontrer Shawish. Nous restions assis des heures à lire les ouvrages d'Ibn Taymiyah, pratiquement mot à mot. La langue du prédicateur était étonnamment accessible pour un homme du XIIIe siècle qui s'adressait à des musulmans cultivés. Ses conclusions ne prêtaient, elles non plus, à aucune confusion : l'islam devait impérativement être purifié. Tous les ajouts et autres gloses qui prétendaient le révéler l'avaient en fait défiguré, telles des pustules sur un visage autrefois splendide et désormais monstrueux : il fallait revenir aux sources. Les musulmans ne devaient se référer qu'aux textes originaux.

Pour les Occidentaux, l'apport essentiel d'Ibn Taymiyah à l'Islam consiste dans sa justification théologique du meurtre de civils chrétiens. Les chrétiens n'avaient-ils pas soutenu les Croisés ? Ils méritaient donc la mort. Ainsi raisonnait Ibn Taymiyah. D'ailleurs le devoir ultime d'un bon musulman était de mourir pour la cause. Dans son ouvrage *Meurtre sur le Nil*, J. Bowyer Bell cite quelques passages des écrits d'Ibn Taymiyah : « La mort des martyrs pour l'unification de tous les peuples dans la cause de Dieu et de sa parole est la plus heureuse, la meilleure, la plus facile et la plus vertueuse des morts. » Ibn Taymiyah est la référence numéro un des assassins d'Anouar el Sadate. Selon le théologien islamique, un musulman qui fait cause commune avec les ennemis de l'islam mérite la mort et Anouar el Sadate avait signé l'accord de paix de Camp David avec Menahem Begin, le Premier ministre israélien. Et les occupants des deux tours du World Trade Center ? Ils méritaient la mort, selon les disciples de notre prédicateur, parce que les impôts qu'ils payaient alimentaient les subventions à Israël, lesquelles servaient à acheter des armes qui tuaient des musulmans. CQFD. Plus important, Shawish me démontra que les Frères musulmans n'étaient pas les seuls à vénérer Ibn Taymiyah. Il me parla longuement de Mohammed Abd al Wahhab, prédicateur du XVIIIe siècle, qui se référait systématiquement au sage de Damas. Et depuis lors, Ibn Taymiyah était demeuré une référence centrale pour les Wahhabites, avant que les Frères musulmans s'en emparent à leur tour pour en faire leur guide suprême.

Mes leçons avec Shawish étaient strictement privées. La CIA m'avait envoyé à Beyrouth pour enquêter sur les otages kidnappés par des Iraniens. Le premier enlèvement fut celui de David Dodge, le président de l'université américaine de Beyrouth. Son kidnapping qui remonte à 1982 devait être le premier d'une longue série d'enlèvements qui ne prirent fin qu'avec la décennie. Le président

Reagan en personne avait pris cette affaire à cœur. Mais ce qui obsédait par-dessus tout son administration, c'était l'auteur véritable des enlèvements, le commanditaire suprême, l'État qui recourait à des méthodes de voyou pour étendre sa sphère d'influence au Proche-Orient : l'Iran de l'ayatollah Khomeiny.

En novembre 1979, l'Iran avait officieusement déclaré la guerre aux États-Unis quand des partisans de Khomeiny avaient occupé notre ambassade à Téhéran. Le 18 avril 1983, c'était encore l'Iran qui avait fait sauter l'ambassade américaine de Beyrouth. Le 23 octobre 1983, les Iraniens avaient fait exploser un camion devant un immeuble dans lequel résidaient des marines, en tuant 241. Le 12 décembre 1983, ils avaient encore frappé, pulvérisant cette fois-ci les ambassades française et américaine au Koweït. Enfin, le 16 mars 1984, ils avaient monté l'enlèvement de Bill Buckley, le chef de l'antenne de la CIA dans la capitale libanaise, suspendant les activités de l'agence dans un pays qui était notre principale source d'informations sur la région depuis des années. En d'autres termes, en quatre brèves années, l'Iran avait réussi à chasser les États-Unis de deux pays, l'Iran et le Liban. Voilà comment s'expliquait le fait que nos officiels de Beyrouth étaient trop préoccupés par les otages pour avoir du temps à consacrer à Shawish et au fondamentalisme sunnite. Tout cela je l'avais bien réalisé mais je ne compris l'ampleur de l'aveuglement de l'administration Reagan sur cette question qu'à l'occasion d'une des opérations les plus loufoques que la CIA ait jamais organisées.

Pour moi, c'était une journée typique à Beyrouth. Avant le lever du soleil, je gagnais le club de tennis où je tapais dans la balle pendant une heure avec mon prof. Perché sur une colline nord de Beyrouth au cœur d'une forêt de pins parasols, le club jouissait d'une vue panoramique sur la Méditerranée. On se serait presque cru sur la Côte d'Azur jusqu'au moment où, vers 7 heures du matin, le premier obus syrien de 155 mm s'est dirigé en sifflant vers un camp de réfugiés palestiniens situé au sud de Beyrouth. Cet obus et tous ceux qui le suivaient rappelaient à quel point la solidarité arabe était un mythe, fût-il presque impossible à détruire.

À 8 heures, j'étais de retour à mon appartement et je savourais mon premier espresso de la journée sur mon balcon. Mon émetteur récepteur Motorola que j'étais censé garder vingt-quatre heures sur vingt-quatre à portée de main se mit à grésiller. « Ranger solitaire, ranger solitaire... » C'était Bill [redacted], mon patron.

Bill était à Beyrouth depuis un peu moins d'un an. Quand il avait débarqué de l'hélicoptère Blackhawk sur la piste de l'ambassade et qu'il m'avait lancé un premier regard qui ressemblait à un avertissement sans frais (« Essaie de me doubler et je te brise la nuque »), je me suis dit que mes jours à Beyrouth étaient comptés. Comme prévu, les choses ne se sont pas très bien passées au début. Le lendemain matin, Bill a déchiré un de mes câbles en braillant que j'avais intérêt à resserrer ma prose ou je pouvais prendre le premier hélico qui partait de Beyrouth. Les deux jours suivants ne furent guère meilleurs, mais la mayonnaise finit par prendre entre nous. Peut-être était-ce ma connaissance du Hezbollah, ou bien la loyauté dont Bill faisait preuve à l'égard de ses subordonnés quand ceux-ci travaillaient dur.

« ... Ranger solitaire, grouillez-vous de rappliquer au bureau, tout de suite ! »

Bill était assis dans le noir quand j'arrivai. L'électricité était coupée, et pour une raison que j'ignorais, le générateur n'avait pas pris le relais. Séparés du monde extérieur par des murs doublés d'un blindage d'acier de trente centimètres anti-roquettes, des fenêtres recouvertes d'un film de Mylar et des rideaux crasseux, on ne savait pas très bien quelle heure du jour il pouvait être. La seule différence entre le bunker de Shawish sur la ligne verte et cette tanière, c'était la lampe au kérosène de Bill.

Assis à son bureau, Bill arborait le même air indéchiffrable que d'habitude. Avec les vingt-cinq kilos qu'il avait pris depuis son départ des marines, il ressemblait à un bouddha renfrogné. Deux tireurs d'élite de la Force Delta étaient debout devant son bureau en position de repos. Je les connaissais tous les deux pour les avoir croisés à l'entraînement. Ils pouvaient vider leurs pistolets calibre 9 mm sur une cible située à quinze mètres en logeant toutes leurs balles dans un trou de la taille d'une pièce d'un euro. Appelons-les Starsky et Hutch.

— Puisque M. Baer nous honore enfin de sa présence, nous pouvons commencer, fit Bill en déplaçant sa lanterne pour mieux nous voir.

Toutes les autres chaises du bureau de Bill étant occupées par des gilets pare-balles, des rations, des boîtes de cartouches, je restai debout à côté des tireurs d'élite.

— Vous n'imaginez pas la foutaise que Washington a encore inventée ! commença Bill.

C'était la phrase rituelle qu'il entonnait tous les matins, en général après avoir fini de lire le câble du siège de l'agence. Je me gardai bien de répondre et mes petits camarades en firent autant. Ils n'étaient d'ailleurs pas du genre bavard, l'un comme l'autre.

Bill se répandit quelques instants en amères imprécations contre les cols blancs qui nous gouvernaient après quoi il entra dans le vif du sujet. Il commença par nous rappeler les détails d'un détournement d'avion survenu en 1985 : le 11 juin 1985, Fawaz Younis et deux copains à lui détournaient un avion de ligne de la Royal Jordanian qui se préparait à décoller de l'aéroport de Beyrouth. Younis ordonna au pilote de mettre le cap sur Tunis, où il avait l'intention de prendre la parole devant un aréopage de délégués de la Ligue arabe. Après la réponse négative des autorités, il décida de faire évacuer l'appareil et de le faire exploser. Bien que ce détournement avorté n'ait pas causé de victimes et qu'il ne se soit pas agi d'un avion américain, il se trouvait que deux Américains faisaient partie des passagers ; de ce simple fait, l'opération de Younis tombait sous le coup de la justice américaine qui avait émis un mandat d'arrêt à son encontre.

Personne n'aurait prêté la moindre attention à Younis et au mandat du ministère – il pouvait tout aussi bien s'agir d'un dément que d'un terroriste – sans un concours de circonstances éminemment favorable. Le Centre de contre-terrorisme de la CIA n'avait jusqu'alors pas le moindre succès tangible à son actif. Pendant ce temps la routine des attentats terroristes se poursuivait, sanglante, spectaculaire, atroce, et la Maison Blanche voulait absolument marquer un point contre ces assassins de l'ombre qui effrayaient si fâcheusement l'opinion publique. Or, la CIA avait découvert tout à fait par hasard que la Drug Enforcement Agency (bureau de lutte contre la drogue) de Nicosie (Chypre) était en rapport avec un indicateur du nom de Jamal Hamdan qui se trouvait être un ami de Younis. Il ne fallut sans doute pas plus de cinq secondes au CTC pour improviser un plan visant à agrafer Younis.

Le plan se déroula comme prévu. Younis se laissa appréhender sans résistance sur un bateau de plaisance qui voguait dans les eaux internationales au large de Chypre. Il fut transféré dare-dare aux États-Unis. On sabla le champagne à Langley, et le CTC rentra instantanément dans les bonnes grâces du président soulagé. Le FBI aussi était ravi de l'aubaine. C'était une de ses premières arrestations internationales et, en outre, politiquement correcte puisque des agents de sexe féminin y avaient participé. Même le département d'État était à la fête. En arrêtant Younis dans les eaux internationales et pas dans l'île, on avait évité d'irriter les autorités de Chypre. Le *Washington Post* et le *New York Times* allaient pouvoir noircir quelques colonnes avec un fait divers croustillant. Le scénario rêvé, donc.

Le seul qui ne semblait pas se réjouir, c'était mon chef, Bill [redacted].

— Vous n'imaginez pas la foutaise que Washington a encore inventée ! répéta-t-il excédé.

J'étais déjà au courant de l'arrestation de Younis. Je l'avais suivie dans les câbles maison comme dans la presse. Je présumai que Starsky et Hutch avaient quelques infos sur la question, eux aussi, mais comme ils ne l'ouvraient jamais, il n'y avait pas moyen d'en être sûr.

— Ils nous envoient ce fils de p... Je n'aime pas ça mais on ne me demande pas mon avis !

Bill nous expliqua que nos chefs avaient décidé que Jamal Hamdan avait montré un tel brio dans l'opération de piégeage de Younis qu'il était bien capable de faire libérer les otages si on l'envoyait à Beyrouth. Hamdan n'avait pas la moindre idée de l'identité des kidnappeurs ni la moindre piste à remonter. Mais c'était le cadet de leurs soucis. Le QG avait pris sa décision et Bill n'avait plus qu'à l'appliquer ou à retourner dans les Marines.

— Bon, mais pourquoi est-ce à nous de le gérer ? demandai-je.

L'antenne de Chypre aurait pu le mettre dans un avion à destination de l'aéroport international de Beyrouth, situé dans la partie ouest de la capitale, celle où les otages étaient détenus.

Le sourire forcé qu'esquissa Bill en me tendant une liasse de documents rédigés en arabe avait tout du rictus, et pour cause : c'étaient des avis de recherche pour meurtre émanant du ministère public libanais. En les regardant de plus près, je remarquai qu'ils portaient tous le nom de Jamal Hamdan, « notre » Jamal Hamdan. La dernière personne qu'il était accusé d'avoir supprimée était sa propre sœur. Il avait appuyé le canon d'un revolver calibre 12 mm sur sa tête et pressé la détente. Elle fréquentait apparemment un type que Jamal n'appréciait pas.

— La raison pour laquelle nous devons faire venir ce salopard ici, dans l'est, c'est parce qu'il ne peut pas se rendre à Beyrouth ouest, il serait arrêté illico pour meurtre.

Par chance pour nous, il s'avéra que Jamal avait commis tous ses crimes dans les quartiers ouest. Or il était exclu pour les chrétiens de Beyrouth d'honorer le mandat d'arrêt d'un procureur musulman, même sachant qu'ils avaient affaire à un meurtrier. Après tout, leur principal objectif, à l'époque, était de tuer le maximum de musulmans.

Bill se tourna vers le tandem de la Force Delta.

— C'est Baer qui va prendre en charge Hamdan. Mais c'est moi qui donne les ordres, pas lui. Pour l'instant, tout ce que je veux que vous fassiez c'est d'aller chercher Hamdan à l'hélico et de l'emmener dans une planque sûre, avec Baer. Hamdan ne devra en sortir à aucun prix. S'il fait mine de toucher le bouton de la porte pour se tirer ou qu'il essaie de sauter par la fenêtre, tuez-le.

À l'expression satisfaite des deux tireurs d'élite, je compris que la cote de Bill venait de prendre un sérieux coup de jeune. Enfin un gugusse de la CIA qui n'était pas un ramolli et qui ne gaspillait pas sa salive pour ne rien dire !

Cette nuit-là, impossible de dormir. Hamdan, très agité, tournait comme un fauve en cage. Chaque fois qu'il s'approchait de la porte d'entrée, Striker refermait ses doigts sur son Glock, en jaugeant le point, à l'arrière du crâne de Hamdan, où il allait loger ses deux balles mortelles.

Pendant les deux jours suivants, je passai mon temps à accompagner Hamdan d'une cabine téléphonique à l'autre, pour qu'il puisse appeler ses contacts à Beyrouth ouest. Comme Bill l'avait prédit, Hamdan se montra incapable de rapporter le moindre tuyau exploitable sur les otages. Dès le troisième jour nous en avions assez. Bill appela le QG des forces américaines stationnées en Europe, à qui appartenaient les Blackhawks de Beyrouth. Je n'oublierai jamais la façon dont il a aboyé à l'adresse du quatre étoiles qu'il avait au bout du fil :

— Vous n'avez pas à savoir pourquoi j'ai besoin de ces fichus hélicoptères, votre seul problème c'est de faire en sorte qu'ils soient là, sur la zone d'atterrissage, à 18 heures tapantes !

Inutile de dire que les deux hélicos atterrirent à l'heure dite et ce fut la dernière fois que nous vîmes Jamal Hamdan.

Il fut réinstallé aux États-Unis avec la plupart des membres de sa nombreuse famille. Quant à Bill, il ne capitula jamais dans sa bataille quotidienne contre Washington. Il enfila les postes les plus coriaces comme des perles jusqu'à ce que le Siège, ayant enfin découvert qu'il était l'arme suprême contre le département d'État, le bombarde chef d'antenne dans tous les pays où la CIA avait des problèmes avec l'ambassadeur américain.

Aujourd'hui, cette anecdote ressemble à un sketch des Monty Python. Mais le temps que nous perdions à ces fariboles – rechercher Fawaz Younis et utiliser des types comme Jamal Hamdan – nous ne l'avons pas employé à tenter d'approfondir le phénomène de l'islamisme sunnite. Les attentats contre Nasser et Assad, l'assassinat de Sadate, la prise de Hama : autant d'épisodes qu'on a considérés comme des événements isolés, personne n'a pris la peine de les relier entre eux. La guerre de l'ombre contre l'Iran nous faisait regarder dans la mauvaise direction.

La destruction de Hama en offre le meilleur exemple. Washington a rendu Assad responsable de cette boucherie : un acte de pure barbarie ordonné par un dictateur sanguinaire. Sur les rives du Potomac, nos experts, fidèles à leurs lubies, rabâchaient que si seulement Damas avait eu un gouvernement démocratique et pro-occidental, ce massacre aurait pu être évité.

Le 11 septembre était presque une réunion d'anciens copains de lycée pour les Frères musulmans syriens. Une des figures clés de la cellule allemande, Mamoun Darkazanli, avait fui la Syrie après les événements de Hama. Bien qu'il ait nié avoir eu une connaissance approfondie des attentats projetés, il a reconnu avoir fourni de l'aide à trois des pirates de l'air. Un ex-officier de renseignements syrien qui connaît bien Darkazanli m'a confié qu'il avait participé à l'attaque contre l'académie militaire d'Alep en 1979. Un autre Frère, Mohammed Haydar Zammar, a joué un rôle décisif dans les attentats du 11 septembre, puisque c'est sans doute lui qui a organisé la formation des pirates dans les camps afghans de Ben Laden. Un troisième Frère, Abd al Matin Tatari, dirigeait une société hambourgeoise qui servait de couverture à la confrérie. Son fils était un proche de Mohammed Atta et des membres de la cellule de Hambourg. Deux Frères syriens d'Espagne ont probablement aussi apporté leur soutien aux pirates. Les détails débordent du cadre de ce livre mais il faut bien reconnaître qu'Assad – malgré l'antipathie profonde que Washington nourrissait contre lui – avait vu juste en s'attaquant à l'implantation de la confrérie en Syrie. Hama et Alep n'étaient pas simplement des « problèmes locaux » comme on a tenté de nous le faire croire.

L'agence a montré le même aveuglement concernant l'essor des Frères musulmans au Koweit. Nous regardions ailleurs et nous avons loupé Khaled Cheikh Mohammed, un des plus malfaisants personnages impliqués dans les attentats du WTC et du Pentagone.

Né au Koweit en 1965, Khaled Cheikh Mohammed est le fils de deux immigrés du Béloutchistan, une région lointaine et arriérée du Pakistan. Ses parents ont immigré au Koweit dans l'espoir de profiter du boom pétrolier. Mais au lieu de cela, ils ont échoué à Fahaheel, un sinistre coin de désert, où on les a traités, à l'instar de tous les émigrés du sous-continent, comme des esclaves. Ils ont sauté sur le seul exutoire qu'on leur laissait, la religion. Le père est devenu un imam local. La mère était préparatrice de cadavres, ce qui, dans le monde islamique, est un office religieux. Les enfants du couple ont donc reçu une éducation religieuse stricte, avant de basculer dans l'extrémisme. Un des frères de Khaled Cheikh Mohammed a rejoint la confrérie dans les années 80, alors qu'il étudiait à l'université, et c'est sans doute sous son influence que Khaled Cheikh Mohammed lui a emboîté le pas.

Au Koweit exactement comme en Arabie Saoudite, la confrérie était une organisation en principe interdite. En fait elle bénéficiait d'une sorte de soutien tacite des autorités. Quand Yasser Arafat a été contraint de quitter l'Égypte à cause de ses accointances avec les Frères, les

Koweitiens l'ont accueilli avec joie, lui et les Frères musulmans qui l'accompagnaient dans son exil. Ce qui a permis à la famille régnante de redorer son blason islamique et pro-palestinien. Quand Arafat est reparti, ses hôtes accommodants ont accordé leur soutien à l'Association islamique des étudiants palestiniens, dans laquelle le Hamas a recruté nombre de ses militants.

Naturellement, la branche koweitienne des Frères musulmans figurait au dernier rang des préoccupations de Washington. Comme l'affaire de Hama et l'assassinat de Sadate, ce n'était qu'un problème local parmi tant d'autres c'est-à-dire pas pour Washington. Les Koweitiens n'avaient qu'à le régler eux-mêmes. En outre tout ceci se passait au début des années 80, au beau milieu de la guerre Iran-Irak. Or on présumait que les Chiites koweitiens étaient solidaires de leurs coreligionnaires iraniens. Ces circonstances expliquent en partie la persistante indifférence américaine à l'égard des Frères musulmans. Après tout nos champs de pétrole koweitiens étaient à portée des canons iraniens et irakiens ! On les entendait même tonner de Koweit City...

En 1983, quand Khaled Cheik Mohammed a demandé un visa d'études au Chowan College de Murfreesboro (Caroline du Nord), personne ne lui a prêté la moindre attention. Ce n'était qu'un Arabe de plus qui voulait obtenir un diplôme américain d'ingénieur, sans doute pour travailler dans l'industrie pétrolière une fois de retour au pays. (Cette délivrance quasi automatique rappelle d'autres bavures du même ordre comme celle qui concerne le cheikh aveugle, Omar Abd al Rahman, lui aussi autorisé à entrer aux États-Unis par un fonctionnaire peu attentif : on avait pourtant vu la photo du commanditaire de l'assassinat de Sadate s'étaler en une des grands quotidiens du monde entier.)

Comme ses frères, Khaled Cheikh Mohammed a séjourné en Afghanistan, où il s'est notamment lié avec Sayyaf, le Frère musulman afghan et allié de l'Arabie Saoudite. C'est à Peshawar qu'il a rencontré Ben Laden et tous les autres djihadistes fanatiques qui devaient lui apprendre les rudiments du terrorisme pratique. Pour tester la fougue des bleus, rien de tel que de leur faire attaquer une colonne blindée soviétique : on faisait vite le tri entre ceux qui étaient prêts à mourir pour Allah et les autres. C'est sans doute à ce moment que Ben Laden a compris qu'il pouvait se fier à Khaled Cheikh Mohammed pour le seconder dans la préparation des massacres du 11 septembre.

Il va sans dire que l'antenne pakistanaise de l'agence, elle non plus n'a rien vu venir. Les ordres de la Maison Blanche étaient clairs : fournissez à ces cinglés toutes les armes et les munitions qu'il faut, mais laissez-les se battre et restez en dehors du coup. De toute façon, les Afghans n'avaient nul besoin qu'on leur apprenne à tuer – ils apprennent à se battre à peine sortis du berceau. Pour la CIA, la guerre afghane fut avant tout un exercice de logistique. L'agence n'avait pas beaucoup de contacts avec les groupes de résistants, ce qui signifiait que la CIA et Washington étaient aussi aveugles que le cheikh au sujet de la confrérie. Que dis-je, plus aveugle encore, comme seul peut l'être celui qui ne veut pas voir.

Cette attitude n'a jamais été aussi évidente qu'en Arabie Saoudite. Quand Nasser a dissous l'organisation en 1954, les militants ont fui en Arabie Saoudite où ils ont été accueillis à bras ouverts. Les Frères connaissaient leur Ibn Taymiyah sur le bout des doigts. Ils avaient les compétences requises pour enseigner le Coran. Et de plus ils considéraient ce travail pratiquement comme un bénévolat... Pour les radicaux wahhabites, l'aubaine était inespérée. Les Frères se virent rapidement attribuer un grand nombre de postes dans l'enseignement religieux du pays, des universités aux simples *medersas*. En 1961, la confrérie était si bien implantée dans le royaume qu'elle parvint à convaincre le roi Saoud de fonder une université islamique dans la ville sainte de Médine pour remplacer al-Azhar, le centre historique des études islamiques. Les Frères clamaient que *Nasser* avait détruit al-Azhar.

L'Arabie Saoudite joua même les entremetteurs pour le compte des Frères. À l'été 1971, le roi Fayçal organisa une rencontre au sommet entre Sadate et les Frères musulmans. Saïd Ramadan, le chef de la délégation de la confrérie et directeur du Centre islamique, une organisation basée à Genève, devait sa position à l'Arabie Saoudite. Certes, les Frères ne sont jamais parvenus à un accord avec Sadate, mais les Saoudiens avaient montré leur capacité diplomatique. L'un des plus célèbres journalistes égyptiens, Mohammed Heikel, a rapporté cette rencontre dans son livre *Autumn of Fury*.

Au début des années 70, tout le monde savait que l'Arabie Saoudite était devenue la base arrière des Frères. Ce qui n'a pas empêché Washington de faire comme si la confrérie n'existait pas, alors que nos officiels connaissaient fort bien le profil de ces activistes. Quoi qu'on pense, Hassan al Banna et les Frères musulmans répondaient exactement à la définition actuelle du terme « terroristes ». D'ailleurs le slogan par lequel al Banna résumait la vocation de son organisation était sans équivoque :

« Dieu est notre raison d'agir, le Prophète notre chef, le Coran notre constitution, le djihad notre voie, et mourir pour la cause de Dieu notre objectif suprême. »

Les pirates du 11 septembre auraient sans aucun doute contresigné une telle proclamation des deux mains.

Pour comprendre l'effet détonant du mélange Frères musulmans-Wahhabites, il suffit d'observer la trajectoire d'Oussama Ben Laden dans l'Islam militant. Étudiant à l'université Roi Abd al Aziz, Ben Laden est tombé sous l'influence de deux Frères musulmans : Abdallah Azzam et Mohammed Qutb. Azzam, un Palestinien de Jordanie, avait été recruté par la confrérie alors qu'il poursuivait ses études à l'université al-Azhar du Caire. L'Arabie Saoudite fut le seul pays qui accepta d'accueillir l'« Émir du djihad », puisque telle est la dénomination sous laquelle il acquit bientôt une certaine notoriété. Il obtint même une chaire à l'université. Azzam et Ben Laden devaient séjourner ensemble à Peshawar (Pakistan) pendant la guerre d'Afghanistan.

Qutb était le frère du militant le plus radical des Frères musulmans égyptiens, Sayyid Qutb. Ce dernier prit d'ailleurs une part décisive dans le virage extrémiste de l'organisation. Comme son maître Ibn Taymiyah, il fit accepter aux Frères l'idée que les chrétiens et les juifs étaient tous des infidèles qui méritaient la mort. L'Égypte a exécuté Sayyid Qutb en 1966, mais sa doctrine est toujours vivante. Un des beaux-frères de Ben Laden fut d'ailleurs collecteur de fonds pour la Confrérie.

Je vois deux raisons principales à l'aveuglement volontaire de Washington devant l'Arabie Saoudite, État qui a nourri la vipère islamiste en son sein pendant toutes ces années : la première c'est que les Frères étaient de notre côté durant la guerre froide et qu'ils nous ont permis de contrer l'expansionnisme soviétique en sacrifiant un minimum de vies américaines grâce aux légions de volontaires qu'ils nous fournissaient. La deuxième, c'est que les Saoudiens étaient assis sur notre réserve de pétrole. Comme c'est toujours le cas pour n'importe quelle drogue, nous n'étions pas en position de défier le revendeur. Ce qui ne posait d'ailleurs pas de problème majeur jusqu'au 11 septembre.

Après ? Après, c'est une autre métaphore qu'il faut employer pour rendre compte de la situation. Celle du cancer. La confrérie était un mal curable tant qu'il restait circonscrit à un organe et qu'il n'étendait pas ses ramifications à l'ensemble du corps. La question était donc de savoir s'il avait métastasé ici ou là. J'avais commencé à chercher cette réponse presque une décennie plus tôt, dans une des contrées les plus lugubres de la planète.

9

L'Asie centrale sous influence

Bichkek, Kirghizstan, novembre 1992

La blonde péroxydée gaulée comme un poêle à bois sibérien était furax. Chaque fois qu'elle essayait de s'échapper du comptoir Aéroflot, une meute de paysans kirghizes obtus et intraitables lui barrait le passage. Le dernier vol pour Och devait, en principe, décoller vingt minutes plus tard, et il n'était pas question qu'ils quittent le guichet sans leurs cartes d'embarquement. Elle avait beau leur répéter sur tous les tons que l'avion aurait sans doute plusieurs heures de retard, et que ce n'était pas elle qui délivrait les cartes d'embarquement, rien n'y faisait. Et ils se fichaient pas mal que ce soit l'heure de sa pause-thé réglementaire. Les Kirghizes avaient retenu une leçon de leur passé aux confins de l'empire soviétique : la résistance passive était la seule méthode payante.

Quand elle me vit agiter impatiemment mon billet pour Och, l'hôtesse me lança un regard excédé. Encore un de ces maudits randonneurs américains partis à la découverte de l'Asie centrale, avait-elle dû penser en avisant mon jean Levi's, mon tee-shirt et ma parka *North Face*. Mon billet Intourist de première classe, qui devait coûter à peu près le prix d'un ticket de métro new-yorkais, ne lui faisait visiblement ni chaud ni froid. Pas plus que mon passeport diplomatique américain noir luisant. Elle pointa un doigt boudiné vers une rangée de chaises cassées, sans doute le salon d'attente réservé aux VIP d'Intourist, et me lâcha un péremptoire « attendez comme tout le monde ! ».

Je présume qu'elle en avait sa claque des touristes occidentaux. Depuis que le Kirghizstan s'est ouvert au monde extérieur, randonneurs et fondus de l'escalade ou de la chasse s'égarent régulièrement dans les monts Tien Shan. À charge ensuite pour l'Aéroflot ou l'aviation militaire kirghize d'envoyer un hélicoptère les récupérer. Et puis il y avait les brigands, les *basmachi*, comme on les appelle en russe, qui kidnappaient parfois des touristes. En pareil cas, l'armée kirghize devait déployer des troupes pour libérer les otages et refouler les brigands dans leurs montagnes.

Un des cas les plus étranges dont j'avais entendu parler, était celui d'un groupe de Hollandais qui avait essayé de suivre la route de la soie de Och jusqu'à un bled désolé de l'ouest de la Chine nommé Kashgar. Ils avaient tous les visas chinois nécessaires, mais voilà, les gardes-frontières chinois n'avaient apparemment jamais vu de visas. À moins que les vélos attachés sur le toit du 4 × 4 hollandais ne leur aient inspiré de noirs soupçons. Quoi qu'il en soit les Chinois avaient refusé de les laisser entrer. Et, bien sûr, impossible d'appeler Pékin : la ligne téléphonique n'existait pas encore. Les Hollandais avaient dû se rendre à l'évidence : il ne leur restait plus qu'à faire demi-tour. Mais avant ils avaient décidé, en guise de représailles, de cadenasser avec une chaîne de vélo la grande porte d'acier qui marquait la séparation symbolique entre la Chine et le Kirghizstan. On dit que cette porte est restée en l'état pendant des mois : la route n'était pas très fréquentée.

Pour en revenir à mon hôtesse furibonde, j'aurais évidemment pu insister, mais c'eût été peine perdue : « Vous n'avez rien à faire à Och ! » m'aurait-elle immanquablement répondu, d'un ton aussi péremptoire que suspicieux. En effet, la ville d'Och, archétype du trou paumé sans le moindre intérêt, déjà strictement interdite aux étrangers sous le régime tsariste, l'était restée sous les bolcheviques. C'était un « site stratégique » et les « diplomates » dans mon genre ne présageaient qu'une seule chose : des ennuis. Pourquoi la Russie était-elle si paranoïaque en Asie centrale ? Sans doute en souvenir de l'époque du Grand Jeu, la guerre d'influence que la Grande-Bretagne lui avait livrée au XIXe siècle pour le contrôle de la région. La Russie était convaincue que les Anglais voulaient saper sa puissance en déstabilisant l'Asie centrale, exactement ce que les Britanniques soupçonnaient les Russes de manigancer en Inde.

Ces derniers ne firent pas grand-chose pour aider la Russie à surmonter son appréhension. Pendant le XIXe siècle, ils infiltrèrent quelques missions au nord de l'Amou-Daria, le fleuve boueux et peu profond qui sépare l'Afghanistan du Tadjikistan. La plupart des Britanniques qui se sont aventurés jusqu'à Och y sont restés juste assez longtemps pour pouvoir se congratuler d'avoir survécu aux aléas du Grand Jeu, avant de battre prudemment en retraite pour retrouver le confort plus raffiné du sous-continent. Quant aux Russes, ils ne devaient pas tarder à comprendre qu'ils avaient beaucoup plus à craindre de l'Islam que des Anglais.

Le premier soulèvement sérieux contre les Soviets en

Asie centrale se produisit en 1918. Pour les musulmans d'Asie centrale, la substitution de la tyrannie bolchevique au despotisme tsariste ne fut vraiment pas une bonne affaire. Un mois après la prise du pouvoir en octobre 1917, les bolcheviques envoyèrent en effet un détachement à Tachkent, la capitale régionale. Les nouveaux commissaires commencèrent par réquisitionner tous les vivres sur lesquels ils purent mettre la main et par confisquer la récolte de coton au nom du peuple. La famine qui s'ensuivit devait faire environ un million de morts dans cette région de l'empire. En février 1918, les troupes bolcheviques écrasaient une révolte à Kokand, gros bourg-étape pour les caravanes sur la route de la soie, pillant et massacrant à tout va et déclenchant la révolte des basmachi.

Pendant que les bolcheviques étaient occupés à consolider leur victoire dans les autres régions de l'URSS, l'insurrection gagna du terrain et les basmachi collectionnèrent les victoires. À son apogée, l'armée rebelle comptait environ vingt mille hommes, pour la plupart paysans et tous musulmans. Mais l'issue de cette bataille inégale était prévisible. Les communistes étaient plus nombreux que les basmachi et ils disposaient d'armes lourdes. Si bien qu'une fois les Russes blancs défaits, ils purent concentrer tous leurs efforts sur les provinces du sud. Dès 1920, les basmachi avaient été refoulés dans les montagnes du Tadjikistan. C'est à ce moment que surgit un nouvel ennemi, le général Enver Pacha.

Ministre de la Guerre turc durant la Première Guerre mondiale, Enver Pacha s'enfuit à Berlin après la défaite de l'Allemagne, puis, à l'invitation de Lénine, il se rendit à Moscou. Ce dernier voulait utiliser le très populaire chef militaire turc pour ramener les musulmans d'Asie centrale dans le giron de Moscou, mais Enver

Pacha avait sa propre vision de l'avenir de la région, très différente de celle du dirigeant bolchevique : il voulait créer un État panturc qui s'étendrait du détroit du Bosphore à la Mongolie – il n'avait alors que trente-deux ans.

En février 1922, Enver Pacha s'emparait de Douchanbe, la capitale du Tadjikistan moderne. À la fin du printemps, il contrôlait l'émirat de Boukhara dans sa quasi-totalité. En juillet 1922, les Soviétiques tentaient de contrecarrer le « traître » et ils envoyaient une division au Sud pour stopper son avancée. Et ils y parvinrent. Enver Pacha fut tué au cours d'une bataille le 4 août de cette année. Mais les basmachi ne furent définitivement liquidés qu'en 1934. On pense qu'une partie de ces rebelles a dû s'enfuir dans les hautes vallées inaccessibles du Tadjikistan. La plupart se réfugièrent en Afghanistan, tandis qu'une petite minorité poussait jusqu'en Arabie Saoudite. Certains s'installèrent à La Mecque et devinrent des Wahhabites pur sucre.

Le fondamentalisme islamique ne devait menacer à nouveau la domination russe en Asie centrale qu'en 1979, mais, pendant des millénaires, l'Afghanistan a été le principal corridor du commerce entre Orient et Occident, ce qui signifie qu'il a été aussi successivement envahi et occupé par la plupart de ses voisins. Pour nous contenter des trente dernières années, les problèmes de l'Afghanistan contemporain ont commencé en 1973, quand un coup d'État militaire a enfanté la première république d'Afghanistan, mettant momentanément fin à des siècles de luttes tribales. Cinq ans plus tard, une coalition de gauche soutenue par les Russes prenait le pouvoir à la suite d'un putsch sanglant et le nouveau gouvernement signait immédiatement un accord économique et militaire avec les Soviétiques.

Le monde islamique ne tarda pas à réagir. En mars 1979, les fondamentalistes musulmans prenaient le contrôle de la 17e division de l'armée afghane, basée à Herat. La révolte ne tarda pas à se propager aux autres régions du pays, menaçant le régime en place. Plus inquiétant encore, le nouveau régime islamique de Téhéran semblait disposé à soutenir l'insurrection anti-soviétique. Un gouvernement islamiste à Kaboul ? C'était le pire cauchemar de Brejnev.

Les archontes soviétiques paniquèrent. Le 17 mars, devant le politburo réuni en urgence, Gromyko, le ministre des Affaires étrangères, tenait un discours alarmiste : « Les factieux, infiltrés à Herat depuis le Pakistan et l'Iran ont rallié la contre-révolution afghane. Cette dernière se compose surtout de fanatiques religieux. Les dirigeants des masses réactionnaires sont eux aussi liés pour une large part aux personnalités religieuses. » En d'autres termes, l'Union soviétique se trouvait soudainement confrontée à un djihad islamique. Le souvenir de la révolte basmachi flottait dans l'air comme l'odeur putride d'un cadavre qui n'en finit pas de se décomposer. Personne n'avait besoin de rappeler aux intéressés que cette première révolte avait presque failli faire échouer la révolution d'octobre, ni que la chaîne montagneuse qui forme la frontière russe avec l'Afghanistan, malgré ses hauts sommets, aurait été bien incapable d'arrêter un raz de marée islamiste venu du sud.

La situation se détériorait à vue d'œil. Quand il devint évident que le gouvernement de Kaboul était complètement dépassé, l'armée rouge envahit le pays. Les premiers bataillons franchirent la frontière la veille de Noël 1979. Pour l'Union soviétique, cette décision allait s'avérer une erreur monumentale. Ni les milliards investis dans cette guerre, ni les chars T-72, pas plus que les terribles hélicoptères d'attaque MIL MI-24, ne purent rien contre les va-nu-pieds afghans équipés d'armes légères mais armés d'une foi inébranlable.

Dix ans plus tard, alors que l'Union soviétique elle-même commençait à imploser, le dernier soldat soviétique quittait le sol afghan. Comme le politburo l'avait craint, le chaos afghan déborda rapidement ses frontières et se répandit dans les républiques méridionales de l'URSS comme une épidémie fulgurante. En 1990, à Och des échauffourées opposant Ouzbeks et Kirghizes faisaient plus d'un millier de morts. Les trois républiques soviétiques qui se partageaient la vallée de la Fergana, Kirghizstan, Tadjikistan et Ouzbékistan, plaçaient leurs forces armées en état d'alerte permanent, bien conscientes que les troubles allaient gagner du terrain. En 1991, un Ouzbek de vingt-quatre ans du nom de Tahir Youldashev conduisait un soulèvement armé islamiste à Tachkent. Les islamistes prenaient aussitôt des mesures de restauration morale et pour bien montrer qu'une nouvelle ère commençait ils firent défiler dans les villages délinquants et prostituées assis à l'envers sur des ânes avant de les châtier, face aux mosquées, à coups de fouet. Après la répression brutale de l'insurrection, Youldashev s'enfuit en Afghanistan où il créa le Mouvement islamique d'Ouzbékistan. Jusqu'à l'invasion américaine de l'Afghanistan en octobre 2001, ce mouvement mena une campagne terroriste sporadique contre Tachkent en infiltrant des cadres par la vallée de la Fergana.

Pour Washington, un réveil de l'islamisme en Asie centrale ne présentait qu'un intérêt secondaire, excepté sur un point : les énormes réserves de pétrole et de gaz de la région, les plus considérables au monde après celles du Golfe. C'est le Kazakhstan qui détient les plus importantes réserves de pétrole tandis que le Turkménistan possède les plus abondantes réserves de gaz. Bref, avec des gisements pétroliers estimés à 260 milliards de barils et des réserves de gaz qui dépassent celles de l'Amérique du Nord, la région de la mer Caspienne pourrait chauffer et éclairer les États-Unis pendant très longtemps. Seul problème : comment acheminer ce pétrole, le Kazakhstan et le Turkménistan étant enclavés au milieu des steppes eurasiennes, une contrée aussi reculée qu'inhospitalière.

À l'époque soviétique, l'énergie d'Asie centrale était exportée d'abord vers la Russie puis vers l'Europe de l'Est, par le truchement d'un complexe réseau d'oléoducs. C'était la principale difficulté, s'agissant du gaz et du pétrole d'Asie centrale : presque tous les « tuyaux » passaient par la Russie. Les Russes pouvaient fermer les robinets quand ils en avaient envie et ils ne s'en privaient pas, ce qui leur donnait un ascendant considérable sur les pays propriétaires de cette énergie. L'énergie n'a évidemment de valeur que si l'on est capable de la distribuer. Sinon, mieux vaut la laisser reposer en paix.

Après l'éclatement de l'Union soviétique en 1991, les dirigeants américains décidèrent que le moment était venu de considérer les réserves énergétiques d'Asie centrale comme un enjeu stratégique. Pourquoi ne pas contourner le problème russe en installant de nouveaux moyens ou réseaux d'acheminement ? Ce serait de plus une excellente façon d'aider ces États à se délivrer de l'emprise soviétique et de contribuer à asseoir leur indépendance économique. La démocratie finirait par s'imposer et, mieux encore, l'exploitation de ces immenses réserves nous libérerait de notre dépendance à l'égard du pétrole moyen-oriental... Si l'envie lui en prenait, Saddam pourrait réenvahir le Koweit, et même l'Arabie Saoudite, ça n'aurait plus aucune importance. Sur le papier, cette théorie semblait irrésistible, à une condition, cependant : parvenir à installer de nouveaux oléoducs.

Le Grand Jeu était donc de retour, mais cette fois il opposait les États-Unis aux deux plus grandes puissances de la région : la Russie et l'Iran. Évidemment les compagnies pétrolières se mirent aussitôt sur les rangs. Chevron et Mobil, les deux mastodontes du marché, acquirent d'immenses concessions au Kazakhstan, Amoco un très vaste champ pétrolifère en Azerbaïdjan. Unocal, la plus culottée des compagnies américaines, commença à planifier la construction d'un double oléoduc à travers l'Afghanistan. Tout le monde semblait avoir oublié l'instabilité chronique de la région – et la complexité des problèmes d'acheminement énergétique qu'elle pose.

Comment Chevron, Mobil et Amoco allaient-elles importer leur pétrole de la Caspienne ? La voie la plus sûre passait par la Russie et la mer Noire, d'où le pétrole pouvait être transféré par tanker jusqu'en Méditerranée. Mais les mafias russes n'aimaient rien tant que de racketter les compagnies pétrolières américaines et elles prélevaient, il y a quelques années, 3 dollars par tonne de pétrole exporté. Il y avait une route alternative par la Turquie, mais il faudrait alors traverser la Géorgie ou l'Arménie, toutes deux embourbées dans des guerres civiles. L'Afghanistan, aussi, était en pleine implosion et il se passerait encore un certain temps avant qu'on puisse y enterrer tranquillement le moindre tronçon d'oléoduc.

Nos amis saoudiens, quant à eux, n'en croyaient toujours pas leurs oreilles. L'Asie centrale ? Mais comment pouvait-on imaginer une seconde que le pétrole d'Asie centrale représentait une alternative crédible au pétrole du Moyen-Orient ? objectaient-ils. Même en laissant de côté l'instabilité politique et en n'examinant que les coûts : l'extraction d'un baril de pétrole de la Caspienne coûtait environ six dollars contre un à deux pour un baril de brut saoudien, une différence significative au début des années 90, époque où le pétrole touchait son cours plancher à environ dix dollars le baril. Ajoutez le coût de construction de deux oléoducs, un investissement d'environ sept milliards de dollars, et l'exploitation des champs pétrolifères de la Caspienne ne présentait plus aucun intérêt, surtout aux yeux des Saoudiens.

Ces derniers savaient bien pourquoi les compagnies pétrolières alignaient des millions de dollars : ces nouveaux projets allaient faire monter le cours des actions. Il leur suffisait de présenter ces exotiques réserves de la Caspienne comme un nouvel Eldorado et les actionnaires moyens, peu au fait des complexes problèmes d'acheminement auxquels allaient se heurter les majors, n'y verraient que du feu. Mais ce que l'Arabie Saoudite n'arrivait pas à comprendre, c'est ce que le gouvernement américain avait en tête. La guerre froide étant terminée, qui se souciait maintenant de savoir si l'Asie centrale était ou non indépendante de la Russie ? Les Saoudiens savaient que Washington, que ce choix fût ou non rationnel d'un point de vue économique, était parfaitement capable de soutenir financièrement l'exploitation du pétrole de la Caspienne. Il leur suffisait d'investir assez d'argent pour que le rêve devienne réalité. Ils se sentirent trahis. Après tout, ils avaient dépensé des dizaines de milliards de dollars pour financer la guerre du Golfe, un conflit ruineux, surtout dans un contexte de stagnation du marché pétrolier. Mais les États-Unis avaient su convaincre les Saoudiens de la nécessité de la guerre pour maintenir le statu quo, empêcher Saddam d'envahir l'Arabie Saoudite et garantir à la maison régnante qu'elle resterait le banquier mondial du pétrole.

Furieux contre Washington et inquiets des véritables

motivations américaines, les Saoudiens investirent sur le marché de la Caspienne pour mieux anticiper les risques réels qu'ils encouraient. Delta Oil, associée avec le prince héritier Abdallah et quelques gros investisseurs saoudiens (plus deux partenaires américains, *business is business*) firent l'acquisition d'une concession en Azerbaïdjan. Après mon départ de la CIA, j'appris que les services de renseignements saoudiens dirigés par Turki al Fayçal s'étaient associés avec la compagnie argentine Bridas pour construire un gazoduc qui relierait le Turkménistan au Pakistan en traversant l'Afghanistan. C'était une combinaison idéale pour Bridas parce que Turki, contrairement à certains autres princes, entretenait d'excellentes relations avec les talibans. Et pour cause : il leur avait apporté un soutien financier considérable.

Or noir, conflits ethniques, fondamentalisme islamique, guerre civile, irrédentisme russe, cette fois, le Grand Jeu était vraiment de retour. Mais quelles étaient les nouvelles règles, et comment se nommaient les joueurs ? C'est ce que j'avais l'intention de découvrir.

Le vol de Bichkek à Och, d'une quarantaine de minutes, me donna l'occasion de réfléchir à ce que j'avais l'intention d'apprendre dans cette vallée perdue de la Fergana et à la façon dont j'allais devoir m'y prendre. Le fondamentalisme islamique menait une guerre sans visage. Au siège de la CIA j'avais essayé de trouver une photo de Youldashev, le dirigeant de l'IMU. En vain. Comment le reconnaître si je le rencontrais ? Telles étaient les pensées qui se bousculaient dans mon esprit tandis que le Yak-40 survolait les pics enneigés qui culminaient à 4 875 mètres.

J'avais tout mon temps. Le mois précédent, en octobre 1992, j'avais été évacué du Tadjikistan voisin au beau milieu d'une guerre civile entre ex-apparatchiks soviétiques et fondamentalistes islamiques. Mes chefs m'avaient ordonné de rentrer à Washington, où j'étais censé attendre sagement que la situation se soit calmée et que je puisse rouvrir l'antenne locale. Comme je détestais me tourner les pouces assis derrière un bureau, je déployais toutes mes capacités de persuasion pour convaincre John McGaffin, le chef de la division d'Asie centrale, de me payer un grand tour de la région. Il n'émit pas de véritables objections. Il approuva même mon stage de farsi à Samarkand, ex-capitale de l'Ouzbékistan et berceau d'une longue lignée de conquérants exceptionnels, d'Alexandre le Grand à Tamerlan.

Deux jours après avoir signé mes ordres de voyage, McGaffin me harponnait dans le hall. « Ils parlent farsi à Samarkand ? » demanda-t-il ingénument. Je n'en étais pas sûr, mais j'avais lu quelque part qu'on y parlait le farsi au XIVe siècle. Je hochai donc la tête d'un air convaincu. Les choses ne changent pas du jour au lendemain, sur la rive nord de l'Amou-Daria. McGaffin eut l'air satisfait de ma réponse.

En descendant la passerelle de débarquement et en traversant le tarmac de l'aéroport d'Och, la dure réalité dissipa instantanément mes rêveries romantiques sur la route de la soie et mes velléités d'explorateur. L'air était si chargé de poussière et de fumées diverses qu'on devinait les environs, plutôt qu'on ne les distinguait nettement. Et ce qu'on en apercevait décourageait aussitôt toute velléité touristique : dans les rares trouées du *smog* baignant la ville, on voyait se succéder à perte de vue des paysages industriels lunaires et des étendues arides à la végétation anémiée. Och veut dire « soupe » en perse – je comprenais enfin pourquoi.

Heureusement, mon guide m'attendait à l'aéroport.

Difficile de le manquer, c'était un géant de deux mètres. Je m'interrogeai quelques instants sur la présence du tout petit vieillard cassé en deux qui l'accompagnait, avant de comprendre qu'il devait s'agir du chauffeur. Ce qui me laissait, en revanche, sceptique, c'était d'imaginer ce petit vieux tordu d'arthrose s'installant au volant d'une voiture et fixant sans faiblir la route devant lui.

Ibramov, notre guide, se révéla un très agréable compagnon de voyage. Il ne devait guère connaître plus d'une dizaine de mots d'anglais (bien assez pour enseigner la littérature anglaise au collège technique local), mais je parvins à me faire comprendre de lui en baragouinant tadjik, allemand et russe. Et qui plus est, mon complaisant mentor était d'accord pour m'emmener dans la vallée de la Fergana.

Le lendemain, nous partions pour Namangan, cette bourgade située à une heure de route étant, selon mes renseignements, le creuset du fondamentalisme islamique dans la région. Une observation attentive des différentes mosquées de la ville n'apporta aucun élément intéressant : ni sergents recruteurs islamistes en vue, ni affiches incendiaires apposées sur les murs, pas le moindre graffiti. Il est vrai que ce n'était pas un vendredi, le jour saint des musulmans, mais si les islamistes avaient été actifs dans ce secteur, on aurait dû voir des signes tangibles de leur présence. L'endroit semblait à peu près aussi neutre et terne qu'Och. Je décidai de me promener autour de l'une des mosquées. Mais avant que j'aie eu le temps de descendre, Ibramov m'attrapa par le bras et me montra une Lada garée le long du trottoir bordant la mosquée. Dans la voiture dont le moteur était coupé, trois hommes regardaient droit devant eux sans échanger un seul mot.

— Partons, fit Ibramov.

J'acquiesçai. Je n'avais guère le choix, mon autorisation ne me permettant de voyager que dans la partie kirghize de la Fergana, or nous nous trouvions en Ouzbékistan. Mon sauf-conduit n'avait aucune valeur.

— Je suggère que nous allions à Kokand, il y aura moins de problèmes là-bas.

Au moment où nous démarrions, je vis les types dans la Lada inscrire sur un carnet nos numéros de plaques.

Deux heures plus tard, Ibramov me déposait dans le seul hôtel de Kokand qui disposait de l'eau courante. L'hôtel était désert, à l'exception d'un bonhomme du cru en costume luisant de graisse assis dans l'un des deux fauteuils du hall d'entrée. Sans se lever, il nous demanda ce que nous désirions. Quand Ibramov me désigna en disant que j'avais besoin d'une chambre, il exigea automatiquement, découvrant deux incisives en or : « Passeports, s'il vous plaît. » Après avoir fait semblant de le feuilleter, il me le tendit et, d'un ton péremptoire : « Vous n'avez pas l'autorisation de visiter Kokand. » De toute évidence, on l'avait informé que j'allais arriver et que je n'avais pas les documents nécessaires. D'un point de vue formel, j'avais enfreint la loi. En effet, bien qu'il ait conquis son indépendance en 1991, l'Ouzbékistan avait conservé l'ancien système de restrictions à la liberté de circulation et pour visiter les régions jugées sensibles, il fallaient disposer des autorisations *ad hoc*. Les Ouzbeks se méfiaient autant des voyageurs que les Soviétiques d'autrefois.

Le réceptionniste passa derrière son comptoir et décrocha le téléphone. Deux ou trois minutes plus tard deux miliciens en uniforme entraient, kalachnikovs en bandoulière. L'un d'eux se lança, en ouzbek, dans une discussion animée avec Ibramov dont je ne compris pas un traître mot. Le fin mot de l'histoire c'est qu'Ibramov me serra la main avec un sourire contrit et quitta l'hôtel. Je ne le revis plus jamais.

Quand je remontai dans ma chambre, les deux miliciens me suivirent et se postèrent devant ma porte. « Stupide ! » me dis-je. Après tout, je voyageais avec un passeport diplomatique, je n'étais pas indigent et je n'avais sûrement pas l'air d'un basmachi. Je ressortis de ma chambre et descendis l'escalier à la recherche de mon réceptionniste, suivi, comme il se doit, par l'un des deux miliciens.

Mon ange gardien était toujours dans son fauteuil. Je lui demandai si j'étais en état d'arrestation.

— Non, nous sommes ici pour vous protéger, la Fergana c'est très dangereux. Les basmachi, vous savez.

— Puis-je aller me balader dans Kokand ce soir ? demandai-je.

— Non, il y a trop de basmachi, la nuit.

Le dîner me fut bientôt servi dans ma chambre. Il se composait d'un bol de soupe aux poireaux, d'un morceau de pain rassis et d'une pomme tavelée. Dehors, dans la nuit, je présumai que les prétendus basmachi sortis de leurs tanières se rassemblaient en meutes compactes prêtes à fondre sur leurs proies supposées. Simples brigands à l'ancienne mode ou héritiers des révolutionnaires musulmans qui avaient affronté les bolcheviques ? Pour l'instant ils restaient bien abstraits pour moi. À quoi pouvaient-ils donc ressembler ?

Le lendemain matin, mon ange gardien frappa à ma porte. « Nous pouvons visiter Kokand ce matin », m'annonça-t-il.

Un autre homme, l'air d'un Russe, se tenait debout derrière lui. Même costume à la propreté douteuse, même expression morose, nonchalante et soupçonneuse. Il ne se présenta pas et je renonçai à lui demander qui il était.

Déclinant la proposition de découvrir la grande usine textile de Kokand, je m'enquis des possibilités de visite de la principale mosquée. Ibramov m'avait assuré qu'une école coranique y était rattachée. L'Ouzbek et le Russe haussèrent les épaules.

L'architecture de la mosquée avec son dôme recouvert de carreaux de faïence était typique du style de l'Asie centrale. J'y déambulai un moment, jetant des regards fouineurs dans les salles de classe vides avant de découvrir un homme qui devait avoir environ soixante-cinq ans et portait sur un ample burnous en flanelle la calotte ornée dont se coiffent les religieux de la région. Il était assis à même le sol, écoutant un petit garçon réciter une sourate tirée du Coran. L'arabe de l'enfant était presque parfait mais j'avais la nette impression qu'il ne comprenait pas un seul mot de ce qu'il disait. Mes deux accompagnateurs restèrent sur le seuil tandis que je m'assis par terre, essayant de discuter avec le vieux monsieur.

Je le saluai en tadjik ce qui me valut un regard d'incompréhension de sa part. Soit il ne parlait pas le tadjik, soit il ne voulait pas le parler devant mes anges gardiens.

— Je ne comprends pas, répondit-il en russe.

Quand j'essayai l'arabe, le visage de mon interlocuteur s'éclaira. Dans un arabe hésitant mais grammaticalement impeccable, il me demanda si j'étais moi-même arabe. Je saisis aussitôt la perche qu'il me tendait. Si je lui disais la vérité, il allait se fermer comme une huître. Même dans la lointaine Kokand on avait entendu parler de la CIA. En outre il y avait fort à parier que ce saint homme se confierait plus facilement à un croyant, ou supposé tel. Je lui servis un demi-mensonge, j'étais arabe mais je vivais en Californie. Il sourit. Peut-être se disait-il que je travaillais dans le cinéma ?

Je remarquai la nervosité de mes anges gardiens. Ils

chuchotaient bruyamment derrière moi, sans nul doute inquiets que le religieux et moi conversions dans une langue qu'ils ne comprenaient pas.

Tu tiens le bon bout, me suis-je dit.

— Qui vous a offert ça ? lui demandai-je en désignant une pile de Corans tout neufs posés sur une table dans un coin.

Pour toute réponse, le vieux monsieur se leva et m'en apporta un. Il l'ouvrit et me montra le cachet sur la première page. Ce livre avait été offert par l'IIRO, l'Organisation de secours islamique international, la plus riche et la plus active des organisations caritatives islamiques du monde, celle-là même qui devait être perquisitionnée après les attentats du 11 septembre. Un début prometteur. Fondée en 1978, l'IIRO est une organisation caritative privée et indépendante, sur le papier en tout cas. En fait c'est une institution gouvernementale saoudienne entièrement contrôlée par la famille royale. Salman, frère du même lit que le roi Fahd, approuve personnellement tous les salaires et les dépenses importantes de l'organisation. Mais il ne s'agit pas simplement d'une question de contrôle : la création de l'IIRO a représenté un pas important dans la conversion de l'Arabie Saoudite à l'islamisme militant.

À l'instar d'autres organisations caritatives financées par la maison régnante, c'est l'humiliante défaite des Arabes dans la guerre des Six Jours avec Israël qui est à l'origine de la création de l'IIRO. L'Arabie Saoudite ne s'est certes pas impliquée directement dans cette guerre, mais la famille royale dut faire face à une marée de critiques acerbes. Pourquoi les revenus de l'or noir n'avaient-ils pas contribué à construire une armée qui aurait pu emporter la décision face à Israël ? Pourquoi les princes saoudiens préféraient-ils fréquenter les tables de jeu monégasques quand ils auraient dû se trouver sur le front avec leurs Frères musulmans ? L'Arabie Saoudite hébergeant les lieux saints de l'islam, comment expliquer qu'elle soit restée sur la touche quand l'islam se faisait écraser ? Alertée par cette résurgence de la foi et désireuse de couvrir ses arrières, la famille royale se mit donc en devoir de répandre ses largesses sur les œuvres de bienfaisance, à commencer par l'IIRO.

Quand, au début des années 80, le royaume décida de financer les moudjahiddines afghans, l'IIRO se présentait comme l'intermédiaire idéal pour faire transiter les fonds sans (trop) attirer l'attention. Si l'organisation enfreignait la loi d'un pays où elle s'était implantée, ou si l'un de ses employés s'égarait et rejoignait un groupe terroriste, rien de plus facile pour l'Arabie Saoudite que de se draper dans sa dignité offensée et de nier toute responsabilité, ce qui lui épargnait beaucoup d'ennuis. Elle a usé et abusé du stratagème.

L'IIRO a soutenu financièrement Abdul Rassoul Sayyaf, le Frère musulman afghan qui avait su s'attirer sa bénédiction, ainsi que les faveurs américaines, quand il avait déclaré la guerre sainte aux Soviétiques. Sayyaf a été le protecteur de Ben Laden et d'un certain nombre de jeunes fanatiques musulmans qui étaient venus l'aider à chasser l'envahisseur maudit.

Savoir que l'IIRO posait ses jalons en Asie centrale constituait certes un signal intéressant mais encore fallait-il savoir l'interpréter. Quel message devais-je retenir ? L'IIRO soutenait-elle un Sayyaf d'Asie centrale ? Prêchait-elle une nouvelle guerre sainte ? Ou se contentait-elle de distribuer des exemplaires du Coran pour ramener les musulmans de la région dans le droit chemin ? Mes deux anges gardiens, décidant qu'il était temps de partir, me firent signe de les suivre. J'avais tout juste le temps de poser une dernière question au religieux. Il fallait que ce soit la bonne.

— L'Arabie Saoudite vous a-t-elle envoyé des œuvres d'Ibn Taymiyah ?

Si les Saoudiens propageaient la pensée du prédicateur rigoriste, il ne s'agissait plus de simple prosélytisme, mais d'appel déguisé au djihad.

— Qui ? me demanda le vieux monsieur.

Fichu. J'avais brûlé ma dernière cartouche et raté la cible. Avant que j'aie pu poser une autre question, mes cerbères m'entraînaient vers la sortie.

Sur le chemin de l'aéroport, assis sur la banquette arrière de l'inévitable Lada, je tentai de nouer le dialogue avec mon accompagnateur ouzbek et son ami russe. Ils étaient des « services de sécurité » me firent-ils savoir. Le Russe venait de « Moscou » – sans doute une sorte de conseiller russe de l'ex-KGB ouzbek. Encore un signal : si l'on y réfléchissait un peu, on ne pouvait en déduire qu'une chose. Cette fois la grande bataille allait opposer les régimes post-soviétiques d'Asie centrale à l'Islam wahhabite. Avec les exemplaires du Coran offerts par l'IIRO c'était encore et toujours un djihad de grande ampleur qui se profilait à l'horizon. Peut-être ce vieux religieux n'avait-il pas encore entendu parler d'Ibn Taymiyah, mais ça n'allait guère tarder. Derrière l'IIRO, derrière Ibn Taymiyah, dans le clair-obscur qu'elle affectionnait tant, on retrouvait encore l'Arabie Saoudite.

Mais les États-Unis avaient-ils la moindre idée de ce qui les attendait ? Le simple fait que j'ai été l'un des rares officiers de l'agence à visiter ces contrées en dit assez long sur ce point.

Dans mon rapport du lendemain à l'antenne de Tachkent, j'ai parlé au chef de ma visite à la mosquée et je lui ai demandé ce qu'il pensait des visées saoudiennes dans la région de la Fergana. Il n'était là que depuis six mois mais il parlait bien le russe et il avait traîné ses guêtres un peu partout dans le secteur.

— Pas la moindre idée, fit-il. L'Arabie Saoudite n'est pas une cible prioritaire, et je ne suis pas allé dans la Fergana.

Il avait le même problème que j'avais rencontré à Beyrouth quand je « cultivais » mon Frère musulman Zuhayr Shawish. Sans une directive de Langley ordonnant de creuser le sujet du fondamentalisme saoudien en Asie centrale, un chef d'antenne de l'agence n'était même pas censé y penser.

— Je pourrais demander aux Ouzbeks, poursuivit-il, mais je sais déjà qu'ils ne lâcheraient pas la moindre info. Ils me diraient qu'il s'agit d'un problème intérieur et on en resterait là.

En ce qui concerne les Ouzbeks, j'eus la nette impression qu'ils jetaient sur les groupes fondamentalistes islamiques le même regard que les commissaires soviétiques qui avaient escamoté la révolte basmachi : il s'agissait de bandes de criminels, un point c'est tout.

Je passai une semaine à Tachkent parmi mes collègues de l'ambassade. Tout le monde était accaparé par les problèmes du quotidien : les appartements minables, les ratés chroniques d'une plomberie antédiluvienne, les pénuries récurrentes d'essence... Durant les rares moments qu'ils consacraient au travail proprement dit, mes collègues se vouaient aux projets de Washington – mettre sur pied un bureau du Peace Corps (organisation américaine de coopération) ou apprendre aux Ouzbeks à se servir d'une machine à voter (alors qu'il n'y avait jamais eu d'élections démocratiques en Ouzbékistan). Personne n'avait la moindre idée de ce que tramaient l'IIRO et l'Arabie Saoudite en Asie centrale.

Finalement je n'ai jamais effectué mon stage de farsi à Samarkand. La CIA a rouvert son antenne de Douchanbe en janvier 1993 et j'ai donc dû reprendre le collier. Comme par hasard, le sujet de l'Arabie Saoudite n'a pas tardé à revenir au premier plan, un peu comme le diable à ressorts que j'évoquais plus haut.

Un jour, vers 3 heures du matin, j'entendis frapper à ma porte. Qui pouvait-ce bien être ? Pour parvenir jusqu'à mon bureau, qui faisait également office de chambre, dans l'Oktoberskaya Hotel où étaient aussi hébergées les ambassades iranienne et soviétique, il fallait montrer patte blanche à deux miliciens tadjiks lourdement armés. Puis, une fois parvenu au troisième étage, franchir un cordon de *spetznatz*, les gros bras des forces spéciales russes. En ouvrant la porte, j'eus l'explication, c'était Boris, mon voisin de palier, le chef local des services de renseignements russes. Complètement ivre, le visage bouffi, il chancelait sur le seuil.

En postillonnant généreusement, il aboya quelques syllabes « *yop tavaya mat !* » qu'on pourrait traduire approximativement par « va baiser ta mère ! ». Je m'employai à le calmer et à essayer d'obtenir quelques explications sur cette entrée en matière agressive. J'appris ainsi qu'un peu plus tôt dans la soirée, un groupe rebelle de tadjiks islamistes venus de l'Afghanistan avait traversé la rivière Panj, pris d'assaut un poste frontière russe et décapité tous ses occupants.

« Encore votre foutue Arabie Saoudite ! » Boris était repris d'un accès de véhémence. « Vous ne pouvez pas leur dire que cette fichue guerre est finie et qu'ils feraient mieux de nous foutre la paix ? » Je ne comprenais pas le rapport entre l'Arabie Saoudite et cette attaque surprise. Les Saoudiens n'avaient pas de troupes en Afghanistan, en tout cas officiellement, et la région d'Afghanistan d'où venaient les rebelles était contrôlée par un groupe dont nous pensions qu'il prenait ses ordres de Téhéran. Boris m'expliqua que j'avais tort : les rebelles étaient placés sous le commandement de l'Ittehad e Islami, un groupe dirigé par Rassoul Sayyaf, le protecteur afghan de Ben Laden.

Cette présentation des faits me parut peu crédible. Qu'il s'agît de la guerre en Afghanistan ou des luttes ethniques entre Arméniens et Azéris, pour les Russes, l'Arabie Saoudite était toujours la grande responsable. Ils accusaient aussi les Saoudiens de soutenir les Tchétchènes qui avaient proclamé leur indépendance en 1991. L'argent saoudien avait certes alimenté la guerre afghane, mais ce n'était pas une raison suffisante pour accuser le royaume de rééditer cette opération en Asie centrale. L'Arabie Saoudite était notre alliée, elle nous aurait prévenus si elle menait une action clandestine au Tadjikistan, pensais-je. Naïf que j'étais !

Je décidai de jouer le jeu avec Boris, l'assurant quc je l'aiderais à découvrir ce que tramait Sayyaf ou si Riyad avait quelque chose à voir avec cette attaque. Il marmonna quelque chose entre ses dents sur la CIA (*avant qu'on puisse vous faire confiance, il gèlera en enfer*, variante bondieusarde de *quand les poules auront des dents*). Je le poussai dehors en lui refilant deux bouteilles de whisky Black Label.

Deux jours plus tard, Boris frappait de nouveau à ma porte et me tendait une liste de noms dactylographiée. « Essaie de savoir qui sont ces salauds. Ils sont arabes et ils sont avec Sayyaf. C'est eux qui ont monté l'assaut contre le poste frontière. »

Il n'était pas question d'envoyer ces noms au quartier général, vu que je n'étais nullement censé collaborer avec les Russes. Je décidai donc d'envoyer la liste à l'antenne d'Islamabad (Pakistan) que dirigeait Bill, un vieux copain à moi. J'étais sûr que lui comprendrait ce que je tentais de faire. Et s'il se trouvait un endroit au monde où l'agence devait être informée des menées islamistes, c'était bien Islamabad. Après tout c'était de là qu'avait été téléguidée la guerre afghane. Deux jours plus tard, Bill m'envoyait sa réponse : impossible de dénicher la moindre info sur les Arabes de Boris, parce que nous n'avions pas le moindre agent dans la mouvance de Sayyaf.

C'était difficile à croire. Sayyaf n'était-il pas notre création ? Qui d'autre l'avait aidé à monter son groupe initial à Peshawar, à l'époque où le comité de coordination spécial du Conseil de sécurité national avait accordé son soutien aux « Sept », les premiers groupes de résistants afghans auxquels il appartenait ? Et c'est le B-A-BA du métier d'espion de n'accorder son soutien à une action clandestine que lorsqu'on sait *exactement* ce que manigancent les activistes qu'on appuie. Ce qui suppose d'avoir une source dans le groupe. Or nous n'avions pas d'agent dans le groupe de Sayyaf – à moins qu'il n'ait pas survécu au conflit afghan. Du point de vue d'un professionnel du renseignement c'était une erreur impardonnable.

En outre, comment faire avaler à mon ami Boris une telle énormité ? D'autant que les Russes, eux, n'appuient une action clandestine que lorsqu'ils peuvent la *contrôler* de A à Z. Quand ils demandaient aux Allemands de l'Est de mener une action en Afrique ou en Amérique du Sud, ils prenaient toutes les précautions pour être complètement informés de ce qui se passait. Ils n'auraient jamais fait confiance aux Pakistanais ni aux Saoudiens pour leur dire la vérité.

Pendant les semaines qui suivirent, je dus donc éviter le pauvre Boris. Quand je ne pouvais pas faire autrement que de le croiser dans le couloir que nous partagions, il me lançait un petit sourire narquois comme pour me dire : *tu vois, il gèlera en enfer !* À n'en pas douter, il était convaincu que nous savions ce que tramaient Sayyaf, son commanditaire saoudien et tous les autres groupes fondamentalistes en Afghanistan. Je dois ajouter que j'aurais été embarrassé pour moi-même et mon pays s'il l'avait découvert de son côté.

Les assauts contre les soldats russes le long de la frontière tadjike se poursuivirent jusqu'à ce que je sois muté en 1994, mais Boris ne me donna plus jamais de liste de noms à vérifier.

Les années suivantes, la situation ne s'améliora nullement. En 1997, Bill Lofgren, le chef de la division d'Eurasie centrale qui couvrait l'ex-Union soviétique et l'Europe de l'Est, emprunta le jet Gulfstream du grand patron pour s'offrir une tournée rapide de l'Asie centrale et du Caucase. J'étais du voyage. Six arrêts en tout et pour tout, et Dieu sait combien de dizaines de litres de vodka plus tard, nous n'avions toujours pas la réponse que nous étions venus chercher : l'islamisme représentait-il une menace pour la région de la mer Caspienne, oui ou non ? Personne n'était capable de donner une réponse pertinente à cette question, pas même les responsables chevronnés, les seuls autorisés à se prononcer officiellement. Je retrouvais la même conjuration du silence déjà observée dans la relation avec l'Arabie Saoudite.

Mais c'est au retour que ce voyage devint intéressant. Le matin du départ venu le pilote de l'avion qui devait nous ramener d'Alma Ata à Londres remplit un plan de vol indiquant comme destination Tbilissi (Géorgie). Rien d'anormal, en apparence. On nous annonça que nous pourrions faire le plein et passer la journée à visiter Tbilissi, si nous le désirions. Mais à peine avions-nous atterri que les choses prirent une tournure imprévue. Au moment où nous allions quitter le Gulfstream, un soldat armé d'un fusil nous cria de refermer la portière et de rester dans l'avion. Trente minutes plus tard, un homme en combinaison de parachutiste s'approcha de l'avion un seau dans une main et un pinceau dans l'autre. Il se mit à dessiner un cercle autour du Gulfstream. Une fois son travail achevé, le garde-frontière au fusil d'assaut réapparut. « Vous pouvez descendre de l'avion mais ne vous avisez pas de sortir du cercle ! » Une heure plus tard, nous avions fait le plein et nous volions vers Londres, ayant raté notre dernière chance de rapporter de nouveaux éléments sur la menace fondamentaliste en Asie centrale. Ironie du sort, ce voyage devait nous faire survoler la vallée de Pankisi, en Géorgie, un des repaires de Ben Laden et de ses partisans.

Je compris, par la suite, à quel point Boris avait eu raison en découvrant quelques documents russes concernant la guerre de Tchétchénie.

La Tchétchénie a proclamé son indépendance en 1991, mais ce n'est qu'en 1994 que le président Eltsine a décidé de ramener dans le giron russe les Tchétchènes insurgés. J'ai visionné des films montrant Grozny écrasée sous les obus et les tirs de l'artillerie russe. Après mon départ de la CIA, j'ai lu tous les ouvrages et les articles que j'ai trouvés sur le conflit, mais les informations que j'ai pu collecter restaient pauvres et lacunaires. Fidèle à ses nouvelles habitudes, la CIA ne disposait pas de la moindre source parmi les rebelles tchétchènes. Quant aux autres pays de la région, Géorgie et Azerbaïdjan, ils prétendaient ne rien savoir de ceux qui finançaient et armaient les rebelles tchétchènes. Ce conflit semblait ne jamais devoir cesser. Il avait déjà dû coûter des centaines de millions de dollars.

J'ai trouvé la réponse à ma question dans un dossier des services de renseignements russes qui faisait apparaître un lien direct entre le gouvernement saoudien et les indépendantistes de Grozny. Et là, il n'était plus question d'œuvre de bienfaisance saoudienne répandant ses largesses sur de pauvres musulmans maltraités. Un rapport décrivait comment, le 22 juin 1998, une quarantaine de Tchétchènes avaient été amenés dans un camp militaire secret situé à une centaine de kilomètres au sud-est de Riyad. Pendant quatre mois, ces activistes avaient été formés à l'utilisation d'explosifs, au combat à mains nues et au maniement des armes blanches et légères. Une grande part de leur temps était consacrée à l'endoctrinement, c'est-à-dire à l'apprentissage de l'islam wahhabite. Salman, gouverneur de Riyad et frère du même lit que le roi Fahd, était le sponsor de ce camp. Si ce rapport était exact, les critiques de l'Arabie Saoudite se trompaient et la colère de Boris était justifiée : le royaume ne commettait pas seulement un mensonge par omission dès qu'il était question des extrémistes et de leur guerre sainte. Les Saoudiens finançaient directement le terrorisme. Mais pourquoi ?

III

LA CHUTE FINALE

10

Les lendemains qui déchantent

Pour les industriels américains de l'armement, l'Arabie Saoudite est un secteur à part avec ses propres règles du jeu. J'ai décrit le mécanisme par lequel un petit pourcentage de l'argent versé aux Saoudiens en contrepartie de leur pétrole sert à financer des opérations terroristes sur le territoire américain et contre des institutions américaines à l'étranger. L'or noir est d'abord converti en dollars puis en armes américaines qui permettent à la famille royale de se protéger des menaces extérieures, mais surtout intérieures. Quand nous passons des marchés avec les Saoudiens nous ne pouvons pas ignorer qu'un pourcentage des fonds qu'ils nous versent finira, sous forme de « commission » astronomique, dans la poche d'un des *happy few* qui contrôlent le commerce des armes dans le royaume. Et sur ce pourcentage, des groupes extrémistes établis en Arabie Saoudite perçoivent leur dîme ; or, cet argent que nous leur versons indirectement n'a qu'un seul usage : nuire aux intérêts occidentaux. Il leur est rétrocédé sans discussion parce que les Saoudiens savent bien qu'à défaut ce sont les banlieues cossues de la capitale qui pourraient devenir l'objectif numéro un des terroristes.

Tout cela pourra sembler un peu fou. Mais ces

contrats de ventes d'armes ont une double fonction. Ils aident tout d'abord à protéger les Saoud de leurs sujets et ils représentent aussi le moyen le plus simple pour les cupides princes saoudiens de siphonner l'argent du Trésor public. Les transactions financières de Saudi Aramco, la compagnie pétrolière nationale, sont toujours administrées par des Occidentaux et elles sont trop transparentes pour permettre la moindre malversation. Les deux industries les plus aptes à jouer le rôle de vaches à lait sont donc l'armement et le BTP – rappelons qu'en ce qui concerne cette dernière, la famille Ben Laden s'est taillé la part du lion. Du point de vue américain, vendre des armes à l'Arabie Saoudite est aussi le moyen le plus simple de s'assurer que nos dépenses pétrolières reviennent aux États-Unis sous forme de revenus destinés à l'industrie de la défense. Si cela signifie que nous devons pincer nos narines occidentales trop sensibles à l'odeur de la corruption, eh bien ce n'est qu'un inconvénient mineur. Après tout, dans les affaires internationales, mieux vaut avoir l'estomac solide.

La Loi américaine sur le contrôle des exportations d'armes exige que le Congrès soit informé par l'exécutif de tous les contrats de ventes d'armes à l'étranger directement négociés par ce dernier quand leur montant excède 14 millions de dollars. Voici quelques-uns des contrats approuvés pour l'Arabie Saoudite entre 1994 et 2000 :

— Modernisation de 1 500 missiles Raytheon AIM-9L et de 300 missiles air-air AIM-7M. (L'ex-directeur de la CIA John Deutch fait partie du conseil d'administration de Raytheon.)

— Modernisation de 700 bombes GBU-10 Paveway II guidées par laser.

— Fourniture de 130 systèmes d'armes de 90 mm intégrables sur des véhicules blindés légers, 130 mitrailleuses M 240 et M2 de 50 mm et près de 170 000 cartouches de 90 mm.

— Entretien et support technique pour les systèmes AWACS, pour les avions ravitailleurs en vol KE-3 et les systèmes de défense anti-aériens HAWK et PATRIOT.

— Modernisation des missiles surface-air Raytheon Hawk.

— Fourniture de 556 bombes à guidage électroptique pour le système Rockwell GBU-15, etc.

Mais il ne s'agit là que des marchés les moins significatifs. En tout, depuis que le secrétaire d'État Kissinger a mis en place le mécanisme des transactions pétrole contre armements au début des années 70, les Saoudiens ont acquis pour cent milliards de dollars de matériels militaires de toutes sortes, depuis les AWACS et les chars Abrams M-1, jusqu'aux navires de combats, etc. Les Saoudiens sont de ce fait, depuis des décennies, le consommateur numéro un d'armes et de matériels militaires américains.

Pour chaque contrat, il y a une commission et pour chaque commission, il y a un membre de la famille royale saoudienne qui touche son pourcentage. Mais il existe des procédés plus subtils de passer à la caisse.

Les protocoles qui régissent les ventes de matériels militaires américains aux Saoudiens nécessitent le transfert des subsides saoudiens sur un fonds spécial administré par le ministère de la Défense américain. Les paiements spécifiques aux vendeurs sont effectués par ce fonds. Tout ce système fonctionnerait sûrement très bien si les Saoudiens payaient leurs factures ponctuellement, mais comme ce n'est en général pas le cas, un système dit de « recouvrement différé » a été mis en place.

Cette méthode de recouvrement différé qui a pour résultat principal de ne pas faire apparaître les acquisitions militaires dans les livres de comptes, s'est avérée une aubaine. Grâce à elle, les Saoudiens ont pu acquérir des systèmes d'armes avancés, y compris l'avion de reconnaissance électronique Rivet Joint, sans que le Congrès américain soit saisi, ce qui constitue une violation flagrante de la législation qui s'applique aux ventes d'armes américaines aux pays étrangers.

Le prince Bandar estimait un jour dans une interview à une chaîne de télévision publique américaine que sur les 400 milliards de dollars que les Saoudiens ont consacrés depuis le début des années 70 à la création d'un État moderne, 50 milliards (soit 12,5 %) ont été détournés à des fins de corruption. « Et alors ? répliquait Bandar, dans un élan de sincérité inoubliable, nous n'avons pas, que je sache, inventé la corruption ! » Si l'on généralise ce chiffre de 12,5 %, il faut en conclure que sur les 100 milliards d'armements achetés par les Saoudiens aux Américains depuis une trentaine d'années environ 12,5 milliards ont été versés sous forme de rétrocommissions aux princes saoudiens – un joli magot qui a, en contrepartie, permis d'arroser généreusement Washington.

À l'été 1992, George H.W. Bush approuvait la vente de 72 chasseurs-intercepteurs F-15 pour un montant total de 9 milliards de dollars (systèmes d'armes et soutien au sol y compris). Développé par McDonnell Douglas (aujourd'hui intégré à Boeing) cet appareil « multirôle » peut emporter 12 tonnes d'armes air-air et air-sol, dont des missiles Sidewinder et Sparrow et plus de 160 bombes. Les F-15, pourtant opérationnels depuis moins d'un an au moment du déclenchement de la guerre du Golfe, y ont joué un rôle important, celle-ci leur ayant servi de « vol de démonstration » pour des acheteurs arabes potentiels, placés aux premières loges pour en apprécier l'efficacité.

Début 1994, avant que les livraisons aient pu commencer, l'administration Clinton approuvait la vente de 25 F-15 aux Israéliens. Pour Boeing-McDonnell Douglas, rien de plus confortable que cette stratégie américaine qui prône l'équilibre des forces en présence au Proche-Orient : elle a l'immense intérêt de faire tourner les usines et de gonfler les bénéfices. Les Israéliens, eux, avaient de bonnes raisons de faire la grimace en apprenant que les États-Unis avaient décidé de vendre une technologie aussi sophistiquée à un État qui ressemble de plus en plus à une poudrière extrémiste. Comme l'histoire l'a déjà démontré à maintes reprises, toute vente de matériels militaires renferme un risque d'effet boomerang pour le vendeur. (Le même argument vaut pour l'aide de la CIA aux talibans quand ils s'appelaient encore « combattants afghans pour la liberté ».)

Paradoxalement, c'est pourtant la vente d'un avion civil aux Saoudiens qui a eu les conséquences les plus néfastes pour la stabilité du royaume. Le 26 octobre 1995, lors d'une cérémonie solennelle dans le salon ovale de la Maison Blanche, en présence du président Clinton et du P-DG de Boeing, l'Arabie Saoudite représentée par son ministre de la Défense, le prince Sultan, s'engageait à acheter 61 avions long-courriers à la célèbre compagnie américaine. Plus précisément, les Saoudiens se dotaient de 20 Boeing 777-200, de 5 747-400, de 4 avions cargo MD-11F et de 29 MD-90, sans compter les moteurs General Electric et International Aero Engines. Ce contrat de 7 milliards de dollars était le plus élevé jamais signé pour l'achat d'avions de ligne par un transporteur moyen-oriental public ou privé. Pour célébrer cette apothéose des relations américano-saoudiennes, le secrétaire à la Défense William Perry offrait un dîner officiel pour le prince Sultan à Blair House, la résidence des hôtes officiels du gouvernement américain.

Pour Bill Clinton, le contrat saoudien était une aubaine électorale, les pétrodollars devant en effet arroser toutes les régions du pays : la construction des avions revenait aux usines Boeing (État de Washington) et MacDonnell Douglas (Californie). Les moteurs General Electric seraient fabriqués en Ohio et les moteurs Pratt & Whitney dans le Connecticut. Le Missouri, le Kansas, l'Arkansas et l'Utah obtenaient également leur part du gâteau. Bref, ce contrat assurait au président 122 des 538 voix de grands électeurs dont il avait besoin pour être réélu. Dans le dossier de presse remis aux journalistes lors de la signature, la Maison Blanche estimait que la commande saoudienne fournirait du travail à cent mille Américains – et cela juste au moment où l'économie américaine commençait à redécoller après la crise des dernières années de la présidence Bush 1.

Obsédé par les prochaines élections, Clinton avait négocié dur pour décrocher ce contrat. Dès février 1993, alors qu'il n'était au pouvoir que depuis un mois, il avait envoyé le secrétaire d'État Warren Christopher en Arabie Saoudite faire pression sur le roi Fahd pour qu'il achète des Boeing. En mai de la même année, Ron Brown, le secrétaire américain au Commerce, prenait la suite et s'efforçait d'emporter la décision du vieux souverain durant un entretien de deux heures. En juillet Clinton entrait personnellement dans la danse en demandant un tête-à-tête au prince Bandar. Un mois plus tard, Bandar rentrait de Riyad avec une excellente nouvelle : le roi était disposé à réserver l'intégralité de la commande à Boeing, plutôt que de la répartir, comme il en était précédemment question, entre le géant américain et l'européen Airbus. Le 28 octobre 1994, Clinton retrouvait le roi Fahd dans la cité du roi Khaled, près de la frontière koweitienne, pour finaliser l'accord. Mais Clinton n'était pas le seul chef d'État intéressé par la mirifique commande saoudienne.

Au début des années 90, le marché mondial des avions de ligne est en effet en crise. Les enjeux industriels (avec un chômage en hausse constante dans les pays occidentaux) et électoraux sont donc décisifs. À qui les Saoudiens vont-ils passer commande, quel en sera le montant, telles sont les questions que se posent les plus hauts responsables européens et américains de l'époque. Leur avenir politique aussi est en jeu.

François Mitterrand, qui a l'intention bien arrêtée de ne pas se laisser déborder par Clinton et ses ministres, prend à son tour l'avion pour Riyad où il va rencontrer le roi Fahd et les membres de la famille royale pour essayer de plaider la cause d'Airbus. John Major, alors Premier ministre britannique, et futur représentant de Carlyle au Proche-Orient saute à son tour dans la navette pour Riyad, pour le compte de British Aerospace, l'associé anglais d'Airbus. En coulisses, la CIA et la NSA (agence de sécurité nationale) s'activent pour connaître les détails exacts des propositions franco-anglaises et du montant des commissions et pots-de-vin distribués. Ne doutons pas que les services français et anglais aient ouvert eux aussi leurs « grandes oreilles ».

Mais loin des bureaux ministériels et des diverses officines de renseignements, un travail de terrain d'une tout autre nature progresse à grands pas. Tous les contrats avec les Saoudiens impliquent des kyrielles de commissions, de pots-de-vin et de malversations en cascade. Peu importe d'ailleurs le nom que l'on donne à ces énormes détournements, ils sont le prix à payer pour faire des affaires avec nos meilleurs alliés, ou prétendus tels, dans le monde arabe. En général, pourtant, ces clauses décisives restent enveloppées d'ombre, celées dans les tiroirs à doubles fonds de transactions complexes, et surtout protégées par l'équivalent proche-oriental de l'omerta sicilienne. Il n'en va pas de même pour le contrat Boeing. Grâce à une action en justice qui a été tranchée par la cour supérieure de l'État de Washington, nous possédons un tableau assez vivant du commerce américano-saoudien et des concessions auxquelles sont disposés les grands patrons américains pour avoir le droit d'enfoncer leurs canines dans une part du gâteau saoudien.

L'affaire *Tahir Bawazir contre la compagnie Boeing et le cheikh Khalid Ben Mahfouz* a été enregistrée le 16 juin 1998 mais ses racines remontent au commencement de la décennie. Dès qu'il est devenu évident que la Saudia Airlines souhaitait rajeunir sa flotte commerciale vieillissante, Boeing s'est lancé dans la bagarre. Les affaires étaient médiocres, les dégraissages imminents. L'inflation augmentait et la récession, aux États-Unis comme dans l'ensemble du monde industrialisé, poussait les consommateurs à revoir leurs besoins à la baisse et dans certains cas à annuler ou à repousser leurs dépenses. Tout aussi fâcheux pour les dirigeants de Boeing, ses dirigeants s'apprêtaient à lancer la nouvelle génération de 777 sans disposer d'un volant de clientèle suffisant pour financer ce lancement.

Tous les investissements militaires ou civils de la compagnie Saudi Airlines doivent être approuvés par la famille régnante, et les hauts responsables de Boeing, instruits par l'expérience, savaient qu'ils auraient besoin d'un intermédiaire qui leur donnerait accès au roi et à son entourage, à commencer par le prince Sultan. La recherche d'un conseil introduit en haut lieu conduisit l'avionneur à Khalid Ben Mahfouz. À l'époque, Ben Mahfouz occupait la position de directeur général adjoint de la National Commercial Bank, une des plus grosses institutions financières saoudiennes. La famille Ben Mahfouz était d'ailleurs l'un des plus gros actionnaires de la banque. Plus important, Khalid Ben Mahfouz avait la réputation, en Arabie Saoudite, d'être le banquier du roi, un titre fort enviable.

Ben Mahfouz a rencontré dès 1991 les responsables de Boeing pour discuter du contrat. Pour apaiser la crainte américaine que la gestion de ses nombreuses holdings financières ne le distraie de leur objectif, Ben Mahfouz accepta, à leur demande, de former un tandem avec un autre conseil, susceptible, lui, de suivre l'évolution du dossier au jour le jour. Ben Mahfouz proposa alors Tahir Bawazir, un Yéménite résidant en Arabie Saoudite. Le clan Ben Mahfouz avait de multiples relations d'affaires avec sa famille, relations qui remontaient à plusieurs décennies.

En mars 1992, Boeing agréa ce duo et signa le premier d'une série de contrats de conseil. Les honoraires étaient établis sur une base purement conditionnelle : une commission au pourcentage calculée sur le prix des avions au moment de leur livraison, au moins cinq pour cent du montant total du coût d'acquisition, mais plus probablement entre dix et douze pour cent, la moyenne de référence pour ce type de contrats avec les Saoudiens.

Peu après la signature de cet accord, Khalid Ben Mahfouz connut quelques déboires – et je laisse ici de côté ses liens étroits avec les organisations caritatives saoudiennes dont les fonds ont pu alimenter Al Qaida, Ben Laden et d'autres organisations terroristes. Entre autres participations, Ben Mahfouz était un important actionnaire et dirigeant de la Bank of Credit and

Commerce International, la BCCI de triste mémoire, qui n'allait pas tarder à faire parler d'elle. En juillet 1999, à New York, un grand jury mettait en accusation la banque, quatre de ses filiales et deux de ses dirigeants pour fraude. Un an plus tard, c'est Ben Mahfouz lui-même qui était inculpé. Un mandat d'arrêt fut émis à son encontre. Presque au même moment, la Banque centrale déposait une plainte contre Ben Mahfouz pour violation des lois bancaires fédérales. Le 8 juillet 1992, la juge Kimba Wood rendait une ordonnance interdisant à l'homme d'affaires « de retirer, transférer, déplacer, dissiper ou disposer de biens ou autres propriétés qu'il possède ou contrôle... à l'intérieur de la juridiction des États-Unis ». Boeing, entre autres, était informé de l'ordonnance, et averti que toute recette découlant de son contrat de conseil avec Ben Mahfouz était passible de saisie.

Indifférent aux déboires judiciaires et au scandale qui entachait gravement la réputation de son conseil numéro un dans le contrat saoudien, Boeing renouvelait son contrat de mission en mai 1993 – un renouvellement d'ailleurs confirmé chaque année durant quatre ans. De toute évidence, la commission Boeing, si elle devait jamais être réglée un jour, ne serait pas une rémunération au temps passé, et, de toute évidence, le grand avionneur américain savait exactement pourquoi il avait recruté Ben Mahfouz.

Pour faire cesser les poursuites engagées à son encontre aux États-Unis, Ben Mahfouz signait, en décembre 1993, un chèque de 225 millions de dollars à l'ordre du Trésor public américain, avant de débourser, quelque temps après, 245 millions de dollars supplémentaires pour clore les actions intentées en Europe. Notons que, malgré ce que ces amendes astronomiques pourraient laisser croire, il n'eut à plaider coupable ni dans un cas ni dans l'autre. Mais il avait d'autres soucis plus graves que ces procès. Selon certains éléments de l'action intentée par Bawazir à Ben Mahfouz, un membre éminent de la famille royale aurait fait pression sur ce dernier pour qu'il se retire de la négociation et cède sa place à un autre membre de la famille royale, renonçant du même coup à sa commission rondelette. Bawazir prétend que c'est lui, et non Ben Mahfouz, qui a mis au point la stratégie d'éviction de cet intrus trop gourmand, lui, et non Ben Mahfouz, qui a abattu quasiment tout le travail, lui et personne d'autre, qui a supervisé la bonne marche des négociations.

Tout ceci est parfaitement plausible. Khalid Ben Mahfouz était sûrement très pris par la gestion de ses multiples participations sans compter le procès des dirigeants de la BCCI. Et les princes saoudiens sont réputés pour leur tendance à s'inviter à la table des roturiers quand celle-ci est bien garnie. Difficile en revanche de dire si Ben Mahfouz a, une fois le contrat conclu avec l'Arabie Saoudite, spolié Bawazir, comme le prétend ce dernier, de sa part de la commission. La cour supérieure de l'État de Washington a d'ailleurs refusé de prendre position sur ce litige au motif qu'il ne relevait pas de sa juridiction. Ce que les documents rendus publics font apparaître, c'est qu'à l'époque du procès, Boeing avait réglé 15 millions de dollars de commissions à Ben Mahfouz, sa part sur l'acompte versé par les Saoudiens. Et il semble presque certain qu'un montant beaucoup plus important devait suivre. On a parlé de 700 millions de dollars, mais selon différentes sources bien informées, aussi bien aux États-Unis qu'en Arabie Saoudite, les royaux intermédiaires de ce dossier associés avec Ben Mahfouz auraient empoché au total près d'un milliard de dollars !

D'ailleurs Boeing se montra tout à fait satisfait des services rendus par le businessman saoudien. Quand, de nouveau autorisé par la justice à pénétrer sur le territoire américain, Ben Mahfouz se rendit à Seattle le 24 mai 1994, sur la piste d'atterrissage privée de Boeing où il atterrit, l'attendaient le P-DG Frank Shrontz et un aréopage de dirigeants de la firme. La visite guidée de l'usine sur tapis rouge à laquelle il eut droit était bien la moindre des courtoisies : pour l'avionneur américain, c'était le contrat du siècle. Les hommes politiques américains se félicitaient eux aussi de la conclusion de ce mirifique marché. Tom Foley, alors président de la Chambre des représentants et représentant du district de Spokane, célébra dans un discours ému « ce grand jour pour le pays ». Clinton vanta le nombre d'emplois que le contrat Boeing allait générer. Cet alléluia entonné en chœur réussit à couvrir, un certain temps, une assez grinçante fausse note : les Saoudiens n'avaient pas les moyens d'acheter ces avions.

Le 13 novembre 1995, dix-huit jours après la signature du contrat, une voiture piégée explosait devant un centre d'entraînement de l'armée américaine à Riyad, tuant dix-sept personnes, dont cinq Américains, et en blessant quarante-deux. L'explosion pulvérisait la façade d'un immeuble où résidaient près de quatre cents militaires américains. Ceux-ci étaient à Riyad pour former des membres de la garde nationale saoudienne à l'utilisation de matériels militaires américains. L'attentat fut revendiqué par le Mouvement islamique pour le changement. La police saoudienne procéda à des dizaines d'arrestations. Le 31 mai 1996, quatre coupables présumés (leur culpabilité était sujette à caution) étaient exécutés. Amnesty International accusa l'Arabie Saoudite d'avoir pris prétexte de l'attentat pour éliminer des opposants politiques qui n'y étaient mêlés en rien. Le FBI demanda à parler aux quatre condamnés avant leur exécution, une requête rejetée par le gouvernement saoudien. En l'absence d'une investigation approfondie et rigoureuse, personne n'était capable d'assurer que Ben Laden n'était pas derrière cet acte terroriste.

Il est très peu probable qu'il existe un lien entre cet attentat et le contrat Boeing, mais la coïncidence entre les deux événements ne laissa pas d'intriguer les enquêteurs. Les juteuses affaires américano-saoudiennes étaient au centre des diatribes de Ben Laden. Il accusait la famille royale de sacrifier l'islam – la sainteté de l'Arabie Saoudite, sanctuaire des deux villes saintes – contre des pots-de-vin, des commissions, et autres tripatouillages peu reluisants. Si Ben Laden n'était pas le commanditaire de l'opération, il l'applaudit en tout cas des deux mains.

L'Arabie Saoudite a inventé l'État providence (antimarxiste) le plus avancé du monde. Le pays de l'or noir est une sorte de paradis pour les oisifs qui le peuplent. Les citoyens saoudiens bénéficient de soins médicaux gratuits et de crédits immobiliers et commerciaux sans intérêts. Les études secondaires et supérieures sont gratuites pour les Saoudiens dans le royaume et largement subventionnées à l'étranger. En Arabie Saoudite, l'un des pays les plus arides du monde, l'eau est pratiquement gratuite. L'électricité, les voyages en avion sur les lignes intérieures, l'essence et le téléphone coûtent moins cher aux consommateurs que leur prix de revient. Pour des citoyens d'un État rentier du tiers monde, les Saoudiens sont des hyper privilégiés – au point que nombre de ses citoyens les plus brillants et les mieux éduqués, en principe les mieux préparés pour le monde du travail, rechignent à travailler.

Environ un quart de la population de l'Arabie Saoudite et plus d'un tiers de sa population laborieuse (entre quinze et soixante-quatre ans) sont des ressortissants étrangers, qu'on « importe » dans le royaume pour travailler sur les complexes pétroliers, pour vaquer aux tâches ménagères, mais aussi pour programmer des ordinateurs et administrer les raffineries. 70 % des postes disponibles (90 % dans le secteur privé) sont occupés par des travailleurs étrangers simplement parce que les éventuels candidats saoudiens – quand ils ont les qualifications requises – les refusent.

Les Saoudiens de sexe masculin peuvent se prévaloir d'un taux d'alphabétisation remarquablement élevé pour un pays qui, il y a seulement trois générations, était surtout peuplé de tribus nomades. Environ 85 % des Saoudiens âgés de plus de quinze ans savent lire et écrire, un taux qui plafonne à environ 70 % pour les femmes du même âge. Mais à quoi sert cette éducation ? La mainmise des doctrinaires wahhabites sur l'enseignement donne en effet de piètres résultats quand on l'examine sous l'angle de l'insertion dans le monde des hautes technologies ou de l'économie globale : les deux tiers des docteurs du royaume le sont *ès* études islamiques. Les docteurs en informatique, ingénierie ou autres métiers profanes y sont plus rares encore que les oasis dans le désert du Nefoud.

C'est le problème numéro un : les jeunes Saoudiens sont éduqués pour s'insérer dans un monde qui n'existera que si les djihadistes wahhabites et leurs alliés Frères musulmans réussissent à ramener le pays quelques siècles en arrière. Dans un monde de plus en plus ouvert, les Saoudiens ordinaires décryptent les événements à travers un prisme de plus en plus étroit. Quand elles ne sont pas purement et simplement bannies, les actualités occidentales sont censurées. Quant à Internet, le gouvernement saoudien est passé maître dans l'installation de logiciels de filtrage ou de blocage des contenus susceptibles d'offenser la morale officielle. La plupart des Saoudiens doivent se contenter de journaux locaux et de la chaîne d'informations al Jazira, le porte-voix d'Oussama Ben Laden et de ses divers émules.

Le deuxième problème, commun à toutes les nations en voie de développement, c'est la démographie. Il y a pléthore de jeunes Saoudiens qui n'ont rien de mieux à faire que de regarder al Jazira ou de passer leur temps à la mosquée. L'Arabie Saoudite affiche un des taux de natalité les plus élevés au monde si l'on excepte le continent africain : environ 37,25/1000 en 2002, presque deux fois plus qu'Israël, l'ennemi juré. 97 % de la population saoudienne sont âgés de soixante-quatre ans ou moins et la moitié de la population a moins de dix-huit ans. Si l'on néglige les conséquences pour la sécurité régionale de cette forte poussée démographique (inquiétante pour les Israéliens, car la natalité palestinienne est du même ordre), l'arrivée massive de jeunes gens sur un marché de l'emploi incapable de les absorber pose un grave problème à l'économie saoudienne. Celle-ci est en effet dans l'impossibilité d'entretenir à ne rien faire la masse sans cesse croissante des adeptes de la lecture intensive du Coran. Bref, l'Arabie Saoudite est menacée d'éclatement au moment même où elle devrait se constituer et se solidifier. « Il est arrivé quelque chose d'inattendu, déclarait à ce sujet au magazine *Time* un ancien diplomate occidental qui avait été en poste à Riyad. Au lieu de cette merveilleuse utopie où de jeunes hommes, attirés par l'islam, s'engageaient dans les études supérieures, on a des milliers de licenciés en études islamiques qui s'avèrent incapables de décrocher un travail. »

Ce qui nous amène au problème numéro trois : le

niveau de vie de l'état providence le plus avancé du monde est basé sur les prix du pétrole du milieu et de la fin des années 70 et du début des années 80, époque où ce système a été institué, et non sur les cours du pétrole qui ont prévalu depuis le milieu des années 80 et par la suite. En 1981, quand l'ensemble du royaume vivait d'allocations chômage, le pétrole valait presque 40 dollars le baril et le revenu annuel par tête s'établissait à 26 000 dollars. Une décennie plus tard, juste avant l'invasion du Koweit par l'Irak, les industriels du raffinage achetaient le pétrole 15 dollars le baril. La guerre du Golfe a fait remonter les prix à environ 33 dollars le baril, mais en 1994, au moment même où Bill Clinton pressait Riyad d'acheter sa nouvelle flotte chez Boeing, le pétrole ne valait plus que 12,5 dollars le baril. En 2001, un baril de pétrole valait à peine plus de 20 dollars le baril et le revenu par tête avait plongé autour de 10 000 dollars annuels, et cela alors que les enfants du baby-boom saoudien arrivaient à leur majorité, une combinaison toujours désastreuse pour la stabilité sociale d'un pays.

Parce qu'environ 85 % de l'ensemble des revenus de l'Arabie Saoudite sont issus de l'économie pétrolière, une baisse du prix du baril d'un dollar se traduit par un manque à gagner de 3 milliards de dollars pour le Trésor saoudien. Le calcul est aisé : au début des années 80, les excédents du royaume se montaient à 120 milliards de dollars. En 1994, cette réserve était passée à 15 milliards environ. (Au début de 2003, on l'estimait à environ 21 milliards de dollars.) Un an plus tôt, l'Arabie Saoudite avait emprunté 4,5 milliards de dollars à la Banque Morgan pour financer sa part de l'opération Tempête du Désert. Au moment où Clinton faisait des heures supplémentaires pour inciter les princes saoudiens à acquérir des Boeing, ces derniers étalaient les paiements des avions de chasse et autres matériels militaires commandés à McDonnell Douglas ou à d'autres firmes.

Pour Bill Clinton comme pour pratiquement presque tous les autres politiciens américains qui voudraient que le filon saoudien ne tarisse jamais, la riposte de Riyad à la chute des cours et à l'épuisement de ses réserves de devises était gravée dans le marbre : il n'y avait qu'à pomper plus de pétrole ! Pour alléger le fardeau, la banque Export-Import accepta de garantir une série de prêts (montant total : 6 milliards de dollars) à des taux d'intérêt très bas. On a d'ailleurs parfois l'impression que la seule fonction de l'Ex-Im Bank consiste à octroyer des crédits relais aux pays pétroliers, de façon que les grandes firmes américaines puissent être payées en temps et heure. Mais déshabiller Pierre pour habiller Paul n'était pas aussi simple qu'il semblait car il fallait tenir compte d'un autre paramètre : l'explosion démographique dans la maison régnante.

La famille royale grandit en effet très rapidement, chaque prince ayant plusieurs épouses et engendrant de quarante à soixante-dix enfants durant sa vie, alors que les ressources permettant d'entretenir cette nombreuse progéniture s'étiolent d'année en année. Les jeunes princes piaffent d'impatience de s'emparer des rênes, protestant contre des gérontes qui s'agrippent encore au pouvoir à soixante-dix et quatre-vingts ans passés. On fête en 2003 les quatre-vingts ans du roi Fahd. Le prince héritier Abdallah est quant à lui âgé de soixante-dix-neuf ans. La plupart des membres les plus influents de la cour sont au mieux septuagénaires. Ce vieillissement de la caste gouvernante est lui aussi un facteur d'instabilité, quoique à un autre échelon de la société.

La jeune génération d'altesses dénuée de l'instinct de survie dont ses grands-pères devaient faire preuve dans le désert et beaucoup plus habituée aux manteaux en poils de chameau qu'aux chameaux eux-mêmes, s'adonne pour tromper son désœuvrement à des distractions bien peu wahhabites, qui frisent parfois la délinquance pure et simple. Les louveteaux se font les muscles et les dents, en attendant l'occasion qui leur ouvrira la cour des grands. Prisonniers d'une mentalité fin de siècle – qui annonce peut-être une imminente fin de partie –, leurs aînés ont fait main basse sur à peu près tous les trésors du royaume dont la richesse ressemble de plus en plus à une peau de chagrin. À Washington, les échos que nous avions de la famille régnante concordaient toujours : leurs altesses sont obsédées par les plaisirs futiles et tout ce qui peut rassasier leurs caprices. Or la maison Saoud ne cesse de s'agrandir. Elle compte environ trente mille membres à l'heure actuelle. Un chiffre qui sera au moins multiplié par deux d'ici vingt à trente ans, simple extrapolation mathématique. Quel devra être le cours du baril de pétrole en 2025 pour financer les privilèges même les plus banals dont jouissent actuellement les membres de la famille royale ? Quand il y aura soixante ou cent mille altesses restera-t-il un fauteuil libre sur Saudia Airlines pour le simple roturier qui voudrait quitter Riyad ou Djedda ? La simple évocation d'une réduction des privilèges par ceux des Saoud qui sont partisans des réformes suffit en général à déclencher un tollé au sein de la maison royale.

Une autre nation confrontée aux problèmes de l'Arabie Saoudite – des revenus en baisse, de lourdes contraintes, et l'extraordinaire filon que représentent ses réserves pétrolières, les plus abondantes de la planète – pourrait envisager un emprunt de la Banque mondiale, histoire de boucler les fins de mois en attendant que le cours du pétrole remonte ou que les comptes soient en équilibre. Or ce prêt ne serait peut-être pas accordé si aisément. Certes, personne ne croit à une banqueroute de l'Arabie Saoudite, mais les dirigeants de ce célèbre établissement exigent une certaine transparence de leurs emprunteurs. Les princes au pouvoir, contraints d'ouvrir leurs livres de comptes à un audit extérieur, courraient alors le risque de voir divulguer devant la populace les gigantesques détournements de fonds auxquels ils se livrent.

Pour prendre un exemple, comment expliquer les 7 milliards 200 millions de la facture Boeing ? Certes les acrobaties comptables sont aujourd'hui monnaie courante dans tous les États de la planète, mais un lecteur attentif armé d'une calculette arrivera vite à la conclusion que 10 % de ce prix d'achat ont été engloutis par les commissions. Et il ne lui serait guère plus difficile, avec un peu de flair, de retracer le trajet de ces sommes, du Trésor royal à Ben Mahfouz puis aux princes. Sans parler des subsides que ce même Ben Mahfouz a dû verser aux œuvres de bienfaisance des Saoud, et dont on ne sait pas trop ce qu'ils sont devenus...

Les dépenses militaires du royaume représentent officiellement 13 % du PIB de l'Arabie Saoudite. Mais ces chiffres, ne traduisant que les crédits inscrits au budget, sont très inférieurs au niveau réel des dépenses de défense. Israël, un pays qui vit en état de guerre permanent, armé jusqu'aux dents et entouré d'ennemis, ne consacre à ses dépenses militaires que 9 % du budget national. Si on ouvrait les livres de comptes des Saoud, de candides citoyens pourraient s'interroger sur la raison pour laquelle le budget de la défense crève le plafond israélien, surtout compte tenu de la protection militaire octroyée par l'Oncle Sam. Pendant des décennies la politique des princes et de leurs sujets a été celle de l'autruche, un consensus facilité par la distribution de la manne pétrolière.

Une seconde approche consisterait à opter pour une défense forte en dégraissant d'autres budgets, bref à se serrer la ceinture. Mais cette voie recèle d'autres périls. Toucher au niveau de vie des Saoudiens reviendrait à mettre en question le pacte social qui a permis aux Saoud de gouverner malgré les entorses flagrantes des princes au puritanisme wahhabite. On ne touche donc pas à l'état providence. Ni aux medersas. Ni aux hôpitaux dernier cri qui fourniraient sans doute des soins d'excellente qualité si seulement il existait un budget pour recruter des professionnels de santé et les faire fonctionner.

On pourrait opter pour le choix inverse et rogner sur le budget de la défense, mais alors gare à la colère des protecteurs américains et britanniques, principaux fournisseurs de matériels militaires et gare à la réaction du réseau complexe d'intérêts occidentaux publics et privés dont la mise sur pied a réclamé tant de temps et d'énergie. On contrariera au surplus certains des plus puissants membres du clan au pouvoir, dont le mode de vie et les dépenses somptuaires sont étroitement liés aux très rémunératrices commissions sur les marchés de l'armement.

Ce qui ne laisse plus qu'une option : ne pas choisir, continuer de vivre au-dessus de ses moyens et creuser le déficit national en achetant des fusils *et* du beurre. Calmons les extrémistes comme nous pourrons : offrons-leur discrètement le gîte et le couvert, enseignons aux enfants les stricts principes du wahhabisme, formons les combattants des prochaines guerres islamiques dans des centres bien équipés ; bref assurons la pérennisation du terrorisme sans nous faire pourtant trop d'illusions : il se trouvera forcément parmi eux quelques ingrats qui ne manqueront pas de vouloir nous trancher la gorge. Et prions Allah que le moment, inéluctable, de rendre des comptes n'arrive pas trop vite ! Telle est la voie que la famille royale semble avoir choisie.

En 1979, après la prise de La Mecque par un commando de fanatiques wahhabites, 127 militaires saoudiens et 177 insurgés trouvaient la mort au cours de la bataille rangée qui les opposa. Cette insurrection était motivée par une indignation croissante chez les religieux wahhabites à l'égard de la maison des Saoud, accusée de profaner l'islam. (Selon le propos frappant d'un diplomate saoudien au lendemain des attentats du 11 septembre : « Ce qui me choque le plus c'est qu'ils frappent l'Amérique et pas nous ! ») Le souverain régnant au moment de l'assaut contre la grande mosquée était le roi Khaled. Bien décidé à empêcher la réédition de cette mésaventure, le roi Fahd, son successeur, consacra 25 milliards de dollars à l'agrandissement et à la modernisation des sanctuaires de La Mecque et de Médine et quelques autres milliards aux nouvelles universités qui s'efforcent de détourner les étudiants en études religieuses du boulevard qui s'offre à eux, à savoir l'agitation anti-occidentale et le dénigrement actif de leur principal bienfaiteur.

Les importants travaux de transformation de La Mecque et Médine eurent un bénéficiaire immédiat, la famille Ben Laden, qui supervisa la construction et la restauration des lieux saints et empocha des milliards de dollars en honoraires et en commissions – dont tout laisse supposer qu'une bonne partie servit à financer le cousin Oussama, Al Qaida et d'autres groupes fondamentalistes violents. Ainsi vont les choses en Arabie Saoudite aujourd'hui. Le royaume est entré dans la phase finale d'une partie commencée il y a longtemps. Une seule question se pose désormais : à quand le dénouement ?

L'Occident et surtout les États-Unis n'ont guère laissé le choix aux Saoud. Tandis que la plupart des membres de la famille royale se cachent derrière leur petit doigt en implorant Allah qu'il les épargne, les oracles de la capitale américaine nous serinent qu'au-dessus de Riyad, c'est dans un ciel sans nuages que brille le soleil, laissant sans broncher la caste au pouvoir acheter l'inaction ou la protection des groupes extrémistes à coups de millions de dollars. Nos meilleurs spécialistes oublient-ils que les haut-parleurs de toutes les mosquées du royaume qui vocifèrent des messages de haine contre l'Occident ont été payés grâce aux dons de la famille royale, notre meilleure amie et alliée au Moyen-Orient, selon ces mêmes experts ? L'Amérique, ou du moins ses représentants qualifiés, accueillent à bras ouverts d'importants personnages du royaume comme le prince Salman, alors même que nous savons qu'il contrôle d'une main de fer la répartition des largesses de l'IIRO, l'Organisation internationale de secours islamique, laquelle est fortement soupçonnée d'avoir joué un rôle central dans le financement des terroristes qui ont tenté de faire sauter le World Trade Center en 1993, huit ans avant qu'Al Qaida réédite, victorieusement cette fois, l'opération.

Les grandes firmes américaines comme Boeing en sont venues à recruter (et à entretenir quoi qu'il en coûte d'excellentes relations avec) des hommes d'affaires poursuivis par la justice. Pas question de se passer de ces douteux intermédiaires pour faire aboutir les marchés qui permettront le paiement de commissions aux puissants d'Arabie Saoudite. Et tant pis si celles-ci contribuent à creuser un peu plus le déficit saoudien et donc le fossé qui sépare les nantis des indigents. D'ex-patrons de la

CIA siègent dans des conseils d'administration qui concluent des accords avec des entreprises saoudiennes en se bouchant le nez, sous prétexte que *business is business* et *s'il faut en passer par là*... Ex-présidents, anciens premiers ministres, sénateurs, représentants au Congrès et autres membres de cabinets en retraite font ouvertement la chasse au bon beurre saoudien, avec une cupidité et un cynisme qui se réfrènent d'autant moins que ces messieurs sentent bien qu'un séisme guette leur pays de cocagne. Leur idée fixe consiste désormais à soutirer ses dernières pépites au filon saoudien avant que le torrent islamiste ne l'engloutisse définitivement. Le statu quo est trop alléchant, les profits trop gigantesques pour résister.

John O'Neill, l'ex-chef du contre-terrorisme au FBI, a-t-il été poussé à la démission (en août 2001) parce qu'il refusait de se prosterner devant les Saoudiens, leur pétrole et leur cinquième colonne américaine ? Honnêtement, je n'en sais rien. J'ai lu ce que la presse en a dit : le département d'État a empêché O'Neill d'enquêter au Yémen, alors même qu'il dirigeait les investigations sur l'attentat terroriste contre le destroyer américain *USS Cole*. O'Neill savait à qui il devait les bâtons qu'on lui mettait dans les jambes : au département d'État et aux Saoudiens. Quand il a commencé à se plaindre en haut lieu, les poignards n'ont pas tardé à sortir des fourreaux. La direction du FBI n'a pas hésité à distiller des éléments de son dossier personnel à la presse. Comprenant qu'il était désavoué, il a rendu son tablier et s'est fait, étrange ironie du sort, engager comme chef de la sécurité au World Trade Center, où il a trouvé la mort le 11 septembre 2001. Quand j'ai rencontré O'Neill, j'ai tout de suite compris qu'il était le genre d'homme à faire la sourde oreille aux conseilleurs qui lui suggéraient la prudence et qu'il ne craignait pas de mettre les pieds dans le plat. Si j'avais su à l'époque ce que je sais aujourd'hui, j'aurais pu lui dire qu'en violant la conjuration du silence, il ne faisait que signer son propre arrêt de mort.

En 1997, à quelques semaines de ma démission de la CIA, j'ai essayé d'attirer l'attention d'un jeunot du NSC (Conseil national de sécurité) sur les faits dont j'avais été le témoin dans la vallée de la Fergana, à Douchanbe et Kokand : les États-Unis fermaient les yeux pendant que le virus islamiste se propageait dans les anciennes républiques soviétiques d'Asie centrale, une région qui devait en être préservée à tout prix. Bien entendu, personne n'a prêté attention à mes avertissements. Le NSC n'avait d'yeux et d'oreilles que pour le pétrole de la Caspienne. Au temps de l'administration Clinton, les grands pétroliers américains disposaient d'un strapontin au NSC et une fois conclus des accords prometteurs avec les Saoudiens pour l'exploitation des ressources énergétiques d'Asie centrale, ils firent ce qu'il fallait pour que mon message n'atteigne jamais la Maison Blanche. J'ai de bonnes raisons de douter que ce lobbying des pétroliers au NSC soit moins actif aujourd'hui, sous la présidence de Condoleeza Rice, qui naguère, si l'on veut bien se souvenir que cette brillante jeune femme, au mieux avec la famille Bush et ses nombreuses relations pétrolières, a siégé au conseil d'administration de Chevron.

On peut comprendre que les pétroliers américains veuillent par-dessus tout, en capitalistes émérites qu'ils sont, s'assurer des profits juteux. Mais ce qui est en cause, ce ne sont pas seulement les mirifiques revenus de conférencier d'Henry Kissinger, ou les somptueux palaces auxquels sont abonnés les dirigeants du Carlyle Group, pas plus que les douillets déplacements en jet privé du secrétaire d'État Colin Powell, quand il sera retraité des affaires étrangères. Il ne s'agit pas seulement des agissements troubles de l'administration Clinton ou de l'administration Bush. Tout en s'enfonçant toujours plus dans un isolationnisme traditionnel inhérent à sa culture même, l'Arabie Saoudite est devenue un des plus actifs agents de la globalisation du terrorisme et elle est entraînée dans un engrenage suicidaire, sous la houlette d'une famille régnante totalement incapable de sortir de l'impasse où sa cupidité l'a fourvoyée. Est-ce vraiment sur un socle aussi fragile que nous voulons voir reposer l'équilibre économique de la planète ?

11

Bons baisers de Riyad

Si l'on me demandait quand l'Arabie Saoudite a commencé à ne plus tourner très rond, je répondrais le 29 novembre 1995, jour où le roi Fahd fut victime d'une commotion cérébrale qui faillit lui être fatale. Ses proches comprirent rapidement qu'il était à jamais incapable de diriger le pays. Mais comme il était cliniquement vivant, le prince héritier Abdallah ne pouvait lui succéder officiellement.

Désormais privée de direction claire, l'Arabie Saoudite ne tarda pas à plonger dans le chaos. Les signes de la dérive se multiplièrent ; la corruption des princes se mua en pillage à une échelle jusque-là inédite dans l'histoire du pays. Le délabrement des finances du royaume s'accéléra. Les militants wahhabites, tous partisans de la vision apocalyptique de l'islam prônée par un Ben Laden se mirent à donner de la voix. Le gouvernement saoudien stoppa toute réelle coopération avec Washington dans la lutte anti-terroriste. Et l'establishment américain, fidèle à ses vieilles habitudes dès qu'il s'agit de l'Arabie Saoudite, fit comme si de rien n'était. Il profita même de l'infirmité du roi pour extorquer encore plus d'argent au royaume !

Dès que la nouvelle de la congestion cérébrale du monarque se répandit, la famille régnante sonna le branle-bas de combat. Dans tout Riyad on entendit le ronron des hélicoptères et les sirènes des convois qui fonçaient vers l'hôpital où avait été admis le roi. Les premiers à arriver furent ses intimes : Jawahara, sa quatrième femme qui est aussi sa favorite, et Azouzi, son fils chéri entre tous. Fahd lui passait tous ses caprices, lui pardonnait toutes ses frasques. Qui n'a pas entendu parler des chevauchées pétaradantes du fils bien-aimé au guidon de sa Harley-Davidson dans les couloirs du palais royal, des domestiques paniqués courant en tous sens et des meubles d'antiquaires qui volaient en éclats après des dérapages mal contrôlés ? La plupart des Saoud trouvaient étrange l'indulgence de Fahd. Azouzi était boutonneux, poltron et un peu lent. Mais on raconte que le devin personnel du roi lui avait prédit qu'aussi longtemps qu'Azouzi serait à ses côtés, Fahd aurait une vie longue et heureuse. Azouzi est en quelque sorte le talisman de son père.

Ce furent ensuite les frères du même lit que Fahd qui toquèrent à la porte de la chambre royale : le ministre de la Défense Sultan, le ministre de l'Intérieur Nayef et Salman, le gouverneur de Riyad. Unis comme les doigts de la main contre les étrangers. Leur mère, du clan des Sudayri, leur avait appris dès leur plus jeune âge qu'ils devraient faire front ensemble sans quoi ils risquaient de se voir évincés par les autres fils d'Ibn Saoud (près de 40 rivaux !). Ils n'avaient pas oublié la leçon et bien qu'ils n'éprouvassent pas d'affection particulière les uns pour les autres, ils serraient toujours les rangs quand la crise menaçait. Piliers du pouvoir royal depuis l'accession de Fahd au trône en 1982, ses frères arrivèrent ensemble à l'hôpital.

Les autres membres de la famille royale, venus de tout le royaume et du reste du monde, se hâtaient aussi. Ce jour-là, à l'aéroport de Riyad on n'avait jamais vu autant de jets privés sagement alignés les uns à côté des autres. Les princes qui ne faisaient pas partie du cercle des intimes ne purent pas approcher le roi, mais il s'agissait avant tout de montrer sa loyauté et de prêter l'oreille aux rumeurs les plus vraisemblables afin d'adopter une ligne de conduite. La santé du roi n'était pas une question secondaire pour eux. Ils vivaient pour la plupart (près de 12 000 personnes en tout) de ses libéralités, les rémunérations des mieux lotis se montant tout de même à près de 270 000 dollars par mois. Les heureux bénéficiaires de ce pactole savaient que leur train de vie luxueux n'était assuré qu'au prix d'un déficit des finances publiques. Le prince héritier Abdallah avait-il l'intention de réduire leurs prébendes ou même de les supprimer ? Ce jour-là, à Riyad, quelques dizaines de princes inquiets pour leur avenir veillaient au grain.

Dès qu'il fut acquis que la vie du roi n'était plus menacée, ses frères appelèrent des médecins européens et américains réputés. Dans toutes leurs discussions, une question revenait sans cesse : comment assurer coûte que coûte la survie du vieux roi impotent ? Peu leur importait qu'il recouvre ses facultés mentales ou qu'il mène une vie de légume, ce qu'ils voulaient c'était qu'on le maintienne cliniquement en vie, l'argent n'étant (évidemment) pas un problème. S'il le fallait la famille louerait une flotte de Boeing pour faire venir à Riyad tout l'équipement et le personnel médical nécessaire.

Les médecins qui n'étaient pas au fait des arrière-pensées politiques et financières de ces princes ne comprirent pas cette volonté forcenée de maintenir le roi en vie. Ce que la famille savait, et pas les médecins, c'est que, quelque part dans le désert où il se retirait volontiers, le prince Abdallah attendait son heure, tel un loup prêt à fondre sur un troupeau de moutons une fois le berger disparu. Pour le tenir à distance, un seul moyen : installer l'équipement requis pour que son cœur et son cerveau donnent des signes de vie, si ténus soient-ils, le plus longtemps possible, et au moins, avec l'aide d'Allah, jusqu'à la mort de son cadet Abdallah.

Ce dernier avait toujours été un intrus dans le clan. D'abord, sa mère était de la tribu des Shammar, rivaux traditionnels des Saoud. Ibn Saoud l'avait épousée pour sceller une trêve avec les Shammar. Ces derniers ont beau être aujourd'hui de loyaux sujets, Abdallah inspire toujours la même défiance aux frères de Fahd. En outre, Abdallah est presque le seul des princes du premier cercle à avoir choisi la voie du désert, tournant le dos aux luxueux palais de Riyad, Djedda et Tayef. Il n'a jamais passé de vacances en Europe. Il préfère, quand il en a l'occasion, retrouver le mode de vie de ses ancêtres bédouins, qui séjournent sous la tente et boivent du lait de chamelle en dégustant des dattes. Il émaille d'ailleurs sa conversation de tournures et d'aphorismes typiquement bédouins. Tous ses enfants ont été élevés selon la coutume du désert, strictement égalitaire et d'une rigoureuse sobriété. Peut-être le crime qu'on lui a le moins pardonné fut d'interdire à ses fils de participer à la curée qui rassemblait à peu près tous ses neveux.

Si les Saoud détestent qu'on leur rappelle qu'ils ont renié leurs origines bédouines ils abhorrent plus encore le projet d'Abdallah, qui entend faire cesser le pillage des richesses nationales par la famille royale. Le prince héritier n'a pas fait mystère de ses intentions à cet égard. À l'époque de l'accident vasculaire du roi, la gabegie avait pris des proportions dantesques. Singeant leurs aînés, les petits princes affichaient des prétentions financières exorbitantes et ne cessaient de protester contre la minceur de leurs revenus. On le comprend : les princes de la troisième génération recevaient en moyenne 19 000 dollars par mois, à peine de quoi payer leurs frais fixes... Après tout l'entretien d'un yacht sur la Côte d'Azur revient à un million de dollars par an. Comment auraient-ils pu s'en sortir avec une telle aumône ?

Pour joindre les deux bouts, ils s'adonnèrent à des activités de moins en moins avouables, expropriation de roturiers, vols de trésors nationaux, vente de visas aux immigrants, trafic de drogue. Ils découvrirent aussi un truc astucieux et prometteur : emprunter de l'argent à une banque privée et refuser purement et simplement de rembourser ! Il fallait y penser. Comme on le voit, dans leurs exactions diverses, les Saoud ne brillent ni par leur discipline ni par leur décence. Et puis les princes étaient si nombreux qu'ils ne se connaissaient même pas les uns les autres.

Pendant quelque temps, on a pu croire qu'Abdallah arriverait à ses fins avant même de monter sur le trône. Au milieu des années 90, quand l'Arabie Saoudite était confrontée à des difficultés financières catastrophiques, il persuada le roi Fahd de nommer une brochette de ministres réformateurs. Abdallah leur demanda de faire cesser les expropriations. Cette pratique avait pris une telle ampleur qu'elle était en train de couper complètement les classes moyennes et les commerçants de la monarchie. Il n'était pas rare qu'un prince entre dans un restaurant, constate que son propriétaire faisait de bonnes affaires et signe un chèque pour racheter l'endroit, en général très en dessous du prix du marché. Le propriétaire n'avait aucun moyen de s'y opposer. S'il résistait, il finissait en prison.

Les princes de haut rang utilisaient leur position gouvernementale pour appliquer cette méthode infaillible mais à une toute autre échelle. Un Saoud repérait par exemple un domaine particulièrement bien situé (un emplacement idéal pour un centre commercial ou un site appelé à être prochainement desservi par une nouvelle route qui en décuplerait la valeur) puis il ordonnait à un juge de rendre une ordonnance d'expropriation et se faisait attribuer le domaine en question par la couronne. Les abus étaient monnaie courante et les plus hautes personnalités du royaume en avaient fait un revenu d'appoint qui leur permettait de faire face à leurs dépenses extravagantes. Elles eurent tôt fait de s'unir pour chasser du gouvernement, un à un, les ministres qu'y avait fait entrer le prince Abdallah.

Le premier à tomber fut Ali Shair en 1994. Prenant au sérieux ses devoirs ministériels et l'orientation réformatrice du nouveau gouvernement, Shair tenta de contrer une manœuvre du prince Talal visant à faire main basse sur une propriété particulièrement bien située qui appartenait à un homme d'affaires en vue. Talal s'insurgea avec la véhémence qu'on imagine contre la nouvelle mode qui prétendait le spolier de son « droit divin ». Il s'allia aussitôt au prince Salman, gouverneur de Riyad et au prince Nayef, le ministre de l'Intérieur. Incapable de résister à ce front uni, Fahd ordonna qu'on accorde à Talal ce qu'il demandait et congédia Shair.

En 1995, cette tragi-comédie se reproduisit, mettant cette fois aux prises le ministre des Affaires rurales et municipales, Mohammed Ibn Abdelaziz el Cheikh qui tentait de s'opposer à une manœuvre d'expropriation de la part d'un des fils de Sultan. Cheikh, écœuré, confia à l'un de ses amis qu'il ne restait plus qu'un seul terrain à avoir échappé à la rapacité de la famille royale, « la

Lune ! ». Sultan fulminait, pas tant pour la plus-value à laquelle devait renoncer son fils, mais parce qu'il mesurait la menace que représentait la nouvelle ligne d'Abdallah pour ses intérêts. Aujourd'hui on s'en prenait à son fils, demain ce serait son tour. Abdallah perdit encore une fois la face et Cheikh fut remercié.

Sultan était persuadé d'être dans le collimateur d'Abdallah et il avait parfaitement raison. Pour le prince héritier ces combines immobilières n'étaient qu'une facette de la prévarication généralisée qui sévissait au royaume de l'or noir. Les délits les plus importants étaient les transactions hors budget qui mettaient les finances du pays à genoux et personne n'était plus impliqué que le prince Sultan dans ces marchés. Ces dépenses hors budget permettaient d'escamoter une partie des revenus pétroliers, lesquels atterrissaient directement sur des comptes spéciaux en contournant le trésor saoudien. Ces sommes étaient ensuite utilisées pour financer des « projets personnels », acquisition d'équipements militaires, ou chantiers de construction. Sans le moindre audit gouvernemental ni la moindre obligation de transparence comptable, les commissions et pots-de-vin étaient naturellement gigantesques.

Le plus célèbre de ces marchés hors-budget est le projet Yamama, d'après le nom du palais de Riyad dans lequel le contrat fut signé. En vertu de cet accord qui remonte à 1985, British Aerospace (BAE) devait livrer quarante-huit chasseurs Tornado en échange de six cent mille barils de pétrole par jour. Il s'agissait d'un accord à long terme qui prévoyait la modernisation des matériels, la fourniture des pièces de rechange, etc. Selon les dépliants publicitaires de BAE, ce contrat fut un excellent accord pour les deux pays : l'Angleterre trouvait un débouché pour ses armements et l'Arabie Saoudite pour son pétrole. Mais Yamama fut aussi une énorme machine à générer des commissions. BAE fit surpayer ses matériels et ses pièces de rechange, afin de pouvoir régler ces commissions, qui furent pour la plupart empochées par Sultan, sa famille et une kyrielle d'entrepreneurs. Selon certaines estimations, les commissions Yamama auraient atteint 45 % du montant total du contrat !

Il va sans dire que le roi Fahd recevait son dû. Comme il ne voulait pas se salir les mains, il donnait toute latitude aux frères et demi-frères de Jawahara pour intervenir à sa place. Les Ibrahim, comme on les appelait, faisaient preuve d'une incontestable virtuosité en la matière. Ils sévissaient d'ailleurs dans le milieu des intermédiaires en ventes d'armement depuis fort longtemps. Dans les années 80 et au début des années 90, si l'on voulait conclure un contrat de vente d'armes, on était obligé d'en passer par eux. Si une entreprise de construction battait de l'aile et que ses propriétaires avaient besoin de se refaire une santé avec un marché public, il fallait aller voir les Ibrahim.

En principe, il est assez malaisé d'obtenir des informations sur les méthodes des Ibrahim. Mais le 12 décembre 1997 Abdelaziz el Ibrahim intenta à Londres une action en justice contre Rolls-Royce, accusant la firme britannique, qui avait fourni les moteurs des Tornado, d'avoir refusé de régler une commission promise à sa société, Aerospace Engineering Design. Comme pour le procès Boeing, ce dossier garantit des heures de lecture passionnante au lecteur qu'intéresse l'étude des mécanismes de la corruption au Moyen-Orient.

Pour le prince Abdallah, la question n'était pas tant de savoir qui touchait quoi sur le contrat Yamama. Il voulait voir les recettes des 600 000 barils de pétrole par jour repasser sous le contrôle du Trésor afin de tenir à distance les appétits voraces des intermédiaires. En septembre 1996, une occasion se présenta. Les commissions avaient démesurément grossi le fardeau que représentaient les échéances Yamama pour le budget du royaume. Depuis le début de cette année, l'Arabie Saoudite devait faire face à une dépréciation des cours du brut qui renchérissait ses traites, et British Aerospace avait été contrainte d'emprunter 400 millions de dollars pour garantir sa solvabilité. Mais Yamama devenait de toute façon une mauvaise affaire pour les Saoudiens : le volume des armements reçus en contrepartie de leur pétrole s'étiolait jour après jour et en plus ils allaient devoir rembourser plus tard une dette croissante à BAE. Mais ils n'osaient pas réclamer une renégociation qui aurait entraîné l'annulation du volet numéro 2 du contrat, la fourniture de chars par la firme britannique, avec une nouvelle série de commissions à la clé. Abdallah, lui, n'avait pas d'autre choix que d'annuler à tout prix ce contrat, faute de quoi le royaume allait devoir consentir des sacrifices financiers énormes pendant des années.

Le prince héritier commença par signer un ordre à Aramco, lui demandant de diviser par deux les règlements Yamama. Mais cette manœuvre échoua. Puis, durant le conseil des ministres du 5 septembre 1996, Abdallah essaya d'obtenir des ministres qu'ils votent l'annulation du contrat Yamama. Mais Sultan s'y opposa vigoureusement. Ne pouvant avouer qu'il refusait de renoncer aux centaines de millions de dollars de commissions promises, le prince défendit son contrat en arguant que les forces saoudiennes étaient trop dépendantes des matériels militaires britanniques pour changer. En outre, ajouta-t-il, si le contrat Yamama était annulé, l'Arabie Saoudite devrait s'appuyer plus encore sur les États-Unis pour l'équipement de son armée, un choix politiquement inacceptable.

Au bout du compte, Abdallah ne put annuler le contrat Yamama, lequel continua à miner les finances saoudiennes. En juin 1997, Sultan demanda à la Saudi International Bank de consentir un prêt de 473,1 millions de dollars pour renflouer le projet Yamama – qu'il s'employait en sous-main à siphonner de son mieux.

Autre projet hors-budget qu'Abdallah voulait ramener sous le contrôle du Trésor, celui de la reconstruction et de l'extension des deux mosquées de Médine et La Mecque. Comme dans le cas de Yamama, une grande part des fonds alloués à ce projet (25 milliards de dollars) provenait des revenus pétroliers. La famille Ben Laden, responsable du projet, prit soin de verser à toute la famille royale les pots-de-vin nécessaires pour s'assurer que le chantier irait à son terme sans mauvaise surprise. Les Ben Laden prirent aussi grand soin des amis américains du royaume, notamment les entreprises de BTP disposant d'une certaine influence à Washington. C'est ainsi que York devint l'heureux fournisseur du plus grand système de climatisation au monde pour ce projet.

Du milieu à la fin des années 90, le montant total des revenus pétroliers affectés à des programmes hors budget était passé à environ un million de barils par jour, un sixième des exportations de l'Arabie Saoudite (ce qui signifie que le royaume perdait en moyenne 30 millions de dollars par jour). Quiconque disposant donc d'une influence suffisante pour faire valoir ses prétentions pouvait piller à volonté ces revenus puisque ceux-ci échappaient au contrôle de la Saudi Aramco. C'est ce qui se produisit avec le chantier de La Mecque. Les ministres clés du gouvernement et leurs alliés wahhabites n'avaient plus qu'à décider de détruire et de reconstruire telle ou telle partie du site historique de La Mecque. Le gouvernement ordonnait alors à l'Aramco de réserver une centaine de millions de dollars à ce projet et la famille royale envoyait un chèque au groupe Ben Laden pour commander les travaux. Mais sur ces cent millions de dollars, 90 % étaient reversés sous forme de commissions aux princes les plus importants, aux œuvres de bienfaisance et à la hiérarchie religieuse wahhabite. Bref tout le monde était gagnant à ce marché. Sauf, évidemment le Saoudien moyen qui ne touchait pas un centime, mais il lui restait toujours la possibilité d'aller prier Allah pour des jours meilleurs à La Mecque, ou dans l'une des centaines de mosquées construites par les Ben Laden. Abdallah voulait mettre fin à ce détournement de la richesse nationale par un clan. Ou à tout le moins réinjecter une part de l'argent détourné dans des programmes sociaux. Par exemple l'aide à la création d'emplois pour les jeunes chômeurs – afin qu'ils ne passent pas toutes leurs journées dans ces mosquées.

Bref, le prince héritier devint assez rapidement le pire cauchemar des Saoud. Même Fahd commençait à se poser des questions à son sujet. En octobre 1995, le roi se convainquit qu'Abdallah nourrissait le projet de le renverser et qu'il s'était allié au ministre des Affaires étrangères Saoud al Faycal pour réaliser son coup d'État. Il fallait absolument tenir à l'œil le prince Abdallah.

Après la commotion cérébrale du vieux roi, le prince héritier fut évincé du cercle dirigeant. On ne pouvait certes pas l'exclure de l'ordre de succession, mais on pouvait fort bien lui mentir sur la santé de Fahd. Neuf mois plus tard, la question se posa d'opérer le genou du roi. Faute d'une intervention chirurgicale qui pouvait entraîner sa mort, le roi risquait de rester cloué au lit jusqu'à la fin de ses jours. Au conseil de famille qui discuta de la nécessité de cette intervention, on omit de convier Abdallah. Il n'eut même pas connaissance des noms des médecins du roi.

Le ressentiment familial contre Abdallah était d'ailleurs si grand qu'on alla jusqu'à lui imputer l'état de santé de Fahd. Selon la rumeur qui circulait à l'époque, une dispute téléphonique avait éclaté entre les deux frères au sujet d'une réunion du Conseil de coopération du Golfe, à Oman. La question se posait de savoir qui y représenterait l'Arabie Saoudite. Ce problème était secondaire, mais les relations entre les deux premiers personnages du pays étaient devenues si houleuses que la tension était montée provoquant l'accident cérébral du roi. Selon une autre version de l'incident, les deux frères se disputaient sur un sujet qui les opposait régulièrement, celui de l'effondrement financier du pays. On murmurait même qu'Abdallah avait intentionnellement provoqué cette dispute, sachant parfaitement que l'état de santé du roi était critique et qu'il ne la supporterait pas. On ne connaîtra jamais le fin mot de l'histoire car les deux frères gardent, pour des raisons différentes, le silence à ce sujet.

Sultan éprouvait un tel mépris pour Abdallah qu'un an et demi après l'apoplexie de Fahd, il cessa d'assister aux conseils des ministres. Cette aversion était réciproque. En juillet 1997, Abdallah tenta de contourner le conseil des ministres entièrement acquis aux Sudayri, pour convaincre Fahd de signer une série de décrets et de lois auxquels il tenait. Jawahara et Azouzi se liguèrent pour le faire échouer une fois de plus.

Soudé contre Abdallah, le reste du clan n'était pas uni pour autant. Sultan, Salman et Nayef arrivés ensemble à l'hôpital pour manifester avec éclat leur solidarité, ou pour s'assurer qu'ils étaient bien les premiers à s'y présenter, eurent un rude choc en approchant de la chambre du souverain : Jawahara et Azouzi montaient déjà la garde devant la porte de la chambre, et ils décidaient qui était ou non admis à son chevet. Ministres avec leurs projets de lois ou de décrets, mais aussi princes ou encore médecins, tous devaient montrer patte blanche pour être admis dans l'intimité de l'auguste invalide. Un dispositif qui s'apparentait à un coup d'État de fait.

Les frères de Fahd étaient d'autant plus furieux qu'ils ne pouvaient rien tenter : Jawahara et son fils étaient intouchables. Quant à confier la régence à Abdallah, c'était hors de question. Après tout Jawahara et son fils étaient *grosso modo* de leur côté ; et si la favorite du roi promettait de leur donner du fil à retordre, ils étaient persuadés de ne faire qu'une bouchée du royal fiston. Il n'avait qu'à continuer à tourner en Harley-Davidson dans le palais et à exproprier un pauvre roturier de temps à autre. Allah fasse que Fahd survive à Abdallah afin que Sultan puisse monter sur le trône en temps voulu et que les Sudayri conservent le pouvoir ! Mais c'était compter sans le cher Azouzi, qui se révéla bien moins empoté qu'il ne le paraissait.

Et tout d'abord, si surprenant que cela semble, ils avaient largement sous-estimé sa cupidité.

Azouzi a eu, il faut dire, quelques maîtres inoubliables, à commencer par les Ibrahim, le clan de sa mère. Ce jeune homme insatiable a réussi à empocher 900 millions de dollars de commission sur un seul marché, le contrat de 4,1 milliards de dollars AT & T. Il a en l'occurrence coiffé au poteau son propre frère Mohammed Ben Fahd, représentant Ericsson – un homme à qui son comportement prédateur en affaires a valu l'éloquent sobriquet de « bulldozer ». Mohammed le bulldozer n'était pas du genre à lâcher une commission si facilement. Mais les choses se sont envenimées quand l'un de ses intermédiaires lui a escroqué 22 millions de dollars avant de lui dérober son yacht. Jawahara et Azouzi, décidément trop occupés, n'ont d'ailleurs même pas lancé leurs limiers sur la piste de l'indélicat.

Azouzi avait assez à faire avec ses projets pharaoniques, notamment son légendaire palais des environs de Riyad. Dès le moment où l'on a posé la première dalle de marbre, il fut clair pour tous que le jeune homme avait l'intention de surpasser dans le grandiose tous ses ancêtres et parents. L'entrée du palais, composée de quatre arches successives, en dit assez long sur la démesure de celui-ci. Et ce n'est qu'un avant-goût de ce qui attend le visiteur. Ce même Azouzi a un sens aigu de la famille. En septembre 1997, quand Jawahara a fait signer à son mari une ordonnance ajoutant quelques Ibrahim supplémentaires sur le registre de paie de l'État saoudien, Azouzi cautionnait la démarche maternelle d'une présence attentive.

Quant à Sultan et aux autres frères du roi, Jawahara a fait de son mieux pour leur compliquer la vie. Sultan s'est vu retirer la supervision des contrats d'équipements militaires, jusqu'alors sa chasse gardée. Le 20 août 1996, il a désespérément tenté d'obtenir du roi qu'il lui donne le feu vert pour des marchés dont il savait qu'ils avaient été approuvés. Personne, au palais du roi, ne lui a retourné ses appels. Il a finalement réussi à harponner Walid al Ibrahim qui lui a promis de s'en occuper. Jawahara a fait avancer ses dossiers mais avec une lenteur d'escargot. Et pendant ce temps les princes enrageaient que le pays le plus machiste du monde soit gouverné par une femme.

En mars 1997, la situation était devenue intolérable, même pour les frères de Fahd. Sultan s'est ligué avec Salman pour essayer de contrecarrer une affaire immobilière d'Azouzi. On ne sait quel fut le résultat de cette démarche mais si elle aboutit, ce fut une victoire à la

Pyrrhus : Azouzi n'a cessé de multiplier les expropriations légales tout en resserrant sa mainmise sur le pouvoir.

Dans la famille royale saoudienne, en cas de succession ce n'est pas la règle de la primogéniture qui s'applique. La tradition veut que les princes les plus âgés délibèrent sur les mérites des uns et des autres et choisissent le souverain qui leur semble le plus expérimenté et le plus sage. Cette méthode a fort bien servi la famille royale. Les incapables ont été écartés et les autres ont fini par avoir leur chance. S'agissant d'Abdallah, il est fort possible que ce soit sa position à la tête de la puissante Garde nationale qui lui ait valu sa promotion au rang de prince héritier lors de l'accession de Fahd au trône. Mais Azouzi n'allait-il pas profiter de l'infirmité de son père pour tenter de chambouler les plus vieilles traditions ?

À l'observer attentivement, on pouvait en effet le supposer. Le jeune prince s'impliqua de plus en plus dans les affaires de sécurité nationale, qu'il s'agît des affaires étrangères ou des services de renseignement. Même les Américains s'en émurent. Ainsi, quand le commandant en chef des forces américaines au Proche-Orient, le général J.H. Binford Peay, rencontra le roi Fahd à Riyad le 13 juillet 1997, il eut la surprise de trouver Azouzi aux côtés du vieux souverain, se penchant fréquemment à l'oreille de son père. Où se trouvait donc Abdallah ? Qu'était-il advenu de Sultan ? Peay dut rencontrer le prince héritier séparément et ce dernier évita soigneusement d'aborder des sujets pourtant de son ressort.

Mais ce qui inquiétait encore plus la famille c'est qu'Azouzi finançait les mouvements wahhabites radicaux. Le jeune prince semblait avoir redécouvert sa foi. Il courtisait visiblement les Wahhabites, sachant qu'il aurait un jour besoin de leur soutien pour devenir roi. De plus, en les sponsorisant généreusement, il achetait l'assurance qu'ils ne protesteraient pas contre son parc à thème de 4,6 milliards de dollars.

En décembre 1993, Azouzi signait un chèque de 100 000 dollars à une mosquée de Kansas City. Le 15 septembre 1995 il inaugurait l'Académie Roi Fahd à Bonn et, le 17 septembre 1995, une nouvelle mosquée. Neuf jours plus tard, il invitait à Riyad Mansour Abdelsalem, le chef de la Société islamique d'Espagne. En mai 1996, Azouzi et Jawahara obtenaient du roi qu'il libère Mohammed el Fasi, opposant acharné à la présence des miliaires américains en Arabie Saoudite, dont les positions font écho à celles de Ben Laden. Abdallah protesta vigoureusement contre cette grâce royale, bien convaincu que la libération de ce Fasi ne pouvait avoir que des conséquences négatives pour les Saoud.

Même le ministre de l'Intérieur Nayef dut admettre que l'Arabie Saoudite avait des problèmes avec les militants islamistes. C'est ainsi qu'en novembre 2002, il déclarait : « Tous nos problèmes viennent des Frères musulmans. Nous avons accordé un soutien excessif à ce groupe. Les Frères musulmans ont détruit le monde arabe. » Dans la suite de sa déclaration, Nayef admettait que l'Arabie Saoudite était responsable, au moins en partie, de la montée en puissance de l'islamisme. « Chaque fois qu'ils rencontrent des difficultés ou voient leur liberté restreinte dans leur propre pays, les militants de la confrérie trouvent refuge dans le royaume, ce qui les a sauvés de la répression », même si, comme Nayef l'ajoute aussitôt, « ils ont fini par s'en prendre au royaume ». Il oublie de mentionner le lien indissoluble qu'ont noué les Wahhabites saoudiens avec les Frères musulmans.

Mais les extrémistes donnaient d'autres soucis, plus urgents, à Abdallah. En septembre 1996, le tout nouveau chef d'état-major de l'armée de l'air saoudien engageait cinq partisans de Ben Laden. Il existait déjà, au sein du ministère de la Défense et de l'Air saoudien, un vif ressentiment au sujet de la présence américaine dans la région. Des officiers supérieurs aux simples soldats, nombreux étaient ceux qui estimaient que pour imposer le maintien des soldats américains en Arabie Saoudite et dans les pays voisins, les États-Unis exagéraient la menace que représentait Saddam Hussein. Les officiers allèrent même jusqu'à s'opposer au prépositionnement de matériels militaires dans le royaume. Le recrutement de ces cinq islamistes radicaux ne pouvait qu'aggraver la situation, mais personne, pas même Abdallah et Sultan, ne voulut remettre en cause une décision de ce haut responsable militaire. Dans les cinq années qui suivirent, les militants wahhabites continuèrent donc à infiltrer l'armée et les services de renseignements. La situation prit une tournure telle qu'en octobre 2002 la police saoudienne informait les Américains qu'elle ne pouvait plus compter sur la loyauté des jeunes officiers de l'armée et des services de renseignements. L'arrestation en février 2003 de plusieurs officiers Bahreini qui entretenaient des liens avec Al Qaida, corrobora apparemment les craintes saoudiennes.

La propagation des thèses islamistes dans les forces armées encouragea Azouzi à intensifier son soutien à la cause fondamentaliste. En septembre 1997, il était chargé de superviser l'acheminement d'une contribution de 100 millions de dollars aux talibans. Azouzi se souciait comme d'une guigne que ces mêmes talibans protégeassent Ben Laden, un homme qui avait fait le serment de renverser les Saoud. Tout ce qui comptait pour Azouzi, c'était d'obtenir le soutien des Wahhabites, à n'importe quel prix.

En décembre 1999, la presse divulguait certains arrangements d'Azouzi avec les militants islamistes. On découvrit qu'il avait généreusement sponsorisé un compagnon de route de Ben Laden, un certain Saad al Buraïk, lequel finançait à son tour des groupes islamistes tchétchènes impliqués dans des tueries de soldats et de civils russes. Quand il lui restait des fonds, al Buraïk les faisait parvenir à d'autres groupes islamistes. Cette publicité était fort malvenue, aussi bien pour le prince que pour la monarchie. Le prince Nayef fut obligé de décréter un moratoire sur les libéralités d'Azouzi et s'engagea à surveiller étroitement ses dépenses d'ordre caritatif. Il promit aussi de faire placer al Buraïk en résidence surveillée. Mais cette promesse resta sans effets et Azouzi continua de distribuer ses millions comme bon lui semblait. Souvenez-vous, nous parlons de ce même Nayef qui avait humilié Louis Freeh sans avoir été rappelé à l'ordre. Ce même Nayef qui avait proclamé *Urbi et orbi* qu'il était pour lui hors de question de collaborer avec les États-Unis dans l'enquête sur l'attentat de Khobar. Si les Américains acceptaient une telle attitude sans broncher, pourquoi diable auraient-ils pris la mouche parce qu'il tardait à sanctionner les foucades de son neveu ?

Non seulement Nayef laissa al Buraïk quitter le pays, mais cet américanophile distingué accompagna même le prince héritier Abdallah en visite d'état à Crawford (Texas), où il fut reçu avec les honneurs par George Bush. En hôte toujours irréprochable, celui-ci se garda bien de poser la moindre question déplacée sur la Tchétchénie, Ben Laden ou les dernières proclamations de al Buraïk exhortant les musulmans à réduire les femmes juives en esclavage. Sans doute doit-on voir dans cette attitude l'application stricte de la « déférence », au sens où l'entend le département d'État... ?

Comme l'attitude du prince Nayef, les agissements des frères de Fahd ne soulevèrent pas la moindre objection de Washington. Au cours des années 90, le ministre de la Défense Sultan continua à financer Abdallah el Amar, le chef de l'Islah, la branche yéménite des Frères musulmans. Washington ignora les indices suggérant que l'Islah était sans doute impliquée dans l'attentat contre le destroyer américain *Cole*. Quand le gouverneur de Riyad, le prince Salman, se tourna vers un islam intégriste au milieu des années 90, Washington fit comme si de rien n'était, alors même que Salman était la source des transferts financiers soi-disant à vocation caritative qui avaient en fait abouti à sponsoriser Ben Laden et les Frères musulmans. Mais n'oublions pas que Fahd, Nayef, Sultan et Salman, membres de conseils d'administration où siégeait le tout-Washington, étaient au-dessus des lois.

Et à vrai dire, Washington n'avait pas le choix. Si encore nos hauts fonctionnaires et nos politiques avaient pu tendre la sébile (pour Boeing et les autres) de la main droite, tout en agitant un index sévère de la gauche pour faire rentrer la famille royale dans le rang... Mais ils étaient d'autant moins en position de fustiger la gabegie et l'irresponsabilité des Saoud, qu'ils les avaient eux-mêmes suscitées. Les contrats saoudiens font vivre les entreprises de défense américaines. Et, en tant que fournisseurs de matériels militaires, les États-Unis se sont taillé la part du lion dans le budget saoudien de la défense qui représente la moitié des dépenses gouvernementales du pays. Nos bons diplomates ont su persuader nos amis saoudiens de dépenser des sommes colossales lors de la guerre du Golfe. Pour autant, la diplomatie américaine doit-elle une fois pour toutes se résumer à une affaire de gros sous et capituler devant les vrais enjeux ?

Il ne fallait pas avoir fait Polytechnique ni le MIT pour comprendre que les Saoudiens ne pourraient jamais payer les 7,2 milliards de dollars du marché Boeing. Ils étaient censés régler un acompte de 500 millions à la signature, mais une clause miraculeuse leur permettait de n'en régler que 60. En 1997, ils devaient 2,8 milliards à Boeing alors même que le budget très serré du royaume ne permettait pas d'en distraire le moindre centime. Sultan regrettait le bon temps où il aurait pu piocher dans la cagnotte Yamama pour renflouer Boeing, mais Yamama était déjà dans le rouge (pour un milliard de dollars). Seule alternative, piocher dans sa cassette de ministre, mais il y avait déjà prélevé 67 millions de dollars pour la même raison.

En effet, en juillet 1997, l'engrenage infernal de son ambition avait conduit Sultan à pressurer le ministère de la Défense, son propre ministère ! Le remboursement des échéances Boeing, avait-il décrété, devait provenir de ce budget. Pour régler la note, le ministère n'avait qu'à reporter l'achat des pièces détachées et la livraison de nouveaux appareils. Un tel bricolage devait coûter des millions de dollars de pénalités à l'Arabie Saoudite et affaiblir ses capacités de défense. Il ne restait plus aux États-Unis qu'à jouer, comme toujours, le rôle du cerbère vigilant avec sa flotte du golfe Persique.

Fin septembre 1996, Abdallah était si inquiet de la solvabilité financière du royaume qu'il tenta de faire parvenir un message à l'administration Clinton. Mais il eut beau faire, l'ambassadeur américain à Riyad ne voulut rien entendre. Sa seule mission semblait être de veiller à ce que les Saoudiens payent leurs échéances en temps et heure. Abdallah ne pouvait pas non plus se fier au prince Bandar pour se faire l'écho de ses préoccupations auprès du président américain, l'ambassadeur saoudien étant plus dévoué à son père, le prince Sultan, qu'à son Premier ministre. Il se résolut donc à confier ses soucis à Richard Murphy, alors figure éminente du Conseil pour les relations étrangères. Murphy avait la réputation d'être l'expert américain le plus compétent et le plus pondéré sur les questions proche-orientales. Abdallah l'appréciait et se fiait à lui. Qui plus est, l'homme politique américain n'avait pas de relations en Israël, du moins pas à la connaissance d'Abdallah. Mais il n'en restait pas moins que Murphy, écarté de tout poste gouvernemental depuis sept ans, n'exerçait plus à Washington une grande influence. Abdallah décida pourtant que cet homme était sa seule chance.

Lors de leur rencontre, le 23 septembre 1996, Abdallah lui expliqua que les États-Unis devaient consulter l'Arabie Saoudite avant de prendre de nouvelles initiatives dans la région. Il évoqua aussi le problème de la guerre du Golfe. L'administration Bush, fit-il valoir, avait minimisé les coûts qu'aurait à supporter l'Arabie Saoudite. L'entretien des bases militaires américaines de la région coûtait quelques milliards de dollars aux Saoudiens, précisément ceux qui manquaient au royaume pour faire face à ses échéances dans le contrat Boeing. Passant aux problèmes de la région, Abdallah expliqua que si l'administration Clinton devait se débarrasser de Saddam, c'était maintenant ou jamais. Mais il fallait prendre bien garde que les Arabes dans leur ensemble ne croient pas que cette nouvelle guerre visait le peuple irakien. Et enfin les États-Unis devaient arriver à un *modus vivendi* avec Téhéran. Tout simplement parce que la rivalité arabo-iranienne coûtait trop cher aux Arabes.

Est-il besoin de souligner que le plaidoyer du Premier ministre saoudien, dûment rapporté au président, tomba dans l'oreille d'un sourd ? Clinton entamait la campagne pour sa réélection et sa diplomatie saoudienne se réduisait désormais à un unique credo : que les chèques saoudiens arrivent ponctuellement à Seattle et qu'il ne soit pas question du moindre licenciement sur les chaînes d'assemblage de Boeing !

Pendant ce temps, le prince Sultan continuait à acheter des armes que la monarchie ne pouvait plus s'offrir. En décembre 1996, l'Arabie Saoudite signait même un nouveau contrat exorbitant et inutile pour la fourniture de 44 hélicoptères Augusta modèle 412 qui pouvaient être financés par le pétrole Yamama, ce qui signifiait une hémorragie supplémentaire pour les finances publiques du fait des inévitables commissions. Un mois plus tard, Sultan était de retour sur le marché, négociant un contrat pour la fourniture de chasseurs multirôle F-16. Cette même année, les Saoudiens passaient un marché de 3 milliards de dollars avec la France pour la livraison de frégates, alors que pour le seul contrat Yamama, les arriérés de paiement s'élevaient à 4,5 milliards de dollars. Enfin, le 18 décembre 1996, cerise sur la bûche de Noël, Bandar était convoqué à la Maison Blanche pour un entretien avec le vice-président Al Gore, le secrétaire à la Défense William Perry et le secrétaire d'État Warren Christopher. Il ne s'agissait pas de faire le point sur l'enquête concernant l'attentat contre les tours de Khobar, mais d'obtenir des Saoudiens qu'ils participent au programme d'aide pour la Bosnie à hauteur de 2 millions de dollars par mois.

Plus la Maison Blanche de Clinton apprenait à connaître Abdallah, moins elle l'appréciait. Non seulement l'ombrageux prince héritier menaçait les contrats militaires et civils en cours de révisions drastiques mais il se montrait d'une indépendance insolente en matière de politique étrangère. Il ne cessait, en outre, de ressasser le message qu'il avait notifié à Murphy : soit vous renversez Saddam Hussein, soit vous le laissez tranquille et vous levez les sanctions internationales. La politique irakienne de Clinton consistait à ne rien faire : le mauvais génie était rentré dans sa lampe, on avait renfoncé le bouchon, voilà à quoi se résumait l'« endiguement », selon le plaisant euphémisme en vigueur dans la Maison Blanche de l'époque. Mais l'endiguement de l'Irak, qui coûtait fort cher financièrement aux États-Unis et à l'Arabie Saoudite, minait aussi sa diplomatie : le Saoudien moyen éprouvait des affinités grandissantes pour l'Irak de Saddam Hussein et une désaffection croissante à l'égard de la famille régnante. Les thèses islamistes se répandaient rapidement dans l'armée. Abdallah était si impatient de régler le problème irakien, qu'en juin 1997, il dépêcha ses propres émissaires en Irak pour rencontrer Saddam. Cette diplomatie secrète, conduite en principe à l'insu des Américains, ne tarda pas à s'ébruiter. Elle ne porta aucun fruit mais contribua à compliquer un peu plus les relations entre le prince héritier et Washington.

Autre sujet de discorde entre les deux capitales, l'accord conclu avec l'Iran et le Mexique pour stimuler les cours du brut. En 1996, le pétrole plafonnait à environ 21 dollars le baril. À un tel niveau de prix, ces trois pays couraient à la débâcle financière. Abdallah profita du pèlerinage annuel de l'ex-président iranien Akbar Rafsandjani à La Mecque pour le rencontrer et c'est lors de ce rendez-vous que furent arrêtés les détails de l'accord. L'année suivante, le cours du baril de pétrole grimpait à 23 dollars, un bond de presque 10 %. Aux États-Unis, presque personne ne le remarqua, tous les regards convergeant vers le Nasdaq en train de s'emballer, mais la Maison Blanche n'apprécia pas du tout le précédent instauré par le Premier ministre saoudien.

Mais ce qui fut plus difficile encore à avaler pour Clinton, c'est le franc-parler du prince qui n'avait pas hésité à qualifier les accords d'Oslo de mensonge. Et pourtant ! Ces accords qui reprenaient à peu près la résolution 242 des Nations unies, avaient été « vendus » aux Arabes en alléguant que les Palestiniens pourraient constituer un État viable dans la Cisjordanie occupée et à Gaza. Mais voilà : On n'avait pas enregistré un seul démantèlement de colonie juive après Oslo. Le nombre des colons juifs en Cisjordanie était passé de 250 000 à 380 000 et les 5 000 colons établis dans la vallée du Jourdain continuaient à consommer 75 % de l'eau du fleuve, abandonnant le surplus aux 2 millions de Palestiniens résidant en aval.

Abdallah savait bien que cette situation ne pouvait que contribuer à renforcer l'islamisme des Saoudiens mais l'administration Clinton, comme, plus tard, l'administration Bush, l'ignora avec une superbe inconscience. Les États-Unis avaient passé un pacte avec le diable et ils allaient le respecter jusqu'au bout, c'est-à-dire jusqu'à la catastrophe finale. Aussi longtemps que Sultan continuait d'acheter des armes américaines et qu'Aramco continuait à veiller sur notre pétrole, tout le monde, à Washington, était bien décidé à fermer les yeux sur l'évolution sociopolitique du royaume.

12

Dans la guerre anti-terroriste, qui ment meurt

Dans les quelques semaines qui précédèrent ma démission de l'agence, une question me hantait : je me demandais si à Washington il restait quelqu'un ou quelque chose qui ne soit pas à vendre. Évidemment, je n'étais qu'un observateur extérieur, mais j'en savais assez pour pouvoir affirmer que les vrais décideurs, dans la capitale, c'étaient les dirigeants de Boeing, de Carlyle, d'Exxon et leur grand ami Bandar. J'avais assisté, aux premières loges, au scandale du financement des campagnes électorales, et bien retenu la leçon : quiconque était prêt à débourser deux cent mille dollars avait droit à un rendez-vous immédiat avec le président des États-Unis. J'avais aussi noté qu'il suffisait à un cadre dirigeant de compagnie pétrolière de décrocher son téléphone pour obtenir, tout aussi vite, un entretien avec un membre du Conseil national de sécurité. Mais Washington ne devait-elle pas avoir ses limites, après tout ? Bizarrement, il allait falloir que je retourne au Proche-Orient pour obtenir la réponse à ma question.

Quand j'ai rendu mon tablier, le 4 décembre 1997, j'avais amassé beaucoup de regrets. Je quittais la maison où j'avais passé l'essentiel de ma vie adulte. En traversant le parking une dernière fois, mon unique consolation, si l'on peut dire, était que l'agence que je quittais n'était plus celle que j'avais intégrée [redacted]. Des régions entières du globe étaient devenues des points d'interrogation pour une CIA frileusement repliée sur elle-même. À commencer par le Proche-Orient, celle qui me passionnait par-dessus tout. Deux incidents distincts m'avaient alerté à ce sujet.

Début octobre 1994, alors que j'étais directeur adjoint des opérations irakiennes, un agent à Amman m'avait transmis une rumeur selon laquelle des divisions de blindés irakiens faisaient mouvement vers la frontière koweitienne. Saddam, exaspéré par l'embargo, avait décidé de réenvahir le Koweit. Cette information me laissa très sceptique. Pouvait-il vraiment être stupide à ce point ?

À peine rentré à Washington, j'eus la réponse à une partie de la question : les photos satellites confirmèrent que des divisions blindées avançaient bien vers la frontière koweitienne. Mais ce qu'elles ne pouvaient nous donner, c'était l'information suivante : oui, ou non, Saddam Hussein avait-il vraiment l'intention de franchir la frontière ? Pour le savoir, il aurait fallu que nous disposions d'une source humaine, or ce n'était pas le cas. Ni dans l'entourage de Saddam, ni dans l'armée irakienne. Personne qui fût, par exemple, capable de nous dire si le dictateur mettait en place le support logistique démontrant qu'il irait vraiment jusqu'au bout.

Je répondis au premier appel de la « Situation Room [1] » de la Maison Blanche à 8 h 34. Un enseigne de

1. La *Situation Room* est un centre de surveillance et d'alerte qui fonctionne 24h/24. Elle transmet au président et au Conseil national de sécurité toutes les informations utiles touchant à la sécurité nationale des États-Unis. *(N.d.T.)*

vaisseau m'annonça que le président étudiait la possibilité d'envoyer des troupes dans le Golfe, mais qu'avant de donner l'ordre il voulait prendre l'avis du directorat des opérations. Ça commençait à chauffer.

Comme nous n'avions pas de source sur place, il ne me restait qu'à improviser : retenant mon souffle, j'appelai l'antenne saoudienne pour savoir s'ils avaient remarqué une activité inhabituelle en Irak. Avec les allées et venues des Bédouins de part et d'autre de la frontière, peut-être certains bruits étaient-ils remontés jusqu'à Riyad ? L'officier de permanence, une femme, me répondit sans hésiter : « Pas la moindre rumeur. Zéro. »

Je savais qu'elle me disait la vérité, mais c'était tout de même difficile à avaler. L'Arabie Saoudite était en principe notre allié. Nous avions des troupes basées dans le royaume, une flotte dans le Golfe et des F-15 qui sillonnaient le ciel pour protéger le pays de l'or noir. Avant que j'aie pu demander qu'on interroge nos bons amis dans le désert, mon interlocutrice me lâchait d'un ton définitif : « Et ce n'est pas la peine de demander. [redacted]. »

Après l'Arabie Saoudite, le Koweit était ma dernière chance. J'appelai le chef d'antenne sur un téléphone sécurisé. Lui et moi nous connaissions depuis l'Inde où nous avions servi ensemble à la fin des années 70. Depuis New Delhi, cet ex-jeune officier mal dégrossi avait réussi un parcours prometteur.

« Les Koweitiens n'ont pas la moindre idée de ce que manigance Saddam, commença-t-il. Je peux leur demander d'appeler la frontière pour voir ce qui se passe. »

Une chance sur un million de rapporter un tuyau valable, mais que faire d'autre ?

Il me rappela un quart d'heure plus tard pour m'apprendre qu'un garde-frontière koweitien, armé d'une paire de jumelles, avait aperçu l'équipage d'un char irakien en train de préparer son campement et de cuisiner le déjeuner.

Deux minutes plus tard, le téléphone sonnait ; c'était George Tenet qui appelait de la Maison Blanche. À l'époque, il était le chef des programmes de renseignement au Conseil national de sécurité, c'était lui qui faisait l'interface entre les rapports des services et la Situation Room. « Bon Dieu, mais qu'est-ce qui se passe en Irak ? » cria-t-il.

Je répétai fidèlement les remarques du chef d'antenne koweitien. Tenet, visiblement pas satisfait, grommela et raccrocha.

Cet épisode se répéta plusieurs fois au cours de la journée et le lendemain. J'appelais le Koweit et je restais au bout du fil jusqu'à ce que l'on contacte mon garde-frontière qui observait ce coin de désert à travers ses jumelles. Et dans l'intervalle, en proie à une frustration croissante, je me répétais : « Une paire de jumelles, c'est tout ce qu'on est capable d'acheter avec tout le fichu fric qu'on dépense ? »

C'est à ce moment que j'ai commencé à me dire qu'il y avait peut-être beaucoup d'autres infos importantes sur la région nord du Golfe qui nous échappaient. L'Irak et l'entourage de Saddam étant quasi impénétrables, il était évidemment difficile d'y recueillir des renseignements. Mais nos amis koweitiens et saoudiens, à l'économie si intimement liée à la nôtre, ne pouvaient-ils suppléer cette lacune ?

Je me mis à éplucher les rapports qui venaient de Riyad. Ils ne contenaient aucune donnée exploitable. Il n'y était question que de congrès, de délégations en visite, d'événements culturels et autres foires au livre, bref ils étaient, de mon point de vue, totalement dénués d'intérêt. Pas un mot sur les divisions dans la famille royale ou sur leurs relations avec les Wahhabites. À lire les topos de l'ambassade, les officiers traitants de l'agence ne se donnaient même pas la peine de rencontrer des religieux wahhabites, pourtant en passe de devenir plus puissants que les Saoud eux-mêmes.

Je consultai les bases de données, remontant jusqu'à l'année 1986. On ne trouvait pas grand-chose dans les journaux et les revues universitaires. Bref, me disais-je, une visibilité bien restreinte, assez semblable à celle de ce garde-frontière koweitien, avec ses jumelles. Pour tout ce qui touchait au Golfe, les États-Unis étaient quasi aveugles. Si la région s'embrasait, nous risquions fort de n'être avertis du désastre qu'une fois celui-ci consommé.

En traversant le parking, ce jour de décembre 1997, je me suis dit que je réussirais mieux seul, surtout si j'habitais le Proche-Orient. L'après-midi même, je prenais un avion pour Beyrouth.

Il ne me fallut pas longtemps pour saisir que la Beyrouth dans laquelle j'atterrissais n'avait plus grand-chose à voir avec celle que j'avais quittée en 1988. À l'époque, la ville était coupée en deux par la guerre civile. En 1997, Beyrouth était devenue un immense chantier de construction tentaculaire. Faisant appel aux meilleurs architectes, le Premier ministre Rafik Hariri avait déjà restauré la moitié de la vieille ville. Il avait même excavé une partie de la Beyrouth romaine. On creusait un tunnel ultramoderne sous la ville pour empêcher le retour des légendaires embouteillages d'autrefois. Une nouvelle voie rapide menait à l'aéroport. Encore quelques années et Beyrouth allait rivaliser avec Paris et Londres.

Mais la capitale libanaise restait une métropole proche-orientale, et nombre de blessures encore ouvertes devaient d'abord être guéries pour que la ville puisse retrouver son intégrité. La veille de Noël 1997, le chauffeur de taxi qui me conduisit des quartiers ouest, musulmans, vers la partie chrétienne, à l'est de la ville, me confia que c'était la première fois qu'il traversait la ligne verte – ce *no man's land* de la guerre civile. Au Proche-Orient, les choses ne sont pas ce qu'elles paraissent, comme je n'allais pas tarder à le redécouvrir.

Un jour un ami de Washington m'appela pour me demander d'enquêter sur l'opposition qatarie réfugiée à Beyrouth et Damas. Il s'intéressait à un prince déchu, une très proche relation de l'émir actuel. Ce personnage singulier s'appelait Hamad ben Jasim ben Hamad al Thani. Presque tous les Qataris s'appellent Hamad ou Jasim : le ministre des affaires étrangères se nomme Hamad ben Jasim ben Jabir al Thani et l'émir Hamad ben Khalifah. Pour ne pas égarer le lecteur, j'ai donc choisi d'appeler mon prince en exil le prince noir.

Le prince noir était l'ex-ministre de l'Économie et de la Police. Il avait essayé de renverser l'émir en février 1996, avec le soutien du père de l'émir, Khalifah, lui-même renversé par son fils en 1995. Une histoire embrouillée, vous l'aurez compris. Mais si j'évoque le Qatar, c'est que ce petit pays est l'épicentre de toutes les intrigues politiques de la région du Golfe. L'Arabie Saoudite, l'Égypte et la Syrie avaient toutes soutenu le putsch de 1996 et continuaient à saper le travail du gouvernement qatari. Non seulement cet émirat politiquement instable est une source de fascination pour qui s'intéresse à la région, mais c'est aussi une cible prioritaire pour toutes les grandes compagnies pétrolières du monde. En plus de ses réserves en or noir, l'émirat possède l'une des plus grandes réserves de gaz naturel du monde. Elle flirte aussi avec les Israéliens, ce qui faisait du prince noir, au temps de sa splendeur, un personnage très courtisé par beaucoup de gens à Washington.

Mais découvrir où il habitait n'était pas une tâche aisée. J'ai commencé par battre le rappel de mes vieux copains de Beyrouth. Après une cinquantaine de rendez-vous dans les cafés enfumés de Hamra, j'ai déniché quelqu'un qui m'a affirmé que le prince vivait à Damas dans un camp réservé aux officiers supérieurs de l'armée et des services de renseignement. Ce qui le rendait totalement inaccessible. Impossible d'aller frapper à sa porte, je n'aurais même pas pu franchir le portail du camp. J'ai donc ressorti mon agenda et je me suis remis au travail. Et j'ai fini par obtenir le téléphone d'un des « associés » du prince noir, qui a accepté de me rencontrer au Liban. La seule condition était que notre rencontre ait lieu au Park Hôtel de Chtaura dans la vallée de la Bekaa. Cet hôtel était administré par les services de renseignements libyens. Le prince noir devait se dire que je n'oserais jamais l'enlever dans un tel lieu, si j'en avais eu l'intention. Après tout le Qatar et les États-Unis entretenaient des relations amicales et pour ce politicien qatari il était sans doute assez logique d'imaginer que l'émir envoie un Américain faire son sale boulot.

Un écrivain de polars n'aurait pas pu évoquer une soirée plus lugubre. La Bekaa était balayée par des rafales de pluie glacée qui charriaient feuilles et brindilles arrachées aux arbres. Chtaura était déserte, aussi noire qu'une tombe. Même les postes de contrôle syriens sur l'autoroute Damas-Beyrouth étaient abandonnés.

Le Park Hôtel était plongé dans une complète obscurité. Je n'aurais d'ailleurs même pas été capable de le trouver sans mon taxi. Quand il stoppa, j'aperçus une demi-douzaine de quidams barbus et émaciés sous le portique de l'hôtel, la kalachnikov en bandoulière. Ils ne desserrèrent pas les mâchoires quand je sortis de la voiture. Pas même un hochement de tête. Ils me suivirent dans l'hôtel.

À l'intérieur, le concierge m'attendait, seul. Il me fit signe de le suivre au deuxième étage. Nous longeâmes un couloir plongé dans le noir, toujours suivis par les gorilles. Le concierge toqua à une porte que rien ne distinguait des autres. Le prince noir ouvrit. Un peu enveloppé, vêtu d'un treillis et coiffé d'un keffieh il ressemblait à un combattant palestinien, pas à un prince du Golfe. La chambre était plongée dans l'obscurité à l'exception d'un poêle à gaz dans un coin. Tout en préparant du thé, il me confia : « Vous savez, j'étais avec Arafat au tout début, au commencement de la guerre civile. J'ai été formé dans ses camps, j'ai combattu à ses côtés. »

Je le savais déjà, mais c'était important de l'entendre de sa bouche. *Ne pas confondre avec des mollassons du genre de mes cousins al Thani ou des princes saoudiens*, tel était en substance le message qu'il m'envoyait. Le prince noir était un guerrier, un révolutionnaire, je n'avais pas intérêt à jouer au plus fin avec lui.

Il en vint rapidement au sujet qui l'intéressait, raison pour laquelle il avait accepté de me rencontrer. Il voulait savoir ce qu'il en était des relations entre Washington et le ministre des Affaires étrangères de son pays, Hamad ben Jasim ben Jabir al Thani, le « bon Hamad » comme on l'appelait chez les lobbyistes de Washington. Le ministre en question, chouchou des politiciens américains, avait accepté d'accueillir dans son pays plusieurs sommets auxquels des représentants israéliens étaient invités. Il avait aussi autorisé Israël à ouvrir une mission économique à Doha, un pas vers la reconnaissance diplomatique. Il avait promis des élections démocratiques, les femmes étaient maintenant autorisées à conduire et Enron venait de signer un contrat de plusieurs milliards de dollars pour l'exploitation d'un site de gaz naturel. Et, heureuse coïncidence, ce ministre des Affaires étrangères était socialement aussi présentable que Bandar. D'ailleurs il possédait une propriété ravissante sur Foxhall Road, peut-être le quartier le plus chic de Washington. Avec ces recommandations, il va sans dire qu'il avait libre accès à la Maison Blanche, exactement comme Bandar. Mais le prince noir voulait savoir si la Maison Blanche lui était acquise.

— Mon cousin s'est-il payé un siège dans votre Conseil national de sécurité ? me demanda-t-il abruptement.

— Personne n'achète ni ne vend Washington, rétorquai-je. C'est le ministre des Affaires étrangères et il est riche. Évidemment il peut jouer les grands manitous, mais on ne se paye pas le gouvernement comme ça.

— Hmmm... Vous avez beaucoup à apprendre, mon ami. Il faut que nous parlions.

Je revis le prince noir à différentes reprises. Au bout de quelques semaines, une certaine familiarité aidant nous nous retrouvâmes dans des restaurants, dans les montagnes au-dessus de Beyrouth. En général, nous nous asseyions en terrasse et nous fumions des pipes à eau jusqu'à une heure avancée de la nuit. Nous parlions surtout du Qatar. Le prince noir ne faisait pas mystère de sa volonté bien arrêtée de chasser du pouvoir son cousin l'émir et le ministre des Affaires étrangères. Un jour, il me demanda si je pouvais l'aider à trouver des engins de débarquement. Je jouai le jeu et appelai un marchand d'armes parisien qui m'envoya quelques éléments sur des engins de débarquement à vendre en Ukraine. Mon ami, enchanté, m'invita dans sa maison de Damas. Il s'était fait construire une bâtisse de deux étages dans un camp militaire au nord-ouest de Damas, avec une piscine et une pelouse de la taille d'un terrain de football. Ce n'était pas exactement un palais, mais encore une fois, nous nous trouvions dans la Syrie socialiste.

Nous passions le début de l'après-midi assis au bord de la piscine à boire de la citronnade. Sa nouvelle femme égyptienne venait nous retrouver un moment. Un jour, je remarquai un homme qui s'activait devant un barbecue, dans le jardin d'à côté. Il portait un tablier et une casquette de base-ball, comme n'importe quel Américain moyen. Ç'aurait pu être l'un de mes oncles.

— Qui est-ce ? ai-je demandé.

— Le général Khuli, répondit le prince noir tout en saluant son voisin.

Mohammed Khuli avait été le chef des services de renseignements de l'armée de l'air. Il avait été écarté au milieu des années 80 après avoir été mêlé à une tentative d'attentat à la bombe contre un avion d'El Al au départ de l'aéroport d'Heathrow à Londres. Une bombe avait été glissée, à son insu, dans la valise d'une jeune femme irlandaise. Je ne dirais pas que c'était un « coup » de pouvoir observer Khuli en train de se faire griller un hamburger, mais je ne pus m'empêcher de sourire intérieurement de l'ironie de la situation : il avait fallu que je quitte la CIA pour pouvoir obtenir cette sorte d'accès aux « méchants ».

Avant que j'aie eu le temps de m'attarder sur ces pensées, le prince noir me lança : « Allons faire un tour en voiture. »

Nous montâmes dans son nouveau 4 × 4 américain flambant neuf et il prit la route de la frontière israélienne, vers les hauteurs du Golan. Nous quittâmes la route principale pour gravir un coteau. Il faisait nuit à présent et de temps à autre, le garde du corps devait descendre pour écarter des éboulis de roche qui encombraient la route. Nous nous arrêtâmes bientôt devant une parcelle de terrain qui venait d'être aplanie au bulldozer.

— Ce site magnifique m'appartient, fit le prince noir. Je viens de l'acheter. Un jour, je construirai ici une maison qui regardera vers la Palestine libérée.

Il parlait d'Israël.

Pendant que nous nous promenions sur son domaine, le chauffeur et le jardinier firent un feu avec le petit bois que nous avions emporté. Ils installèrent deux chaises pliantes et posèrent une casserole d'eau sur le feu pour préparer du thé. Le printemps tirait à sa fin mais il faisait froid et le vent s'était levé. Les escarbilles emportées par la brise dessinaient une longue traînée arrondie le long de la montagne. Une fois confortablement installés sur les chaises de camping sous d'épaisses couvertures, le prince noir et moi abordâmes le sujet pour lequel il m'avait fait venir.

— Avez-vous entendu parler de mon cousin Hamad ben Jasim ben Jabir ?

Il parlait du ministre des Affaires étrangères qatari, celui qui possédait cette belle propriété sur Foxhall.

J'avais maintenant l'impression de pouvoir parler plus librement avec le prince noir et je me disais qu'il me comprendrait à demi-mot. Je lui racontai l'anecdote de Gore demandant qu'on libère le bureau de Leon Feurth, son conseiller national à la sécurité, pour pouvoir converser tranquillement avec le ministre qatari.

Le prince se tourna vers moi et son regard se fit scrutateur. Il voulait sans doute savoir si je lui disais la vérité. Je ne savais rien d'autre à propos du ministre ?

— Écoute, mon ami, je ne sais pas si tu es honnête ou non avec moi. Mais ton gouvernement joue à un jeu très dangereux.

Je lui demandai ce qu'il voulait dire.

— Commençons par Ben Laden. Le ministre des Affaires étrangères est l'un de ses principaux soutiens et il hait les Saoudiens. Il serait prêt à s'allier avec le diable pour entuber les Saoud.

Ce n'était pas un scoop pour moi. Quand je travaillais encore pour la CIA, j'avais entendu Sultan et ses frères parler du ministre des Affaires étrangères en l'appelant le « chien ». J'avais aussi lu dans un rapport que Sultan avait appuyé le putsch du prince noir et de l'ancien émir, en février 1996. Mais comme les Saoudiens avaient refusé de nous en parler, on ne pouvait en être absolument sûrs.

— Que voulez-vous dire, soutenu Ben Laden ?

Je savais que le ministre de l'Intérieur, Abdallah Ben Khaled, avait rencontré Oussama Ben Laden le 10 août 1996, mais ça ne voulait pas dire grand-chose : une foule d'Arabes faisaient le pèlerinage de Khartoum pour rencontrer Ben Laden. Le chemin du milliardaire saoudien avait souvent croisé la route des services de renseignements irakiens. Sans pouvoir en être tout à fait certains, nous présumions que ces émissaires voulaient seulement sonder le personnage et s'assurer qu'il n'allait pas s'en prendre à l'Irak.

— Je veux dire soutenir. Vous avez déjà entendu parler de Khaled Cheikh Mohammed ?

Je lui répondis que non. Je voulais qu'il me raconte sa version de l'histoire de A à Z.

— C'est le chef des opérations terroristes de Ben Laden. Sa cible préférée, ce sont les avions. En 1995, quand il est arrivé au Qatar j'étais le chef de la police. Il venait des Philippines où deux de ses complices s'étaient fait arrêter. Le ministre de l'Intérieur, Abdallah Ben Khaled, un Wahhabite fanatique, l'a aussitôt pris sous son aile. Et l'émir m'a ensuite ordonné d'aider Abdallah. Il a commencé par nous demander une vingtaine de passeports qataris en blanc. Je sais qu'il les a donnés à Khaled Cheikh qui a rempli les blancs.

— Vous en avez la preuve ?

— Oui. J'ai gardé les numéros dans mon coffre à Damas, avec beaucoup d'autres choses.

Il devenait clair pour moi que le prince noir voulait que je fasse quelque chose de son information. Il avait pris des renseignements et avait découvert que j'étais un ex-officier de la CIA. Je suis certain qu'il pensait, comme la plupart des Arabes, que je travaillais encore pour l'agence. Pas question de le détromper, je voulais entendre la suite de son histoire.

— Où se trouve Khaled Cheikh aujourd'hui ? lui demandai-je.

Khaled Cheikh Mohammed était toujours introuvable à l'époque malgré les deux millions de dollars offerts par le FBI pour des renseignements permettant sa capture.

— Envolé, disparu, *Sayonara*. Tu le sais aussi bien que moi, alors ne joue pas au con.

— Je voudrais que vous me racontiez ce que vous avez entendu dire à son sujet.

Je voulais en savoir plus sur les circonstances du départ de Khaled Cheikh Mohammed du Qatar en 1996.

— Dès que le FBI est venu enquêter au Qatar, l'émir et le ministre des Affaires étrangères ont ordonné à Abdallah Ben Khaled d'évacuer Khaled Cheikh Mohammed de l'appartement qu'il occupait pour le cacher dans une villa qu'Abdallah possédait sur la côte.

Pendant ce temps, des agents du ministère de l'Intérieur faisaient disparaître tous les indices compromettants des bureaux de Khaled Cheikh Mohammed à l'ancienne école de police, dans une ferme et dans un endroit appelé le dépôt nord.

Le prince noir voyait bien que j'étais incrédule. Il appela son garde du corps et lui demanda un stylo et une feuille de papier.

— Écrivez tout ça et vérifiez avec Washington.

— Où sont-ils partis ? demandai-je.

— Peut-être à Prague. Je sais en tout cas que Mohammed Shawqi Islambuli s'y est rendu.

Islambuli était le frère de Khaled Sawqi Islambuli, le Frère musulman qui avait vidé un chargeur d'AK-47 sur Anouar el-Sadate en 1981. Mohammed lui-même était recherché en Égypte pour meurtre. Je pris quelques notes sans rien dire. Quand j'eus fini, je lui demandai :

— Vous avez la preuve de ce que vous avancez ?

— Oui, et de beaucoup d'autres choses. Rappelez-vous, j'étais ministre de l'Économie. Quand il fallait donner de l'argent pour les campagnes électorales américaines, c'est moi qui m'en chargeais.

Les subventions de gouvernements étrangers aux campagnes électorales américaines, ce sujet ne m'intéressait pas. En revanche Khaled Cheikh Mohammed me faisait saliver. J'avais déjà entendu parler du « complot de Bojinka », un plan de Khaled Cheikh Mohammed pour faire exploser en vol un avion de ligne rempli de passagers américains. Force m'était donc de prendre au sérieux les propos du prince noir. Mais comment obtenir les informations de la CIA ? Contrairement à ce que pensait mon interlocuteur, quand vous ne faites plus partie de l'agence, les ponts sont vraiment coupés.

Je fis donc la seule chose possible. J'envoyai un e-mail à un copain qui travaillait encore pour l'agence en lui demandant de transmettre mon message au Centre de lutte anti-terroriste. Si incertain que fût ce contact, je transmis toutes les données recueillies, y compris le nom du prince noir. Si les autres éléments ne faisaient pas tilt, au moins ce nom devait éveiller la curiosité. J'espérais que Washington enverrait quelqu'un lui parler et essayer de recueillir les renseignements qu'il gardait dans son coffre. Ça ne coûtait pas grand-chose de « débriefer » ce personnage.

Mon copain me répondit la semaine suivante : sans intérêt.

Comme je n'étais pas du genre à abandonner, j'appelai Jim Risen, un reporter du *New York Times*. Si les informations du prince noir tenaient la route, le *Times* commanderait sans doute une enquête et nos politiques seraient obligés de considérer d'un œil plus vigilant cet allié des Américains qui soutenait les entreprises de Ben Laden, déjà l'un des terroristes les plus meurtriers du monde.

Au moment où Risen, ayant rassemblé assez d'éléments, allait commencer son enquête, j'avais déménagé à New York. Le prince noir était toujours disposé à « cracher le morceau ». Malheureusement, juste au moment où le journaliste allait prendre un avion pour le rencontrer, le prince noir fut kidnappé à Beyrouth et exfiltré en avion vers Doha. Au moment où j'écris ces lignes, il est enfermé dans une cellule aveugle et sa famille affirme qu'on lui administre des drogues qui l'affaiblissent. Après sa disparition dans le trou noir du Golfe, il devint presque impossible de recueillir des renseignements « sensibles » sur la région.

Quoi qu'il en soit, même après la disparition du

prince noir, je ne capitulai pas. À New York, je retrouvai l'un de ses associés. Né au Sri Lanka mon informateur était maintenant naturalisé citoyen américain. Il avait travaillé pour la mission diplomatique qatarie à l'ONU, avant de se reconvertir dans l'hôtellerie : il tenait un hôtel dans une station de sports d'hiver du Vermont.

Cet ex-diplomate s'est montré inquiet des suites fâcheuses que pourraient avoir nos entretiens :

— Ma famille et moi avons eu beaucoup de problèmes avec le gouvernement. Je ne veux plus d'ennuis.

Après que j'ai réussi à le convaincre que j'étais un ami du prince noir, il m'a raconté son histoire. En 1995, quand l'émir actuel avait renversé son père, mon interlocuteur avait commis l'erreur tactique de prendre parti pour le père et le prince noir, ce qui lui avait attiré les foudres du ministre des Affaires étrangères et de l'émir. Un jour le ministre, en voyage à New York, lui avait donné le choix : soit il retournait sa veste et donnait au gouvernement qatari des informations sur le prince noir, soit il allait avoir affaire aux autorités américaines.

— Pour quelle raison ? demanda l'autre. Je n'ai pas enfreint la loi...

— Peu importe, vous verrez bientôt.

Quelque temps après, des agents du FBI débarquaient dans son immeuble du Bronx et sonnaient chez tous les habitants de l'immeuble pour leur demander s'ils étaient au courant des activités terroristes de leur voisin. D'autres agents se présentaient à l'université de New York pour interroger ses enfants qui étudiaient dans cet établissement. Mais pas n'importe où : l'interrogatoire eut lieu dans une voiture de police garée devant un bâtiment de l'université afin que les étudiants qui passaient n'en perdent pas une miette. Les jeunes gens furent relâchés mais pas avant d'avoir été dûment humiliés.

Quant à mon Sri Lankais, lui et sa femme furent retenus douze heures dans le bureau principal du FBI de Manhattan. La surveillance du couple se poursuivit environ un mois et n'épargna même pas leur hôtel du Vermont.

Je ne voyais pas comment rassembler les pièces du puzzle. Mais ce qui m'apparaissait évident, c'est que le ministre qatari des Affaires étrangères disposait d'une très grande influence à Washington. Les sommes qu'il avait consacrées au lobbying et aux relations publiques de 1997 à 1999, près de 25 millions de dollars, lui avaient apparemment permis de s'adjuger quelques rouages influents du système judiciaire américain. Cette pluie de dollars avait sans doute aidé à faire passer la pilule de la réception très froide des agents du FBI dépêchés à Doha en février 1996 pour arrêter Khaled Cheikh Mohammed. Aux États-Unis, en revanche, les Qataris savaient parfaitement utiliser les agents du FBI à leur profit, en l'occurrence pour intimider un opposant, pourtant une précieuse source virtuelle d'informations qui aurait peut-être pu nous éviter les attentats du 11 septembre. Pas mal pour un pays que les compagnies pétrolières américaines faisaient vivre...

Malheureusement, ce n'est pas la fin de l'histoire. En 1998, à l'époque où je résidais à Paris, j'ai reçu un appel d'un jeune reporter du *Wall Street Journal* nommé Daniel Pearl. Nous nous sommes rencontrés à Genève. Avec sa silhouette athlétique et son regard intense, Danny était un des reporters les plus consciencieux, tenaces et honnêtes que j'aie jamais rencontrés. Le genre de garçon à ne jamais renoncer une fois qu'il tenait une piste. Je lui ai parlé de Khaled Cheikh Mohammed et du Qatar. Il a écouté, pris des notes et promis de remonter cette piste-là un de ces jours. Nous nous sommes revus de temps à autre à Washington. Il me reparlait de Khaled Cheikh

Mohammed, mais ni l'un ni l'autre n'avions d'informations nouvelles sur le sujet.

Deux jours après les attentats du 11 septembre, je reçus cet e-mail de D. Pearl :

Salut, comment va ? Est-ce que ton livre est sorti ? J'espère que tu ne traînais pas du côté du Pentagone aujourd'hui.

Comme la moitié du journal, je suis embringué dans l'enquête sur le réseau Ben Laden... certains des suspects avaient apparemment des passeports émiratis et je me souviens que tu m'as dit un jour que Fujaïrah[1] *était un vrai repaire de « fundies*[2] *».*

Danny m'a téléphoné le lendemain. Je lui ai rappelé nos discussions sur Khaled Cheikh Mohammed et le Qatar. « Ca vaut la peine d'y réfléchir », m'a-t-il répondu.

Je n'ai aucun moyen de savoir si Pearl est allé à Karachi pour enquêter sur Khaled Cheikh Mohammed. Le *Wall Street Journal* dit que non, qu'il travaillait sur l'affaire Richard Reid, le terroriste qui comptait faire exploser un avion en vol avec des explosifs cachés dans sa chaussure. Mais je n'oublie pas que l'un des témoins du procès des assassins de Pearl a désigné Khaled Cheikh Mohammed comme son meurtrier.

Le dernier chapitre de ce livre m'est venu indirectement, d'un ami de Londres qui m'a confié que, quelques jours après le 11 septembre, Pearl avait appelé le ministre des Affaires étrangères du Qatar pour lui demander s'il pensait que Khaled Cheikh Mohammed était derrière ces attentats. Il va sans dire que les Qataris ont catégoriquement nié savoir quoi que ce soit des attentats ou de

1. L'un des émirats du golfe d'Oman. *(N.d.T.)*
2. Fondamentalistes islamiques. *(N.d.T.)*

KCM. Je ne peux pourtant pas m'empêcher de me demander s'ils ont prévenu le cerveau du 11 septembre que Pearl était sur sa piste. Peut-être qu'au moment où ce livre paraîtra nous aurons obtenu la réponse de la bouche du numéro trois d'Al Qaida. Ce qui est en revanche certain c'est que personne, à Washington, ne posera la question aux autorités qataries, le Qatar étant notre nouveau « meilleur allié » dans le Golfe.

Mais nous ne trouverons les réponses à nombre de questions vitales que lorsque le gouvernement américain aura décidé de prendre la menace terroriste au sérieux au point d'exiger toute la vérité des autorités qataries et saoudiennes. Et croyez-moi, les attentats du 11 septembre nous ont laissé plus de questions que de réponses. Un autre Qatari m'a confié qu'à la fin des années 90, Ayman Zawahari, le Frère musulman égyptien qui secondait Ben Laden, ainsi qu'une douzaine de complices du terroriste milliardaire saoudien, ont pu trouver refuge au Qatar sans que le gouvernement, dûment averti, s'en émeuve. Et s'agissant de l'Arabie Saoudite, nous n'avons toujours pas de réponse aux questions concernant Omar Bayoumi, un étudiant saoudien qui brassait des centaines de milliers de dollars et a aidé deux des pirates de l'air à s'installer à leur arrivée à San Diego (Californie). Ledit Bayoumi coule actuellement des jours paisibles en Arabie Saoudite où il est, comme il se doit, hors d'atteinte des enquêteurs du FBI.

Je me suis souvent demandé si l'argent qui avait servi à régler le discours de Colin Powell à l'université Tufts venait du même compte du ministère de la Défense saoudien que celui qui avait servi à financer Bayoumi. Improbable mais pas impossible, compte tenu de la liaison étroite qui unit Washington à Riyad depuis une cinquantaine d'années. Quoi qu'il en soit, mon propos n'est pas celui d'un historien ; j'écris ce livre pour contribuer à faire émerger la vérité. Tant que nous n'exigerons pas la vérité de l'Arabie Saoudite – et tant que nous ne cesserons pas de nous mentir à nous-mêmes – on peut être certains que l'on n'en aura pas fini avec des tragédies comme celle du 11 septembre ou celle de l'assassinat de Daniel Pearl. Cela ne fait pas l'ombre d'un doute.

Épilogue

« Une maladie désespérée requiert un remède périlleux. »
Guy Fawkes, 1570-1606

Tout va très bien Madame la Marquise : telle est, grosso modo, la réponse numéro un de Washington au sujet de l'Arabie Saoudite. Quand on pousse nos experts dans leurs derniers retranchements, ils nous le certifient, *la démocratie résoudra tous les problèmes* – l'argument vaut d'ailleurs pour l'ensemble du Proche-Orient. Comment comptent-ils s'y prendre ? Simple comme bonjour, *il n'y a qu'à* :

— convaincre la famille royale de déléguer une part au moins de son pouvoir ;

— soutenir et seconder les princes réformateurs ;

— créer un joli petit parlement modèle ;

— compromettre les boutefeux en leur offrant un ou deux portefeuilles ministériels ;

— fonder un ou deux partis politiques ;

— envoyer Jimmy Carter contrôler la première élection.

C'est ainsi que dans quelques générations, nous assure-t-on, Riyad vaudra Ankara et peut-être même

Stockholm. La machine gouvernementale ne fonctionne peut-être pas si bien que ça, mais les gens qui dirigent le pays au jour le jour sont pour la plupart dévoués corps et âme à leur mission : extirper la corruption, boucler les terroristes et mettre le pouvoir entre les mains du peuple.

En date du 6 octobre 2001, un article du *National Journal*, organe très représentatif de la rhétorique washingtonienne, résume parfaitement le problème et la solution préconisée. Ned Walker, ex-ambassadeur américain en Israël et en Égypte et numéro deux de l'ambassade américaine à Riyad dans les années 80, confiait au *Journal* : « Sans démocratisation on n'obtient pas de réel développement économique. Pour la stabilité à long terme des gouvernements de la région nous devrions encourager la démocratisation, ce qui signifie qu'il nous faut les aider à construire des sociétés civiles dans le contexte de leur culture. »

Mais dans le genre optimiste à tout crin, la palme revient sans aucun doute à Chas W. Freeman, ex-ambassadeur en Arabie Saoudite, qui affirmait : « L'objectif initial et essentiel d'Al Qaida est le renversement de la monarchie saoudienne. Vous pouvez être fichtrement sûr que tous les cadres d'Al Qaida sont sur la liste des personnes recherchées par l'Arabie Saoudite et que tous les chefs sont au sommet de ladite liste. »

« L'Arabie Saoudite a mené ses propres batailles anti-terroristes, ajoutait Anthony Cordesman, ex-haut fonctionnaire de la défense et expert au Centre d'études stratégiques et internationales. Ce pays est engagé dans une formidable mutation sociale et économique. C'est ce changement qui a conduit une petite minorité à se tourner vers la violence. »

Et ce couplet, on l'entend un peu partout à Washington, des quartiers *in* jusqu'aux cellules de réflexion huppées et même à la CIA, une institution qu'on ne savait pas si adepte de l'ingénierie sociale. La démocratie triomphera dans le désert comme elle a triomphé en Amérique et en Europe. Les gens sont partout les mêmes et ils veulent tous la même chose. Balivernes. Si je comprends bien nos hérauts de la démocratie, ils parlent d'élections libres et équitables en Arabie Saoudite : un homme, une voix. Ils veulent toute la démocratie et rien que la démocratie. Commençons donc par nous poser une question : quand a-t-on pu observer des élections pour la dernière fois dans le monde arabe ? C'était fin 1991 et début 1992, en Algérie. Quand il est devenu clair que les fondamentalistes étaient sur le point de les remporter à une écrasante majorité et d'imposer une constitution islamique, l'armée s'est interposée, entraînant aussitôt le pays dans une guerre civile qui aurait fait plus de cent mille morts. Et qui se poursuit encore aujourd'hui. Pourquoi espérer une évolution différente en Arabie Saoudite ? Selon un sondage d'octobre 2001, 95 % des Saoudiens cultivés âgés de vingt-cinq à quarante et un ans approuvent l'action de Ben Laden. Peut-être ces témoignages de sympathie sont-ils à relativiser, mais en l'absence de toute autre information, notre devoir est de les prendre au pied de la lettre. En octobre 2002, j'ai interrogé Mohammed el Masari, un dirigeant de l'opposition saoudienne, sur l'avenir politique de son pays. Il n'avait pas le moindre doute quant aux résultats d'une éventuelle élection libre et impartiale dans son pays : un gouvernement islamique succéderait immanquablement à la monarchie actuelle. Je n'ai pu m'empêcher de demander à Masari si des interlocuteurs officiels anglais ou américains lui avaient demandé ce qu'il pensait de l'instauration d'une démocratie en Arabie Saoudite. « Jamais aucune personnalité officielle de l'un ou l'autre gouvernement ne m'a posé la moindre question », répondit-il simplement.

Ce sondage d'octobre 2001 n'expliquait pas pourquoi les Saoudiens soutenaient Ben Laden, mais au fond cela n'a pas grande importance. Peut-être est-ce parce que Ben Laden fait ce que les États-Unis n'ont pas le courage de faire : s'opposer aux voleurs qui dirigent leur pays. Ou, comme le pensent les néo-conservateurs, est-ce simplement parce qu'ils haïssent l'Occident et ses valeurs. Quelle qu'en soit la raison, cette unanimité prouve que les Saoudiens éliraient un gouvernement islamique militant plus américanophobe encore que l'Iran de Khomeiny. Adieu le pétrole bon marché subventionné, bonjour le baril à 144 dollars promis par Oussama.

Je ne vois qu'une raison au succès de ce conte de fées sur le triomphe de la démocratie dans le désert : il permet aux notables washingtoniens de dormir sur leurs deux oreilles dans leur maison de ville ou dans leur manoir des banlieues chics. Si Riyad n'est plus qu'à une élection d'un parlement de type européen, alors il est humain de racler le filon des pétrodollars jusqu'à l'os ; compréhensible de fermer l'œil sur les commissions qui se chiffrent en milliards de dollars ; d'oublier opportunément que le prince-ambassadeur qui arrose si généreusement la capitale de ses cadeaux et sinécures, est aussi compromis que ses parents restés au pays ; d'ignorer le fait que même quand les Soudanais leur ont offert la tête de Ben Laden sur un plateau, les Saoudiens ont répondu non merci. De s'autoriser à démarcher ses amis de Riyad pour leur vendre des jets privés qui vous permettront de lever vos stock-options et de réaliser ainsi des centaines de milliers de dollars de bénéfices.

Ned Walker, ardent défenseur de la démocratisation

de l'Arabie Saoudite, se trouve être le président de l'Institut du Moyen-Orient, une institution partiellement financée par des princes saoudiens qui préféreraient faire le trajet Riyad-La Mecque à genoux plutôt que d'accorder le droit de vote au peuple. Chas Freeman, l'homme qui fait entièrement confiance à l'Arabie Saoudite pour retourner tous les cailloux du désert dans sa traque acharnée des militants d'Al Qaida, se trouve être le président du Conseil de politique moyen-orientale, au conseil d'administration duquel siègent l'inévitable Franck Carlucci et M. Fouad Rihani, directeur du département recherche et développement du groupe Saudi Ben Laden.

Et il ne s'agit là que du menu fretin, bon Dieu de bon Dieu, des pauvres innocents, de ceux qui se repaissent des miettes que leur abandonnent tous les cabinets de consultants dirigés par d'ex-patrons de la CIA ou d'anciens secrétaires d'État. Au moment même où le Conseil pour la politique de défense provoquait une levée de boucliers en déclarant que l'Arabie Saoudite pourrait bien être le véritable axe du terrorisme global, son président, Richard Perle, se trouvait être aussi l'un des patrons de Trireme Partners, une société de financement de l'innovation spécialisée dans la technologie, la sécurité et la défense. Selon un article de Seymour Hersh paru dans le *New Yorker* du 17 mars 2003, au moment même où R. Perle vitupérait les Saoudiens et poussait à la guerre contre l'Irak, ses associés rencontraient de richissimes hommes d'affaires saoudiens pour tenter de leur soutirer un investissement de cent millions de dollars dans Trireme Partners. L'intermédiaire qui avait arrangé ce rendez-vous était devinez qui ? Adnan Kashoggi, le même homme qui aurait, selon certains, oublié une mallette contenant un million de dollars en liquide lors d'une visite à Richard Nixon en 1968. Hersh assure que Perle aurait assisté en personne à l'une de ces réunions (laquelle se serait tenue dans un restaurant marseillais début janvier 2003), mais Perle l'aurait assuré qu'il n'avait jamais confondu ses rôles public et privé. Perle a dû, pour désamorcer la polémique, démissionner du Conseil pour la politique de défense. Le type de comportement décrit par Hersh est devenu banal dans la capitale américaine. Demandez de l'argent aux Saoudiens et s'ils n'obtempèrent pas pressurez-les sans vergogne. Au besoin, déclenchez une crise et utilisez-la pour vous goberger.

Cette idylle démocratique qu'on nous présente est un mensonge intéressé et inepte. Nous savons tous parfaitement bien à quelle version de la démocratie le département d'État songe pour l'Arabie Saoudite (pensez au Koweit !). Il est insultant d'essayer de nous faire prendre des vessies pour des lanternes, exactement comme il est dégradant pour tous ces hauts fonctionnaires et autres porte-parole gouvernementaux de prostituer leur éloquence en débitant des bobards pour conforter ce mythe. Travestissez assez longtemps la vérité et vous deviendrez incapables de la reconnaître.

L'Arabie Saoudite compte environ 24 millions d'habitants (dont 5 millions de travailleurs immigrés « invités »). Les Saoudiens moyens sont trop pauvres, opprimés et intimidés par le régime pour exprimer une authentique opinion politique, quelle qu'elle soit. Ils se débrouillent avec ce que les Saoud leur laissent : des mosquées, le Coran, des produits alimentaires subventionnés, des allers simples pour l'Afghanistan. Mais ce ne sont pas de ces Saoudiens-là que je parle. Je parle de ceux qui dirigent le pays, ceux qui contrôlent l'or noir, qui empochent des commissions et casquent pour que les « méchants » leur fichent la paix. Les noceurs qui prennent l'avion pour le Maroc quand ils sont las de leurs onze femmes et qu'ils ont besoin de chair fraîche. Ceux qui préfèrent maintenir l'Arabie Saoudite dans un état d'arriération moyenâgeux pour se prélasser dans leurs cavernes d'Ali Baba plutôt que de construire un pays stable.

Washington a cautionné ce système, pire, il a encouragé les Saoud à perfectionner leur kleptocratie. Le résultat ? Un royaume fondé sur le racket, qui encourage le terrorisme, empêche la formation d'une classe moyenne en niant le droit de propriété, favorise l'esclavage et la prostitution. On ne peut ignorer le fait que ce sont les Saoud qui financent les écoles coraniques d'où essaiment les guerriers du djihad, exactement comme ce sont eux qui gèrent les organisations caritatives qui sponsorisent ces mêmes combattants. Canaliser la colère des islamistes contre l'Occident permet de la détourner de la maison royale et de l'odeur de pourriture qu'elle exhale. Et pour ce qui est de donner le droit de vote au peuple, les princes au pouvoir ne s'y résigneront que le couteau – ou le pain de plastic – sur la gorge.

Bref, l'Arabie Saoudite est une sacrée pagaïe et c'est *notre* sacrée pagaïe. Les États-Unis ont fait de ce pays leur citerne de pétrole privée.

Non contents d'engranger les bénéfices que nous assurait l'achat au rabais du pétrole saoudien, nous avons raflé tous les pétrodollars possibles. En nous désintéressant ouvertement du destin de leur pays, nous avons enseigné aux Saoudiens par l'exemple ce que nous attendions d'eux. L'Arabie Saoudite d'aujourd'hui découle directement du million de dollars oublié par Adnan Kashoggi à San Clemente en 1968, de la confirmation cynique par Boeing de Khaled Ben Mahfouz comme consultant pour le contrat avec la Saudia Airline, de la rapacité croissante avec laquelle nous plongeons les mains dans la caisse d'un pays sur le point d'imploser.

Si l'on peut toujours se détourner des conséquences morales de ses actes, on ne peut en éluder les répercussions économiques. Nous nous gargarisons du mot de démocratie, et nous évoquons sans rire l'avenir pas si lointain où nous serons complètement indépendants du pétrole étranger, alors que l'Amérique n'a jamais fait le moindre effort sérieux, soutenu, pour réduire sa consommation de pétrole à long terme. Les pétroliers qui occupent en ce moment même la Maison Blanche préféreraient donner un concert de Marilyn Manson [1] sur la pelouse sud de la Maison Blanche plutôt que de travailler sérieusement à la définition d'une politique énergétique alternative. (En cela, ils ne diffèrent d'ailleurs guère de leurs prédécesseurs : la stratégie saoudienne de tous les présidents américains qui se sont succédé depuis trente ans, démocrates comme républicains, témoigne d'un sens de la continuité assez exceptionnel dans la politique américaine.)

Mais tous les vœux et les espoirs du monde ne changeront rien à la réalité foncière d'une situation qu'on peut résumer ainsi :

— Le monde industriel est dépendant des réserves de pétrole du monde arabe (qu'il s'agisse des ressources exploitées du Moyen-Orient ou de celles d'Asie centrale qui sont sur le point de l'être) et le restera pendant les décennies à venir.

— Parmi les pays musulmans producteurs de pétrole, aucun n'est plus important que l'Arabie Saoudite, parce que :

a/elle possède les plus grandes réserves connues ;

b/elle sert de régulateur pour le marché mondial du pétrole ;

---

1. Chanteur pop « gothique » américain, célèbre pour ses provocations. *(N.d.T.)*

c/sa richesse au service d'un expansionnisme politique et religieux à peine voilé en fait à terme le pôle dominant de la péninsule arabe et de l'Asie centrale.

— De tous les États consommateurs de pétrole, aucun n'en consomme plus que les Américains, aucun ne jouit des privilèges que nous accordent les Saoudiens, et aucun n'est donc aussi dépendant que nous du pétrole saoudien en bénéficiant d'autant de faveurs.

— Si l'Arabie Saoudite plonge dans le chaos et qu'elle entraîne avec elle les quatre autres familles du Golfe qui possèdent collectivement 60 % des réserves pétrolières connues du monde, les économies industrielles plongeront aussi, y compris bien sûr celle des États-Unis.

Qu'ils le veuillent ou non, le sort des États-Unis et celui de l'Arabie Saoudite sont liés. L'avenir des Saoudiens et le nôtre ne font qu'un. Dans ce contexte, que peut faire l'Amérique ?

Un excellent exemple, aussi déplacé qu'il semblera peut-être à certains, nous est offert par la Syrie. Ce pays a en effet réussi là où tant d'autres ont échoué. Comment ? Il y a vingt ans, la Syrie se trouvait dans une situation analogue à celle de l'Arabie Saoudite. Je ne parle ni de ses ressources naturelles, elles sont insignifiantes, ni de sa classe gouvernante, nullement kleptocrate, mais du fait qu'elle était le foyer du terrorisme islamiste. Quand j'ai découvert Damas, j'étais convaincu que le régime d'Hafez el Assad serait renversé dans les trois ou quatre ans. Les Frères musulmans tenaient le haut du pavé et les écoles coraniques prêchaient la guerre sainte, exactement comme les *medersas* saoudiennes aujourd'hui. Les haut-parleurs des mosquées braillaient des messages de haine et de vengeance, exactement comme ils le font en Arabie Saoudite aujourd'hui. Le Liban voisin était un véritable supermarché de l'armement, on y trouvait tout ce qu'on cherchait. Assad avait pris le pouvoir lors d'un putsch qui remontait à 1970. Qui a vécu par le glaive..., me disais-je, Assad finira pendu sur une place de Damas, comme tant d'autres. Or, je me trompais : Hafez el Assad est mort dans son sommeil à soixante-dix ans, miné par la maladie mais sans jamais quitter le pouvoir.

Nous avons déjà évoqué l'épisode central de sa lutte contre les islamistes, la boucherie de Hama, la façon dont il a pris le contrôle des écoles coraniques, réduit au silence ou assassiné les opposants quand ils refusaient de se taire, dirigé l'armée d'une poigne de fer. La présidence Assad ne ressemble certes pas à un conte pour enfants et elle n'avait rien à voir avec une démocratie. Mais le président syrien a instauré un État de droit, ce même État de droit que les Saoud ont refusé d'imposer à leur peuple et surtout à eux-mêmes. Et quand Assad a transmis le pouvoir à son fils, c'était une dictature aussi stable que la plupart des dictatures du Moyen-Orient.

Je ne sais s'il existe un membre de la famille Saoud qui ait l'intention d'instaurer un État de droit dans le royaume. Je ne suis même pas sûr que l'un d'eux ait le courage ou la détermination nécessaires. Le prince Abdallah, selon les informations dont je dispose, le pourrait, mais il aura bientôt quatre-vingts ans et presque autant d'ennemis dans sa propre famille, assez pour stopper net toutes ses ambitions. Dans le cas où Abdallah, ou un autre, voudrait tenter sa chance, la Syrie me semble indiquer le chemin à suivre. (Je suis bien conscient qu'une telle suggestion fera sans doute blêmir les experts à la mords-moi-le-nœud de Washington.)

Un État de droit, telle est la priorité numéro un au Moyen-Orient et notamment en Arabie Saoudite. Je ne parle pas d'une constitution ni d'une déclaration des droits de l'homme, d'une presse libre, de la liberté de religion, ou du droit de posséder des armes. Je parle d'une notion plus élémentaire, l'autorité d'une loi qui proscrirait l'autorisation religieuse de tuer, la guerre sainte, les Frères musulmans. Cette étape constituerait un début. Ensuite on pourrait interdire les commissions faramineuses, le vol, les rapines et exactions de toutes sortes. L'instauration des libertés citées plus haut, puis de la démocratie, ne peut intervenir qu'à partir du moment où ces droits élémentaires sont assurés.

Quant aux Américains, ils accompliraient un progrès décisif s'ils étaient capables de s'imposer à eux-mêmes le respect de leurs propres lois, comme celles qui répriment la corruption dans les transactions internationales (Foreign Corrupt Practices Act), de mettre un terme aux pots-de-vin et d'interdire aux hauts fonctionnaires démissionnaires le vendredi de prendre leurs nouvelles fonctions au service d'un gouvernement étranger le lundi suivant. Un peu de décence à Washington (en Europe et dans tous les pays qui ont profité du pactole pétrolier) favoriserait beaucoup l'assainissement du bourbier saoudien et permettrait de commencer à tenir des propos plus lucides sur ce pays et tout ce qui s'y passe.

À défaut, il nous reste encore la 82e division aéroportée.

Ne jouons pas les saintes-nitouches : les autorités américaines se sont déjà posé la question d'une intervention militaire destinée à sécuriser les principaux gisements pétroliers du Moyen-Orient. Le 21 août 1975, le service du recherche du Congrès distribuait aux membres de la commission des Affaires étrangères un document intitulé : « Les champs de pétrole comme objectifs militaires, une étude de faisabilité. » Au moment où ce document entrait dans les archives de la maison, l'embargo pétrolier de l'OPEP avait pris fin depuis un an et demi, mais on ne l'avait pas oublié.

Gerald Ford, devenu président après la démission de Nixon, et son secrétaire d'État, l'indéboulonnable Henry Kissinger, avaient évoqué publiquement la possibilité d'investir des sites pétroliers du Golfe au cas où l'embargo aurait amoindri les capacités industrielles américaines. Même dans le meilleur des cas, soulignait le service de recherche, une telle intervention ne serait nullement une promenade de santé.

Si les circonstances militaires sont entièrement favorables, la condition *sine qua non* du succès d'une telle intervention consisterait dans la capacité de notre pays à satisfaire aux exigences d'une quintuple mission :

— investir des complexes pétroliers intacts ;

— les sécuriser pour des semaines, des mois, voire des années ;

— remettre rapidement en état de marche les installations endommagées ;

— faire fonctionner toutes les installations sans l'assistance de leur propriétaire ;

— garantir un transport maritime sûr aux équipements et aux produits pétroliers.

Ce document concluait que le déploiement de deux à quatre divisions serait nécessaire pour atteindre ces objectifs, environ soixante mille hommes « astreints à un séjour prolongé sur place ». Pour poursuivre l'exploitation des champs pétrolifères, « il pourrait être nécessaire de faire venir des travailleurs civils américains en remplacement des autochtones défaillants ». Comme les « forces d'assaut parachutistes sont trop réduites pour couvrir l'ensemble des objectifs rapidement et que les forces amphibies sont trop lentes », des équipes de sabotage exercées seraient envoyées sur le terrain pour « semer la confusion » avant l'invasion proprement dite. « En bref, la réussite dépendrait largement de deux prérequis : n'infliger que des dommages légers aux installations clés [et] que les Soviétiques s'abstiennent d'une intervention militaire. »

Même si le champ d'une telle intervention se limitait à l'Arabie Saoudite, nous ne pourrions tabler sur l'absence de toute résistance de la part des Saoudiens. Que les Saoud soient encore au pouvoir ou qu'ils aient été supplantés par une sorte de putsch wahhabite, nous devrions compter avec toutes les armes que Washington leur a vendues, les pilotes de chasse et les officiers d'infanterie formés par des instructeurs militaires américains ou des contractants privés. Heureusement les États-Unis disposent d'une base d'opérations adéquate au Qatar. En outre, les forces saoudiennes formées par nos militaires comprendraient sans doute la futilité d'une éventuelle résistance, d'abord parce qu'ils sont bien placés pour savoir que les Américains disposent d'une panoplie guerrière beaucoup plus imposante et plus sophistiquée que la leur et ensuite parce que la corruption est telle dans le royaume qu'ils seraient sans doute rapidement à court de pièces de rechange.

On assisterait probablement dans un tel contexte à une montée en puissance locale et globale du terrorisme. Al Qaida, les Frères musulmans, le Hamas, peu importe le nom, aucun des djihadistes ne se rendrait sans combattre. Même si les Saoudiens ne font pas l'objet d'un amour universel au Moyen-Orient, l'ennemi de mon ennemi reste toujours mon ami. Violemment critiqués pour l'invasion de l'Irak, les États-Unis devraient affronter une levée de boucliers bien pire encore de l'opinion internationale. Nous serions contraints de « passer sur le corps » des organisations internationales et de principes qui ont longtemps été les nôtres, même si la doctrine de la « guerre préventive » permettrait sans doute de limiter les dégâts. Mais cela ne vaut-il pas mieux que de se tourner les pouces en regardant s'écrouler la maison Saoud, les plus grandes réserves de pétrole du monde passer aux mains de fondamentalistes islamiques dédiés à la guerre sainte contre Israël et l'Occident ? Je crois que si. De deux maux il faut choisir le moindre, et on peut présumer que l'administration Bush-Cheney a les compétences requises pour remettre en état et faire fonctionner un complexe pétrolier.

L'étude de faisabilité du service de recherche du Congrès sur l'occupation des champs de pétrole arabes est tombée dans l'oubli d'une part parce qu'il est embarrassant pour le Congrès d'être identifié à de tels projets et d'autre part parce que cette étude montre une naïveté par moments presque gênante. (« L'étude [...] ne concerne que l'avenir proche, à savoir les années 70 », écrit ainsi son auteur. « Par la suite, on pourrait découvrir de nouvelles sources d'énergie aux États-Unis ou dans des pays alliés, découverte qui ôterait tout bien-fondé à une intervention contre les producteurs de pétrole. » En effet.) Cette étude du Congrès se base sur un article paru dans le numéro de janvier 1975 de *Commentary*. Elle est signée R.W. Tucker et s'intitule : « Pétrole : la question d'une intervention américaine. » Cet article hante les rêves des politologues « mal-pensants » de Washington depuis plus d'un quart de siècle. Contrairement aux bureaucrates du service du Congrès, Tucker ne tourne pas autour du pot. Il veut purement et simplement s'emparer des champs de pétrole saoudiens :

« Comme il est impossible d'intervenir partout, la fai-

sabilité d'une intervention dépend du point de savoir s'il existe une zone d'une superficie relativement limitée qui contienne une portion suffisante de la production pétrolière mondiale actuelle et des réserves connues, pour fournir une assurance raisonnable que, si on la contrôlait effectivement, ce contrôle pourrait servir à briser la présente structure des prix en brisant le noyau du cartel politiquement et économiquement.

Rappelez-vous, nous sommes en 1975.

La seule zone qui répond à ces critères s'étend du Koweit au Qatar, en passant par la côte saoudienne. C'est cette bande côtière, pour l'essentiel peu profonde, et dont la longueur n'atteint pas six cents kilomètres, qui fournit quarante pour cent de l'actuelle production de l'OPEP et qui recèle, de loin, les plus importantes réserves de pétrole connues (plus de cinquante pour cent des réserves totales de l'OPEP et quarante pour cent des réserves mondiales). Comme elle ne compte ni centres de population importants ni arbres, le contrôle effectif de cette zone ne souffre aucune comparaison même lointaine avec l'expérience du Vietnam. »

Il y a un second facteur à prendre en compte : l'antagonisme Chiites/Sunnites. Les Chiites saoudiens des provinces de l'est, la majorité des travailleurs de l'Aramco, sont mûrs pour une révolution. Ils constituent une minorité pauvre et opprimée, à qui on interdit d'exprimer sa foi, et qu'on écarte de l'armée comme de tous les postes gouvernementaux importants. De temps à autres ils sont victimes de pogroms wahhabites. S'ils ont la chance de posséder un bien, il est susceptible d'être saisi par les Saoud. Avant que les forces américaines et britanniques ne pénètrent en territoire irakien, en mars 2003, j'aurais parié que si nous avions offert aux Chiites le gouvernement de la province de l'est, le cœur de l'industrie du pétrole saoudien, ils auraient instantanément accepté. Maintenant, j'en doute beaucoup. Les Chiites irakiens n'ont pas exactement accueilli leurs « libérateurs » à bras ouverts, comme on nous l'avait laissé entendre. Mais au moment où j'écris, la guerre d'Irak n'est pas vraiment terminée. Peut-être que le jour où elle prendra fin, l'Amérique ne paraîtra plus au monde arabe si arrogante et si intolérante devant toute autre vision du monde que la sienne. Nos chances de succès sont restreintes, pourtant une alliance avec les Chiites présenterait beaucoup d'avantages.

Cette idée n'est pas aussi tirée par les cheveux qu'elle le semble. Le Pentagone a bien adoubé Ahmed Chalabi, chiite et chef du Congrès national irakien, pour former un gouvernement dans la Bagdad de l'après-Saddam. Même s'il parvenait à prendre le pouvoir, Chalabi ne tarderait pas à céder sa place. Il a quitté le pays en 1958 alors qu'il n'était encore qu'un enfant et il a passé sa vie adulte en Occident. Il n'a aucune base politique en Irak. Rares sont les Irakiens qui connaissent son nom. En outre, il a été condamné en 1989, par un tribunal jordanien, pour avoir escroqué sa propre banque. Si nous sommes disposés à envisager de coopérer avec un Chiite au profil si controversé pourquoi ne pas choisir un Saoudien chiite pour jouer le même rôle en Arabie Saoudite ?

D'ailleurs en poussant cette logique jusqu'au bout, pourquoi ne pas encourager la formation d'une série de gouvernements chiites modérés en Iran, au Koweit, à Bahreïn et dans les provinces de l'est, tous pays qui comptent un substantiel pourcentage de Chiites ? Avant les événements du 11 septembre, le simple fait de tenir des propos aussi interventionnistes suffisait à vous faire éjecter de toute discussion politique sérieuse à Washington. Aujourd'hui, alors que la maison royale saoudienne vacille sur ses bases, nous n'avons peut-être plus d'autre choix. Une invasion et une révolution sont peut-être les seuls événements capables de sauver l'Occident d'une longue et très grave dépression.

Une telle situation était-elle inévitable ? Non, ce qui m'amène au dernier point que je voudrais soulever. Washington nous a forcés à coucher avec le diable. Il a fait son lit, bordé les couvertures et a invité le diable à nous rejoindre. Nous lui avons murmuré des mots tendres à l'oreille, juré un indéfectible amour. Quand les choses ont commencé à tourner à l'aigre, Washington psalmodiait que tout allait bien, sa main affectueusement posée sur celle du diable. Et tout ce temps, nous ne quittions pas des yeux, éclairé d'un rayon de lune sur la table de nuit, son portefeuille bourré de dollars.

Remerciements

Je voudrais remercier les experts saoudiens, les spécialistes du pétrole et les islamologues de m'avoir fait bénéficier de leurs lumières. Leur expertise m'a, je l'espère, aidé à ne pas m'égarer. J'aimerais aussi remercier les nombreux journalistes de talent – tous devenus des amis depuis mon départ de la CIA – dont l'approche des problèmes du Moyen-Orient coïncide avec la mienne. Nos interminables discussions m'ont beaucoup aidé à cerner mon sujet. Malheureusement ils sont trop nombreux pour que je puisse tous les citer ici. Enfin, j'aimerais remercier les nombreux amis arabes qui ont patiemment essayé de m'expliquer l'Arabie Saoudite. Ce livre n'aurait jamais pu voir le jour sans eux. J'espère que j'ai saisi ce qu'ils me disaient et qu'ils ne considéreront pas ce livre comme anti-arabe ou anti-saoudien. Si sévères que certains de mes jugements puissent sembler, ma seule intention est d'essayer d'expliquer pourquoi les relations entre l'Arabie Saoudite et les États-Unis se sont perverties à ce point – et le pire est peut-être à venir. Encore une fois ce livre, comme *La Chute de la CIA*, n'aurait pas été possible sans les recherches et les observations éditoriales de Rafe Sagalyn, Howard Means, Kristin Kiser, Steve

Ross et le soutien de Claudia Gabel, Amy Boorstein, Derek McNally et Lauren Dong. Mais il va de soi qu'au bout du compte les jugements erronés, les erreurs, ou les négligences qui guettent souvent un travail de ce genre, relèvent de ma seule responsabilité.

Table des matières

Prologue : le scénario d'apocalypse 9

I. N'en parlez jamais

1. On livre partout 33
2. L'œil du cyclone 49
3. La conjuration du silence 71
4. L'Arabie Saoudite, champion des plans de retraite 81
5. Pavlov et ses chiens 113

II. Coucher avec le diable

6. La séduction réciproque 129
7. La lune de miel 153
8. L'énigme Khaled 177
9. L'Asie centrale sous influence 207

III. La chute finale

10. Les lendemains qui déchantent 235

11. Bons baisers de Riyad 261
12. Dans la guerre anti-terroriste, qui ment meurt.. 285

Épilogue 305

Remerciements 323

Impression réalisée sur CAMERON par
BRODARD ET TAUPIN
La Flèche
en août 2003

Imprimé en France
Dépôt légal : août 2003
N° d'édition : 42956 – N° d'impression : 20019
ISBN : 2-7096-2537-7